18

NECLA KELEK
Die verlorenen Söhne

Buch

Mit ihrem Buch »Die fremde Braut« hat Necla Kelek eine heftige Debatte über den Zwang zur Ehe und die gescheiterte Integration der Türken in Deutschland entfacht. Jetzt wendet sie sich der anderen Hälfte der türkisch-muslimischen Gesellschaft zu: den Männern, die einem Rollenbild folgen, das nach innen Gehorsam und Unterwerfung verlangt, nach außen Männlichkeit mit Stärke und Gewalt gleichsetzt. Schläge sind Macht, »Respekt« ist die Angst des anderen, »Schande« die eigene Schwäche, wenn man dem anderen nicht die Stirn bieten kann. Diese Regeln fußen auf einem Welt- und Menschenbild, das von Generation zu Generation weitergereicht und in blutigen Ritualen wie Beschneidung und Opferfest immer wieder bestätigt wird.
Die »verlorenen Söhne« können die Zerreißprobe zwischen archaischen Traditionen und den Anforderungen einer modernen Gesellschaft, die Selbständigkeit und Eigenverantwortlichkeit erwartet, nicht bewältigen. Wenn aber Integration gelingen soll, darf der Einzelne nicht mehr als Repräsentant einer türkisch-muslimischen Wir-Gesellschaft auftreten, sondern muss seinen Weg als eigenständige Persönlichkeit gehen.

Autorin

Necla Kelek, Dr. phil., 1957 in Istanbul geboren, hat in Deutschland Volkswirtschaft und Soziologie studiert. Sie promovierte über das Thema »Islam im Alltag« und forscht seit Jahren zum Thema Parallelgesellschaften. Für ihre Streitschrift gegen die Praxis der arrangierten Ehe wurde Necla Kelek 2005 mit dem Geschwister-Scholl-Preis ausgezeichnet. 2006 erhielt sie für das vorliegende Buch den Internationalen Buchpreis Corine.

Im Goldmann Verlag ist von Necla Kelek außerdem erschienen:

Die fremde Braut (15386)

Necla Kelek

Die verlorenen Söhne

Plädoyer für die Befreiung
des türkisch-muslimischen
Mannes

GOLDMANN

Alle arabischen und türkischen Namen und Begriffe
sind der Lesbarkeit halber
der deutschen Schreibweise angepasst.

FSC
Mix
Produktgruppe aus vorbildlich
bewirtschafteten Wäldern und
anderen kontrollierten Herkünften

Zert.-Nr. SGS-COC-001940
www.fsc.org
© 1996 Forest Stewardship Council

Verlagsgruppe Random House FSC-DEU-0100
Das für dieses Buch verwendete FSC-zertifizierte Papier
Holmen Book Cream liefert Holmen Paper, Hallstavik, Schweden

4. Auflage
Taschenbuchausgabe Oktober 2007
Wilhelm Goldmann Verlag, München,
in der Verlagsgruppe Random House GmbH
Copyright © der Originalausgabe 2006
by Verlag Kiepenheuer & Witsch, Köln
Umschlaggestaltung: Design Team München
unter Verwendung des HC-Motivs, einer Fotografie mit
dem Titel »Heimat, Anschrift« von Parastou Forouhar
Lektorat: Ingke Brodersen und Peter Mathews
KF · Herstellung: Str.
Druck und Bindung: GGP Media GmbH, Pößneck
Printed in Germany
ISBN: 978-3-442-15436-4

www.goldmann-verlag.de

Ich widme dieses Buch
meinem Vater, der meinen Freiheitswillen nicht ertrug,
meinem Abi, der mir die Freiheit ließ,
meinem jüngeren Bruder, der sich die Freiheit nahm.

Inhalt

Väter und Söhne

Glaube, Liebe, Hoffnung

Die verlorenen Söhne

Nächstes Jahr im Uzun Yayla

Diese blauen Augen. Der türkische Offizier sieht dem gefangenen Beduinen ins Gesicht und fragt: »Sind Sie Tscherkesse?« Der nickt und nimmt, weit in die Ferne blickend, auf der Folterbank klaglos die Bastonade, die Schläge mit der Peitsche, hin, als wolle er den Hass sammeln, um sich später furchtbar an den Osmanen zu rächen. Diese blauen Augen sind die Augen von Peter O'Toole, der im Film »Lawrence von Arabien« den gegen die Türken kämpfenden britischen Colonel Thomas Edward Lawrence spielt.

Die blauen Augen von Haluk erinnern mich daran. Als ich ihn das erste Mal treffe, sitzt der dreiundsechzig Jahre alte Frührentner allein in seinem Zimmer im Dachgeschoss des Hauses seines Sohnes, das im Vorort einer kleinen deutschen Stadt liegt. Ich hatte seine Schwiegertochter interviewt, die als Importbraut aus Anatolien nach Deutschland gekommen war, und wollte mich von ihm, dem Hausherrn, verabschieden. Er hatte gehört, dass meine Familie, Tscherkessen wie er, auch aus *uzun yayla*, dem »Weiten Tal«, in Anatolien kommt. In der Fremde gehört man damit zur »Familie«.

»Wenn Sie einmal in die Gegend kommen, zeige ich Ihnen mein Dorf«, sagt er. »Ich bin jeden Sommer dort, auch wenn vieles nicht mehr so ist, wie es einmal war.«

»Aber erst erzählen Sie mir Ihre Geschichte«, scherze ich, nicht ahnend, dass wir uns bereits im Sommer darauf tatsächlich im Schatten des *erciyes dagi*, des höchsten Berges Zentralanatoliens, wiedersehen würden.

Haluk ist allein in seinem Zimmer unter dem Dach. Seine Frau, sein Sohn, seine Schwiegertochter und seine beiden Enkelkinder sitzen eine Etage tiefer im Wohnzimmer und sehen türkisches Fernsehen. Er bleibt allein, nicht weil er es möchte, sondern weil er Rücksicht auf seine Kinder nimmt. Der »Respekt« würde es verlangen, dass sein erwachsener Sohn in seiner Gegenwart nicht raucht, nicht trinkt, nicht mit seiner Frau scherzt. Haluk ist das Oberhaupt der Familie, ihm haben alle zu dienen, und sie müssten in seiner Gegenwart schweigen. Die Familie würde versuchen, ihm jeden erdenklichen Wunsch von den Augen abzulesen – alle seien ständig auf dem Sprung. Und er selbst kann und darf, so gebietet es die Tradition, nicht auf den »Respekt« verzichten, er kann nicht sagen: »Macht es euch gemütlich, Kinder.« Das würde seine Stellung untergraben, als ältester Mann und Vater ist er der Herr der Familie – ein Herrscher, der auf seinem Thron gefangen ist. Deshalb bleibt er allein und ist halb irritiert, halb freut er sich, dass ich mich mit ihm unterhalten möchte. Zögernd erzählt er mir aus seinem Leben, denn niemand hat ihn bisher danach gefragt, und er weiß nicht, was er davon halten soll, dass sich eine fremde Frau für ihn interessiert.

Mich erinnert seine Geschichte an das Gleichnis vom verlorenen Sohn. Er würde das nicht so sehen, denn er fühlt sich von Allah mit seinem Leben beschenkt, geht jeden Tag in die Moschee, betet, trinkt dort Tee und spricht mit den anderen Männern über den Lauf der Zeit, wer wen heiratet und was gerade hier in der Fremde und dort in der Heimat passiert.

Das Gleichnis vom verlorenen Sohn

Ein Vater hatte zwei Söhne, der Jüngere von beiden ließ sich sein Erbteil auszahlen, zog in ein fernes Land und verprasste alles. Er fing an zu darben und machte sich wieder auf den Weg nach Hause. Sein Vater, der ihn schon von weitem sah, lief ihm entgegen, fiel ihm um den Hals, küsste ihn und ließ ein gemästetes Kalb zur Feier des verloren geglaubten Sohnes schlachten. Dem Älteren gefiel das gar nicht. Zornig warf er dem Vater vor, ihm so viele Jahre schon gedient und nie eins seiner Gebote übertreten zu haben, ohne dass der Vater es ihm je gedankt habe. »Nun aber, da dieser dein Sohn gekommen ist, der dein Hab und Gut verprasst hat, hast du ihm das gemästete Kalb geschlachtet. Er aber sprach zu ihm: Mein Sohn, du bist allezeit bei mir, und alles, was mein ist, das ist dein. Du solltest aber fröhlich und guten Mutes sein; denn dieser dein Bruder war tot und ist wieder lebendig geworden, er war verloren und ist wieder gefunden.« So erzählt das Lukas-Evangelium das Gleichnis.

In Haluks Geschichte haben die Brüder die Rollen getauscht. Sein älterer Bruder, der Erstgeborene, ist für den Vater der Sohn, auf den er sich besonders gefreut hat, auf den er stolz ist. Aber der Ältere ist ein Bruder Leichtfuß, ein Tunichtgut, der den Jüngeren, der ihm gehorchen, ihm Respekt bezeugen muss, auszunutzen weiß. »Einer muss für den anderen da sein«, sagt Haluk. »Das gehört sich so.« Aber ich könne seine Geschichte nicht wirklich verstehen, meint er, solange ich nicht gesehen habe, wo alles begann, und deshalb verabreden wir uns: nächstes Jahr im Uzun Yayla, im Weiten Tal. – Davon berichte ich gleich.

Der Ethnologe Werner Schiffauer hat das Gleichnis vom

verlorenen Sohn seiner 1991 veröffentlichten Untersuchung »Die Migranten aus Subay« vorangestellt, in der er acht Migranten aus diesem ostanatolischen Dorf auf ihrem Weg nach Österreich und Deutschland begleitet, um das Gemeinsame aller Migrantenschicksale aufzudecken – so wie es das von ihm zitierte Gemälde des italienischen Malers Giorgio de Chirico (1888–1978) »Der verlorene Sohn« einzufangen versucht. Zwei Männer stehen in diesem Bild einander gegenüber: der mit den Attributen der Moderne ausgestattete Sohn, der seinen in Grautönen gehaltenen Vater wiedersieht. »Die Welt des Sohnes«, schreibt Schiffauer, »ist die Weite – ein grünes Land jenseits einer weiten grauen und trockenen Ebene; ein Land voller Versprechungen. Wahrscheinlich ist es auch ein Land der enttäuschten Hoffnungen … In dieses Land ist er hinausgegangen und wieder zurückgekehrt – als ein anderer, der damit *seine* Geschichte hat«. Anders als in der biblischen Geschichte werden der Vater und sein heimgekehrter Sohn sich fremd bleiben, denn, so Schiffauer: »Das Bild erzählt die Geschichte des Prozesses der Moderne: den Traum von der Beherrschung des eigenen Lebens, die Entfaltung der Individualität in der Geschichte, die Herausbildung einer neuen Form der Subjektivität und das Problematischwerden der Identität …«

Für Schiffauer ist der Weg in die Moderne unaufhaltsam mit einer Ablösung der Einwanderer von ihrer Herkunftskultur und ihrer Neuorientierung an den Werten der westlichen Gesellschaft verbunden – mit dieser Auffassung hat der Ethnologe die Migrationsforschung für Jahre stark beeinflusst. Aus dem Migranten, der das Land seiner Herkunft und Tradition verlässt, wird ein Einwanderer, der eine eigene, individuelle Geschichte erwirbt, die – wenngleich um den Preis einer prekären Identität – zu *seiner* Geschichte wird.

Wenn die Wirklichkeit die Hoffnung widerlegt

In der Bundesrepublik sind die politisch Aufgeschlossenen nur allzu gern dieser Theorie gefolgt, schien sie doch das Versprechen zu beinhalten, die Integration der Türken und Muslime erledige sich gleichsam »von selbst«. Nicht ihre Integration schien »das Problem« zu sein, sondern dass sie in diesem Anpassungsprozess an die Moderne ihre Identität verlieren könnten. Man sah sich geradezu aufgefordert, dieser Gefahr gegenzusteuern, das Bewusstsein der Migranten für ihre kulturellen Wurzeln zu stärken. »Muttersprache zuerst« war dementsprechend die Maxime; bevor sie Deutsch lernten, sollten die in Deutschland geborenen Kinder von Migranten der zweiten, dritten und vierten Generation Türkisch oder Kurdisch lernen. »Assimilation« wurde mit Aufgabe der kulturellen Identität der türkischen Muslime gleichgesetzt. Es wurde zum Unwort, wer dafür plädierte, stand fast unter Rassismusverdacht.

Auch die unübersehbaren Defizite gegenüber den Anforderungen einer modernen Gesellschaft wurden nicht als Problem der Migranten gesehen, sondern als Aufgabe der deutschen Gesellschaft. Sie sprachen kein Deutsch, waren meist schlecht oder gar nicht ausgebildet und damit die Ersten, die im Wettbewerb auf dem Arbeitsmarkt scheiterten. »Fördern statt fordern« war die Antwort darauf, denn die deutsche Gesellschaft und »die Politik« – nicht die Migranten selbst – wurden und werden für den Mangel an Sprachkenntnis, an Bildung, an Schulabschlüssen, für abgebrochene Lehrstellen, für Arbeitslosigkeit verantwortlich gemacht. »Soziale Ausgrenzung«, »Benachteiligung«, wenn nicht gar »Ausländerfeindlichkeit« sind heute noch die Stichwörter dieses wiederholt bemühten Erklärungsmusters, das der Integration nicht dient, sondern ihr geradezu entgegensteht.

Es ist an der Zeit, einen Irrtum einzugestehen: Auch ich bin in meinen Untersuchungen über die Religiosität islamischer Schülerinnen und Schüler türkischer Herkunft Schiffauers These gefolgt und habe die »kulturelle Dimension des Muslim-Seins« ebenso sträflich unterschätzt wie die Macht des islamischen Weltbildes, die Zugehörigkeit zur Gemeinschaft, zumal ich glaubte, feststellen zu können, dass sich besonders die Jugendlichen »handlungspraktisch mehr oder minder auf dem Weg in die Moderne« befänden, »wo sie ihre Perspektiven sehen«. So schrieb ich 2002.

Leider hat die Wirklichkeit meine Hoffnungen ebenso wie Schiffauers Theorie erledigt. Die »kulturelle Dimension des Muslim-Seins« und ihre religiöse Fundierung im Islam hat sich in den letzten Jahren weder in der Luft der Moderne aufgelöst noch einer säkularen Gesellschaft angepasst, sondern mit rasender Geschwindigkeit unter den hiesigen Migranten ausgebreitet. Wir haben es nicht mit Auflösungserscheinungen religiöser Identität zu tun, sondern im Gegenteil mit dem Aufblühen einer Gegenkultur. Der Islam, das Muslimsein, wird *vermehrt* zur kulturellen Identität, und die manifestiert sich vor allem in den Lebensentwürfen und in dem von Männern exekutierten Wertesystem der Familie und der *umma*, der Gemeinschaft der Gläubigen.

Das Migranten-Mündel

Schiffauers Überzeugung, dass die Migranten sich grundsätzlich und unumkehrbar auf dem Weg in die moderne »westliche« Gesellschaft befänden und die deutsche Gesellschaft ihnen diesen Weg zu ebnen habe, ist eine von vielen falschen Weichenstellungen gewesen, die ihre Integration hat scheitern lassen. Die Argumentation, die Migranten seien grundsätzlich »noch nicht so weit« und man könne ihnen bestimmte Anpassungsleistungen nicht abverlangen, man würde sie damit nur überfordern, hat sie auch zum Mündel einer vormundschaftlichen Politik gemacht. Das »Verstehen« ihrer Besonderheiten, wofür vor allem Kirchen, Stiftungen und Wissenschaftler und jetzt vor allem die Migranten-Organisationen selbst plädieren, führt letztlich dazu, dass die Migranten in ihrer eigenen Rückständigkeit eingemauert werden. In diesem System alimentierter Versorgung gibt es für sie keinen Anreiz, sich aus ihrem Herkunftsmilieu herauszuarbeiten, sich zu entwickeln und wirklich eine »eigene Geschichte« zu erwerben.

Ohne eine eigene unverwechselbare Biographie aber wird sich der Einzelne in den Stürmen der Moderne auf Dauer nicht behaupten können. Eine eigene Geschichte beginnt mit dem »Austritt des Menschen aus der selbstverschuldeten Unmündigkeit«, wie wir seit Kant wissen – zumindest gilt dies in den modernen europäischen Gesellschaften. An die Stelle der Tradition und der Gebote unserer Väter und Vorväter ist bei uns der »Geist der Gesetze« getreten. Wer die Sprache dieser Kultur nicht beherrscht, wird nicht teilnehmen können an den »gemeinsamen Erfahrungen von Emanzipationsprozessen« – vom Humanismus über die Reformation und die Aufklärung bis hin zur Herausbildung von Rechtsstaat und Demokratie –, die der Historiker Heinrich August Winkler als das historische Kapital der europäischen Kultur und als Fundament für ein »Wir-Gefühl der Europäer« ausmacht.

Stolz auf dieses Land zu sein – das erst in der Auseinandersetzung mit seinen politischen »Sonderwegen« lernen musste, sich selbst aufzuklären, um ein stabiles Mitglied dieser europäischen Demokratie zu werden –, ist den meisten Deutschen fremd, vielen sogar verdächtig. Es fehlt ihnen oft ein wenig von dem Selbstwertgefühl, das andere im Übermaß vor sich hertragen. Und zuweilen hindert sie dieser Mangel, unübersehbare Missstände anzuprangern, besonders wenn es um hier lebende Menschen aus anderen Kulturen geht. Die Deutschen hätten kein Recht dazu, diese Meinung ist unter ihnen selbst weit verbreitet. Die Angst, an andere jene Maßstäbe der aufgeklärten Demokratie anzulegen, die man unter seinesgleichen für selbstverständlich hält, führt dazu, dass Freiheitsbeschränkungen – besonders für Frauen aus anderen Kulturen – toleriert werden, die nicht toleriert werden dürfen. Die Zwangsverheiratungen unter Muslimen sind nur ein Beispiel dafür.

Meine Methode

Dieses Buch ist das Ergebnis einer über fünfzehnjährigen Beschäftigung mit dem Thema Migration. Ich habe, zusammen mit meinen Studentinnen und Studenten von der evangelischen Fachhochschule in Hamburg, Interviews mit muslimischen Gefangenen geführt, sie übertragen und ausgewertet; ich habe über längere Zeitperioden mit muslimischen Jugendlichen einer Gesamtschule in Hamburg gesprochen, mit Hodschas und Gefängnispsychologen; ich habe über Parallelgesellschaften geforscht und etliche Untersuchungen in eigener Verantwortung durchgeführt und finanziert. Dieses Buch erhebt nicht den Anspruch einer empirisch-repräsentativen Bestandsaufnahme; Zahlen sind kaum bekannt, und auch ich nenne nur wenige. Mein Ansatz folgt der qualitativen Sozialforschung – ich versuche, anhand ausgewählter Beispiele die grundlegenden Merkmale der türkisch-muslimischen Männerrolle herauszuarbeiten, so wie Werner Schiffauer anhand von acht Bewohnern eines ostanatolischen Dorfes auf dem Weg in die Moderne das Gemeinsame von Migrantenschicksalen herauszuarbeiten versucht hat.

Wer einem solchen Ansatz folgt, macht sich angreifbar: Männer, die sich aus der von mir beschriebenen türkisch-muslimischen Männerrolle befreit haben, die einem anderen Selbstbild folgen, die wirklich »angekommen« und integriert sind, gibt es in großer Zahl. Und jeder Einzelne von ihnen macht Hoffnung, besonders wenn solche Beispiele anstecken und ermutigen. Ich wäre froh, wenn Hunderte von Türken und Muslimen aufstehen würden und sagen würden: Seht, Brüder, ich mache es anders!

In meinem Buch »Die fremde Braut« habe ich aus dem Inneren des türkischen Lebens in Deutschland berichtet, über Zwangsheirat, arrangierte Ehen und Frauen geschrieben, denen ihre Familien die elementarsten Rechte verweigern. Das Buch hat eine heftige öffentliche Diskussion ausgelöst, weil es gegen eines der bestgehüteten Tabus der türkischen Gemeinschaft verstieß – es machte das Schicksal der gekauften Bräute öffentlich, die mitten in Deutschland ein modernes Sklavendasein führen.

Einige Kritiker haben mir vorgeworfen, dass ich meine Thesen nicht empirisch unterfüttern könne. Kurios daran ist, dass sie häufig aus der gut ausgestatteten Welt der öffentlich finanzierten Migrationsforschung kommen. Hätten nicht gerade sie in all diesen Jahren Zeit, Mittel und Gelegenheit gehabt, die Fragen von Zwangsheirat, arrangierten Ehen, Segregation zu untersuchen? Sie haben das nicht getan, weil solche Fragen nicht in ihr ideologisches Konzept passten. Damit aber haben sie auch das Tabu akzeptiert und das Leid anderer zugelassen.

Mein Bericht über die Importbräute hat von Frauen erzählt, deren Los keine bedauernswerte Ausnahme ist, sondern sich dem in der türkisch-muslimischen Kultur akzeptierten System der Zwangsheirat, der arrangierten Ehe verdankt. In den Augen der türkisch-muslimischen Gemeinschaft ist das eine »Familienangelegenheit«, die »Fremde« nichts angeht. Im Ergebnis aber steht sie der demokratischen Gleichberechtigung von Männern und Frauen entgegen, und ich hoffe sehr, dass sich die »Fremden« in jedwede Beeinträchtigung der Grundrechte einmischen.

Der muslimische Mann, das unbekannte Wesen

Muslimische Männer haben sich an der bisherigen heftigen Debatte um Zwangsverheiratungen, arrangierte Ehen und Importbräute kaum beteiligt, in ihren Augen scheint das ein »Frauenproblem« zu sein.

Wer von einem »System« spricht, das die Frauen aus der Öffentlichkeit ausschließt und unterdrückt, wird auch fragen müssen, wer davon profitiert. Die Männer? Die Patriarchen? Welchen Vorteil ziehen sie denn für sich, ihre Söhne, ihre Enkelsöhne aus dieser Unterdrückung? Der Augenschein lässt die türkisch-muslimischen Männer zunächst eher als Verlierer erscheinen. Oder warum sind so viele muslimische und türkische Jungen Schulversager? Warum haben viele türkische Jungen ein Gewaltproblem? Warum sitzen überproportional viele Muslime in deutschen Gefängnissen? Sind soziale Benachteiligung und mangelnde Bildungschancen die Ursachen dafür? Oder der Islam und die archaischen Stammeskulturen einer sich ausbreitenden »Parallelgesellschaft«?

Wer nach Antworten sucht, wird nicht umhinkommen, das

Verhältnis von Einzelnem und Kollektiv, Familie und Tradition, Gewalt und Gehorsam, Ehre und Schande, Islam und Integration zu beleuchten und unbequeme Erkenntnisse auszubreiten. Zu lange wurden Fragen danach nicht gestellt. Das hat den Migranten ebenso geschadet wie der hiesigen Gesellschaft.

Bei genauerem Hinsehen stellt man fest, dass die für die islamische Community verpflichtenden Gebote wie Respekt, Ehre und Schande von Männern formuliert werden. Es sind Männer, die ihre Einhaltung kontrollieren, und es sind Männer, die fraglos die Strafe exekutieren, wenn ihre Frauen die »Ehre« der Familie verletzen oder aus der ihnen zugewiesenen Rolle auszubrechen versuchen. Und es sind Männer, die deshalb immer wieder in Konflikt mit dieser Gesellschaft geraten, die zu »Tätern« werden.

Ich habe mit Männern gesprochen, die in deutschen Gefängnissen sitzen, weil sie im Namen von »Respekt« und »Ehre« gemordet, Frauen misshandelt oder getötet haben. Sie haben sich mit Männern geschlagen, auf andere geschossen. Dieses Buch erzählt ihre Geschichten, die mich überhaupt erst begreifen ließen, dass sie selbst als Täter oft nur »Opfer« der muslimisch-patriarchalischen Verhältnisse sind, »Opfer« der starren Gebote einer archaischen Männerrolle und eines verpflichtenden Selbstbildes, das ihnen keinen Entscheidungsspielraum gelassen hat.

Für die deutsche Gesellschaft ist der muslimische Mann ein »unbekanntes Wesen«. Sozialarbeiter, Lehrer, Polizisten, Richter müssen sich mit ihrem Verhalten oder ihren Taten auseinandersetzen, wobei die Motive oft unerklärlich erscheinen. Die türkischen, vor allem die muslimischen Männer scheinen das größere Integrationshindernis zu sein. Das muss sich ändern. Und dazu möchte ich mit diesem Buch einen Beitrag leisten.

Es ist ein Buch über die verlorenen Söhne und eine Reise in die Landschaften der muslimischen Männerwelt, eine Reise durch eine karge, harte Bergwelt mit öden Ebenen und lebensgefährlichen Schluchten. Wie eine Reise nach Uzun Yayla.

Allah möge ihn auf Rosen betten

Dies ist die Geschichte von Haluk und seinem Bruder, die – wie meine Familie – aus dem »Weiten Tal« im östlichen Anatolien kommen. Sie erzählt von der Macht der Familie, von Gehorsam und Verrat. Es ist die Geschichte von einem, der in die Fremde aufbrach und doch sein Dorf nie verließ.

Im Sommer, nachdem ich Haluk in seinem Mansardenzimmer besucht hatte, machte ich mich tatsächlich auf den Weg nach Anatolien. Ich bin diesen Weg schon mehrfach gefahren, zum ersten Mal, als meine Mutter von Istanbul aus an das Sterbebett ihres Vaters eilte; das zweite Mal, als meine Eltern meine große Schwester, mich und meinen kleinen Bruder bei meiner Großmutter für ein Jahr abgaben, weil sie nach Deutschland wollten. Das ist jetzt fast vierzig Jahre her. Und doch ist es auch heute noch so: Wenn ich in den Überlandbus steige, beginnt eine Reise in eine andere Zeit.

Auf dem Busbahnhof in Ankara werde ich vom Busfahrer gleich mit *selamün aleyküm* begrüßt, mein Onkel aus Ankara hat mir eine Platzkarte für einen der vorderen Plätze besorgt, die gern von allein reisenden Frauen in Anspruch genommen werden. Frauen reisen selten *yanliz kadin*, ohne männliche Begleitung. Und im Bus darf sich auch kein Mann neben eine allein reisende Frau setzen, das würde als Belästigung empfunden. Eher würde der Platz unbesetzt bleiben und der Reisende zurückbleiben, als dass er sich neben eine Frau setzen dürfte. Und wenn die ersten der mitreisenden Frauen ihre Kinder mit *gadan alayim* ansprechen, einem Spruch in Kayseri-Dialekt, der so viel bedeutet wie »Lass mich dein Opfer sein«, weiß ich: Ich bin auf dem Weg in meine türkische Heimat. Im Bus läuft bereits das Radio, das während der ganzen Fahrt anatolische Volkslieder spielen wird, unendlich traurige, von Sehnsucht und Schmerz kündende Gesänge, die das Herz einen anderen Rhythmus anschlagen lassen. Eine kleine, runde Frau mit leuchtend braunen Augen, schickem Kopftuch und langem Mantel fragt: »Na, meine Tochter, wollen Sie auch in die Heimat?« Als ich antworte, dass ich jemanden besuchen möchte, fragt sie, wo und wen und wie lange ich bleiben werde. Andere Reisende mischen sich ein, Verbindungen zwischen Dörfern und Familien werden hergestellt, und spätestens wenn der Bus losfährt, hat man das Gefühl, mit diesen eben noch wildfremden Menschen »unter sich« zu sein.

Richtung Osten, hundert Kilometer hinter Ankara, beginnt eine unendliche rote Landschaft, Kappadokien, in der sich Hügel und Täler abwechseln und das einzige Lebewesen der am Himmel kreisende Falke zu sein scheint. Und irgendwann ertönt unvermeidlich *gesi baglarinda dolaniyorum* aus dem Lautsprecher, das Lied der Kayserianer, das vom Verlust der Liebsten singt und meine Mutter immer zu Tränen rührte, wenn sie es in Istanbul oder in Deutschland hörte.

In Kayseri angekommen, werde ich meist von einem meiner unzähligen Cousins abgeholt. Diesmal übernachte ich bei meiner Tante, die mit ihrem Mann in einem Drei-Zimmer-Apartment wohnt. Sie ist erst kürzlich ihren Kindern aus dem Dorf nach Kayseri gefolgt, nachdem auch die jüngste Tochter dorthin verheiratet worden war. Früher hat sie einen großen Hof mit zweihundert Schafen bewirtschaftet, jetzt hütet sie hier im achten Stock ihre sieben Enkelkinder. Tief verschleiert, wie mittlerweile die Mehrheit der Frauen in dieser Stadt, und nichts wichtiger erachtend als ihre religiösen Pflichten, lebt die ehemalige Bäuerin in der Großstadt, die zunehmend vom Islam erobert wird. Die Tante hat *icli köfte* gemacht, Bulgurklöße mit einer Hackfleisch-Nuss-Füllung, und wir sitzen in dem Hochhaus im Wohnzimmer, das eingerichtet ist wie in ihrem Dorfhaus. An der Wand liegen auf einem Podest Kelimkissen, zum Essen wird das *sofra*, ein niedriger Tisch, in die Mitte des Raums gerollt, vor dem man auf dem Boden sitzt. Die Tante, ihre drei Gelins, ihre Schwiegertöchter, und die sieben Enkelkinder haben sich zum Essen eingefunden, die Männer sind entweder in der Moschee oder bei der Arbeit. Das war früher im Dorf anders – der Gast war Mittelpunkt der Gemeinschaft von Männern und Frauen.

Haluks Dorf

Am nächsten Tag fahre ich weiter mit dem Bus, immer noch Richtung Osten, bis ich irgendwann in ein Taxi umsteigen muss. Haluks Dorf liegt auf einem kleinen Berg, und als ich den Taxifahrer bitte, mich am Fuße des Berges abzusetzen, damit ich den Rest zu Fuß hinauflaufen kann, ist er irritiert: Es schicke sich nicht für eine Frau, in einem fremden Dorf ohne männliche Begleitung anzukommen. Er bietet an, mich zu begleiten, damit ich im Dorf ehrenvoll begrüßt werde. Aber da bin ich schon losgelaufen. Auf halbem Weg kommen mir die Kinder des Dorfes entgegen, für sie bin ich eine kleine Sensation, jedes Kind möchte meine Hand nehmen und mich zum Haus von Haluk führen. Der hat mich schon aus der Ferne gesichtet und wartet auf mich, auf einem Steinhaufen sitzend. »Das hier war mein Haus«, sagt er. Man ahnt noch den Grundriss, wenngleich viele Steine in der Gegend verstreut herumliegen. Niemand hat sich die Mühe gemacht, sie wegzuräumen. Viele Häuser im Dorf sind verlassen, die Bewohner sind in die Stadt gezogen oder nach Deutschland. Einige nutzen ihre Häuser am Wochenende oder im Sommer, wie auch Haluks Familie, die hier noch ein Gebäude besitzt und an dem von der Zeit vergessenen Ort Urlaub macht. Seine Schwester bringt uns Tee und im Lehmofen gebackenes Brot mit *kushabska*, einer Paste aus Schafskäse, Ei und fester Sahne.

Haluk ist glücklich, wieder hier sein zu können. Kerzengerade auf den Trümmern seines Hauses sitzend, erzählt er stolz von seinem Dorf. Seine blauen Augen scheinen hier noch leuchtender zu sein, so als seien sie ein Abglanz jenes echten Himmelblaus, dem wir hier näher sind als anderswo. Haluk wirkt um Jahre verjüngt. Seit fünfunddreißig Jahren lebt er in Deutschland, aber in seinem Herzen hat er sein Dorf nie verlassen. Er weiß mehr über seine Bewohner und über die Tiere, die im Stall seiner Schwester stehen, als von irgendwelchen Ereignissen und Vorgängen in dem Land, in dem er elf Monate des Jahres lebt. Es interessiert ihn auch nicht wirklich. Seine Familie ist ihm wichtig, er ist zufrieden, dass er immer ein guter Sohn und Vater gewesen ist und auch in der Fremde für seine Familie gesorgt hat. »Und gib dem Verwandten, was ihm [von Rechts wegen] zusteht«, befiehlt der Koran (Sure 17, Vers 26). Dieses Gebot hat Haluk immer befolgt, davon handelt seine Geschichte.

Ein Haus für die Familie

Zum Spielen hatte Haluk keine Zeit. Er stand morgens bei Sonnenaufgang auf, mähte die Wiesen, fuhr das Heu ein und bestellte die Felder, und abends ging er nach Hause. Haluk war ein Kind, fünf oder sechs Jahre alt, als ein solcher Alltag für ihn begann, und sein Leben verlief so, bis er zum Militär eingezogen wurde. Nie ist Haluk zur Schule gegangen.

Sein Vater, »Allah möge ihn auf Rosen betten«, sei ein guter Mensch gewesen, erzählt er mir, gut zu seinen Kindern, zu den Nachbarn, zu allen im Dorf. Nur arbeiten mochte er nicht. Er kam aus einer Gutsherrenfamilie und war das Arbeiten nicht gewöhnt. Früher hatte man bei ihm zu Hause Sklaven gehalten, aus dem Kaukasus. Als in der neuen Republik Atatürks die Sklaverei verboten wurde, mussten die Effendis, die Herren, selbst anpacken, und das fiel manchen schwer. Sie waren Krieger gewesen, stolz auf ihren Guerillakampf gegen Atatürk – für die Feldarbeit mochten sie keinen Finger rühren, jedenfalls nicht mehr, als nötig war, um Mensch und Tier durch den Winter zu bringen. So saß auch Haluks Vater lieber Karten spielend im Männercafé oder ging in die Moschee.

Haluk wollte ein solches Leben nicht führen. Ihm war das nicht genug, er wollte, dass seine Familie weiterkam, und er sah, dass die Mischung aus Nichtstun und Resignation, die sein Vater verströmte, die ganze Familie zu erfassen drohte. Sein ältester Bruder, sein Abi, war genauso, er zog lieber, fein herausgeputzt, von Dorffest zu Dorffest und machte den Mädchen schöne Augen. Haluk war es, der für die Familie sorgte, für die Mutter, die beiden Schwestern, den Vater und für den Abi. Er musste hart arbeiten, und die anderen nahmen es, ohne es ihm zu danken, an.

Als er fünfzehn war, beschloss Haluk, der Familie ein neues Haus zu bauen. Mit einem Bindfaden zog er den Grundriss, sammelte Steine auf dem Feld und schichtete sie sorgfältig an der Schnur entlang auf, um sie danach mit Lehm und Mist zu Mauern zu verputzen. Ein Jahr lang arbeitete er hart, der Fünfzehnjährige, ab und zu kam sein großer Bruder vorbei, lobte ihn und feuerte ihn an. Aber Haluk hielt auch ohne Hilfe durch, und so entstand ein Haus mit zwei großen Zimmern. Zwischen den Zimmern gab es einen geräumigen Flur, in dem gekocht wurde.

Sommers wie winters wurde Bulgur gegessen, geschroteter, gehackter und getrockneter Weizen, der in einem großen Kessel über dem offenen Feuer köchelte, bis er gar war, auf ein großes Tablett geschüttet und mit Butter übergossen wurde. Dazu gab es *ayran*, ein Joghurt-Getränk, das Haluks Mutter aus der Milch der eigenen Schafe, mit Wasser und etwas Salz zubereitete, *börek*, Blätterteigpastete, und selbst gebackenes Brot, an guten Tagen auch Fleisch oder Huhn, im Sommer Obst und Gemüse. Jeder in der Familie hatte eine Zinnschüssel, einen aus Holz geschnitzten Löffel und eine Gabel. Abends wurden die mit Schafswolle gefüllten Bettdecken für die Kinder ausgebreitet und morgens wieder eingerollt und in großen Wandschränken verstaut. Tagsüber dienten selbst gewebte Kelims und große Kissen auf dem Boden als Sitzgelegenheit. In das andere Zimmer hatte Haluk eine lange Bank aus Lehm gemauert, die zugleich als Schrank diente und mit schönen Kissen gepolstert wurde. Für die Eltern zimmerte er ein Bett aus Holz, und seine Mutter legte es mit der gestickten Bettwäsche aus ihrer Aussteuer aus. Dieses Zimmer, Haluks ganzer Stolz, war fortan die gute Stube, in der auch die Gäste empfangen wurden.

Die Entführung

Eines Tages saßen die jungen Männer des Dorfes nach der Arbeit oben auf dem Dach eines Hauses und plauderten, als einer von dem »stattlichen Mädchen« schwärmte, das am heutigen

Tag ins Dorf gekommen war, um seine Schwester zu besuchen. Haluk wurde neugierig. Die anderen wussten, wenn Haluk oder sein Abi sich für das Mädchen interessierten, dann waren sie selbst aus dem Rennen, denn die beiden waren großartige Tänzer bei den Dorffesten. Bei den Kaukasus-Tänzen steht der Mann im Mittelpunkt, und der beste Tänzer hat die meisten Chancen bei den Mädchen. Haluk und sein Abi hatten unzählige *kesans*, Flirts.

Als Haluk die Neue sah, wusste er, die soll es sein. Ihr ging es ebenso, und die beiden gaben sich ein Zeichen – er war bereit, sie zu entführen. Das machte man oft so, um die Kosten für die Hochzeit zu sparen, denn seine Familie war arm und hätte sich eine solche Braut nicht leisten können. Der Brautpreis wäre zu hoch gewesen. Zwei Tage später fand die Entführung statt. Haluk, der damals siebzehn war, und seine Brüder waren dem Mädchen, das mit der Mutter und dem Bruder schon wieder auf der Heimreise war, im Taxi nachgefahren und holten die junge Frau, als der Bruder beim Freitagsgebet war, aus dem Hotelzimmer. Jetzt war die Ehre ihrer Familie verletzt, jetzt mussten die beiden heiraten, wenn es kein Unglück geben sollte. Die Familie seiner Braut hat ihm die Entführung nie richtig verziehen. Ihr Abi verweigerte zehn lange Jahre jeden Kontakt, die Entführung hatte seine eigenen Heiratspläne zerschlagen. Er wollte ein Mädchen heiraten, für das ein hohes Brautgeld verlangt wurde, und hatte dem Bruder seiner Auserkorenen seine Schwester zum Tausch anbieten wollen. Durch die Entführung war das Geschäft hinfällig geworden, er musste sich mit einer ehemaligen Sklavin als Frau begnügen und lebte zusammen mit seiner Frau und seinen sieben Kindern zurückgezogen von der Gemeinschaft, bis er früh starb. Darüber redet man bis heute im Dorf.

Es war eng bei Haluks Familie, keine einzige Stunde waren die Brautleute allein. Aber irgendwann konnten sie in das Haus der Nachbarn ziehen, die in die Stadt gegangen waren. Haluk bestellte ihre Felder, durfte dafür die Hälfte der Erträge behalten und umsonst in ihrem Haus wohnen.

Die Heimkehr des Abi

Monate später wurde er, zusammen mit seinem jüngeren Bruder, zum Militär eingezogen. Da war ihm und seiner Frau gerade eine Tochter geboren worden, sein Vater kurz zuvor gestorben. Haluk musste Frauen und Kinder allein im Dorf zurücklassen. Es dauerte damals Wochen, bis Briefe zugestellt wurden, und so war er fast zwei Jahre ohne Nachricht von seiner Familie. Als er heimkehrte, stand er vor dem Nichts. Sein Abi hatte alles verkauft – das Haus, die Ländereien, das Vieh. Haluks Frau lebte mit der zweijährigen Tochter von Spenden der Verwandtschaft, ihnen war nichts geblieben, sie hungerten. Seine Mutter war mit den zwei kleinen Kindern seines Abi zu dem jüngsten Sohn in die Großstadt gezogen. Auch Haluks Abi hatte inzwischen geheiratet, seine Frau aber bald wieder verstoßen. Da sie in einer Imam-Ehe getraut worden waren, musste er nur in Gegenwart von Zeugen sagen: »Hiermit verstoße ich dich …«, dann wurde die Frau zu ihren Eltern zurückgeschickt. Doch danach hatten sich die beiden noch einmal versöhnt, ein drittes Kind wurde später geboren, aber da der Abi unbedingt nach Istanbul wollte, verstieß er seine Frau zum zweiten Mal.

Als Haluk eingezogen wurde, hatte sein Abi gesagt: »Wenn du beim Militär bist, dann weiß ich, was zu tun ist.« Haluk hatte das für ein Versprechen des Abi gehalten, sich um die Familie zu kümmern. In Wahrheit aber war es die Ankündigung eines bösartigen Plans gewesen – sobald der Jüngere fort war, alles zu verkaufen, was die Familie besaß, das Geld zu nehmen und in die Stadt am Bosporus zu ziehen. Er wolle endlich schön leben, sagte der Abi. Seine Frau musste, nachdem er sie verstoßen hatte, ihre drei Kinder bei der Familie des Mannes zurücklassen, so gebietet es die islamische Tradition. Das Jüngste war damals gerade vierzig Tage alt, so lange muss das Kind bei der Mutter bleiben, danach kann die Familie des Vaters mit ihm machen, was sie will. Die Frau des Abi nahm sich kurze Zeit später das Leben. Haluks Abi heiratete noch sechsmal auf diese Weise und setzte unzählige Kinder in die Welt. Für keines hat er je die Verantwortung getragen, erzählt mir Haluk. »Aber es steht mir nicht zu, ihn zu kritisieren oder zu verurteilen. Schließlich ist er mein Abi, und er konnte tun, was er für richtig hielt.«

Auch Haluk ging mit seiner Familie nach Istanbul. Seine Frau hatte ein Kalb vor dem Verkauf retten können. Davon bezahlten sie die Busfahrt und mieteten zwei kleine Zimmer in einem *gecekondu*, einem jener grauen Vororte der Hauptstadt, in denen es billigen Wohnraum in den schnell aus dem Boden gestampften Betonbauten gab. Haluk fand eine Arbeit als Schlosser. Als sein Abi hörte, dass der jüngere Bruder in der Stadt war, kam er und zog in eins der beiden Zimmer ein. Er hatte kein Geld mehr und brauchte Unterstützung. Haluks Frau wusch ihm die Wäsche und bügelte seine Hemden; Nachlässigkeit in seiner Kleidung duldete er nicht. Vor zwei Jahren sei er gestorben, erzählt Haluk, »Allah möge ihn auf Rosen betten«. Er kam bei einem Autounfall ums Leben. Zu seiner Beerdigung reiste die ganze Verwandtschaft aus der Türkei und aus Deutschland an. »Wir haben ihn wochenlang beweint. Der Arme.«

In der Fremde

Nach drei Jahren in Istanbul ging Haluk mit seiner Frau und seiner inzwischen achtjährigen Tochter und dem dreijährigen Sohn nach Deutschland, dorthin, wo seine verheiratete Schwester bereits lebte. Seine Frau und er wollten schnell Geld verdienen und dann in ihr Heimatdorf zurückkehren. Beide gingen arbeiten und wohnten zusammen mit anderen türkischen Familien sehr bescheiden in einem alten Haus. Damals wurde ihnen ein zweiter Sohn geboren. »Deshalb konnten wir unsere Tochter nicht zur Schule schicken, sie passte auf die beiden kleinen Brüder auf, während wir zur Arbeit waren. Als mein ältester Sohn sieben Jahre alt wurde, schickten wir ihn zurück nach Anatolien, damit er dort in die Grundschule ging, das war uns wichtig. Meine Mutter lebte mit den Kindern meines Abi allein in einem Lehmhaus, mein Sohn kam dazu, und ich schickte ihnen Geld. Niemand hätte die Kinder sonst versorgt. Als der zweite Sohn sieben war, schickte ich ihn und seine Schwester ebenfalls in die Türkei, damit der Kleine dort zur Schule kam und meine Tochter meine Mutter versorgen konnte, die nicht mehr alles allein schaffte. Als mein Ältester sechzehn wurde, haben wir ihn wieder nach Deutschland geholt und einige Jahre später mit einer echten Tscherkessin aus unserem Nachbardorf verheiratet. Er hatte zwar seit vielen Jahren eine deutsche Freundin, aber es musste sein. Er hat es eingesehen und ist glücklich.

Heute leben wir mit der Familie meines Sohnes in einem Haus. Mein Sohn versorgt uns, meine Tochter hat in der Türkei geheiratet, und mein jüngster Sohn lebt auch in der Türkei. Leider hat er zwei linke Hände wie sein Onkel, mein Abi. Er lebt gern, mag aber nicht gern arbeiten, er ist eine Frohnatur. Ganz anders mein Großer – der ist wie ich, arbeitet Tag und Nacht, er hat mit seinen zweiunddreißig Jahren fast schon Gicht in den Händen und muss doch auch noch seinen kleinen Bruder und dessen neue Familie mitversorgen, den wir vor zwei Jahren in der Türkei verheiratet haben. Die Kosten der Hochzeit und alle Ausgaben, die für die Familiengründung notwendig waren, hat natürlich mein Ältester übernommen. Das gehört sich so. Einer muss für den anderen da sein.«

Dienen und gehorchen

Haluk lebt seit über dreißig Jahren in Deutschland, aber er ist dort nicht angekommen. Er und seine Familie – mit Ausnahme des ältesten Sohnes – sprechen kein Deutsch, sie haben keinen Kontakt zu Deutschen. Er lebt inzwischen mit allen Insignien des Wohlstands in einer deutschen Kleinstadt nach den Regeln seines Dorfes im »Weiten Tal«. Westliche Werte wie Demokratie, Freiheit oder Selbstbestimmung sind nicht über die Schwelle seines Hauses gelangt. Als sein erwachsener Sohn eine deutsche Freundin hatte und mit ihr ein eigenes Leben aufbauen wollte, sind sie nach Anatolien zurück und haben ihm dort eine Braut »besorgt«, damit er die Familie nicht verlässt. Der Sohn hat sich gefügt und ist inzwischen selbst Vater von zwei Kindern. Seinen Sohn erzieht er, wie sein Vater ihn erzogen hat. Zusammen mit dem Vater und dem Großvater geht der Zehnjährige in die Moschee. Der Junge ist klug und kann bereits im Koran lesen. Darauf ist die ganze Familie stolz.

Haluks Tochter aber durfte nicht zur Schule gehen, sondern musste auf den neugeborenen Bruder aufpassen und den Haushalt versorgen, weil Haluk und seine Frau in der Fabrik arbeiteten. Zehn Jahre lang war sie die »kleine Mutter« ihres Bruders. Als der Junge alt genug war, schickte man ihn und seine inzwischen in die Pubertät gekommene Schwester ins »Weite Tal« zurück zur Großmutter, wo er zur Schule gehen sollte – das sei ihm »wichtig« gewesen, hat Haluk erzählt. Den Preis bezahlte Haluks Tochter. Nachdem sie der Familie genug gedient hatte, wurde sie in der Türkei verheiratet. Um sie und ihre Zukunft machte sich niemand Gedanken.

Der liebenswürdige Haluk, der für seine Familie immer das Beste wollte, würde es nie so empfinden, dass er seine Tochter verraten und ihr eine »eigene Geschichte« verweigert hat. Er sitzt da und sieht mit seinen blauen Augen hinauf zu den Bergen Kappadokiens. Er ist glücklich, denn ihm hat die Fremde nichts genommen, sondern die Familie aus der Armut gerettet. Der Horizont scheint unendlich, und Allah hat alles trefflich gerichtet. Mich überkommt ein Gefühl großer Beklemmung, als ich Uzun Yayla, das »Weite Tal«, wieder verlasse.

Täter und Opfer

Kismet oder das doppelte Gefängnis

»Verbrechen stehen in engster Beziehung zu dem sozialen Zustand der Gesellschaft«, schrieb der deutsche Sozialist August Bebel 1879. In jeder Gesellschaft lassen uns gerade die, »die im Dunkeln stehen«, etwas vom Leben in der »Normalität« wissen. Die Lebensgeschichten der fünf muslimischen Straftäter, die hier erzählt werden, werfen ein Licht auf die Schattenwelt von Gehorsam, Gewalt und Gefängnis, in die muslimische Männer eingesperrt sind – nicht nur die, die mit dem Gesetz in Konflikt geraten sind.

Ich war zum ersten Mal in meinem Leben in einem Gefängnis und stand mit einem entsprechend flauen Gefühl vor den hohen Mauern der Justizvollzugsanstalt. Die Tür aus grau gestrichenem Metall hatte keine Klinke, nur eine Klingel. Eine Stimme aus dem Lautsprecher forderte mich auf: »Bitte kommen Sie in den Hof.« Die Tür öffnete sich mit einem Klicken und sprang auf. Ich trat ein, und als die Metalltür scheppernd hinter mir zuschlug, erschrak ich. Der Pförtner in der Sicherheitsschleuse kontrollierte meinen Ausweis, nahm mir die Handtasche ab und meldete mich der Gefängnispsychologin. Ich wartete, und erst die Beamtin, die wenige Minuten später mit einem dicken Schlüsselbund am Gürtel vor mir stand, nahm mir plaudernd meine Beklemmung vor dem Haus und der Verabredung. Fast schien es, als wollte sie mir Herrn Mehmet richtig ans Herz legen, so gut sprach sie auf dem Weg durch diverse Schleusen und Gittertüren von ihm. Er sei nett, würde von allen geachtet und habe ein Talent, Streit unter seinen Landsleuten zu schlichten.

Als wir im Besucherzimmer angelangt waren, stellte sie uns einander vor. Ein Beamter setzte sich auf den Stuhl neben der Tür. Das war mir sehr recht. Mehmet war siebenunddreißig Jahre alt, trug einen Bart und das Haar sorgfältig nach hinten gekämmt. Er hatte einen dunklen zweireihigen Anzug an und ein weißes gebügeltes Hemd. Mehmet saß seit vier Jahren ein. Das sah man ihm nicht an.

Ich hatte spontan zugestimmt, als die Psychologin mich gefragt hatte, ob ich nicht einmal mit einem Gefangenen reden könne. Sie hatte an einem Fortbildungskurs für Justizbeamte teilgenommen, den ich zum Thema Islam veranstaltet hatte. In dem Gefängnis, in dem vier von zehn Gefangenen Türken oder Kurden waren, sprach niemand deren Sprache. Die Beamten wussten nicht, worüber die Gefangenen untereinander redeten, welche Sorgen sie umtrieben, welche Probleme sie hatten. Sie erfuhren immer nur, was Mittelsmänner oder in wichtigen formellen Angelegenheiten die Übersetzer ihnen sagten. Konflikte machten die Kurden, Türken oder Nordafrikaner unter sich aus.

Ich hatte mich nicht besonders auf das Gespräch vorbereitet, es fand ja auch nur statt, weil Mehmet mit jemandem reden wollte. Und auf mich war man gekommen, weil ich Türkisch sprach. »Ich freue mich, dass Sie gekommen sind«, sagte der Gefangene strahlend, und ich beeilte mich, ihm zu versichern, dass ich nicht gekommen sei, um zu erfahren, warum er im Gefängnis saß. Ich wusste es tatsächlich nicht und wollte es auch gar nicht wissen, weil ich fürchtete, dann womöglich nicht unbefangen mit ihm reden zu können.

Mehmets Geschichte

In den folgenden Monaten besuchte ich Mehmet regelmäßig. Er fand Gefallen daran, mir seine Geschichte zu erzählen. Gleichzeitig hatte er selbst damit begonnen, seine Erinnerungen aufzuschreiben. Aber wenn ich Nachfragen stellte, verwickelte er sich häufig in Widersprüche und korrigierte seine bisherigen Darstellungen immer wieder, um sein eigenes Verhalten oder bestimmte Ereignisse in ein günstigeres Licht zu rücken. Der Grund, warum er mir das alles erzählte, wurde mir erst im Laufe der Zeit klar: Er wollte etwas für sein Volk tun. Er glaubte, ich könne ihm helfen, die Schandtaten der Türken gegenüber den Kurden publik zu machen. Als ich mich weigerte, mich von ihm dafür einspannen zu lassen, und versuchte, näher an die persönlichen Motive und Gründe seines Handelns heranzukommen, spürte ich deutlich, dass es ihm nicht gefiel, die Kontrolle über seine Geschichte zu verlieren. Er wollte sein Leben als Kampf darstellen, er wollte als Kämpfer gelten. Meine Nachfragen, mit welchen Mitteln er denn gekämpft habe, beantwortete er nicht.

Eines Tages überreichte er mir ein in Leder gebundenes Buch, in dem in feinstem Türkisch und mit sauberer Handschrift sein Leben aufgezeichnet war. Ich war überrascht, es waren über einhundert Seiten. Ich fragte, wo er so gut schreiben gelernt habe. »Glauben Sie etwa, ich habe das selbst geschrieben?«, lachte er. »Das waren meine Leute. Ich möchte, dass das Buch gedruckt wird und alle erfahren, was für Schweine die Türken sind.« Jetzt bekam ich es tatsächlich mit der Angst zu tun und sagte: »Ich kann es ja versuchen; aber ob ein Verlag das druckt, entscheiden andere.« Er sah mich an: »Wenn es ein Geldproblem ist, sagen Sie es, das lässt sich regeln. Und wenn es andere Probleme gibt, reden Sie mit mir. Es gibt Möglichkeiten.« Er lachte wieder.

Mir wurde schlagartig klar, dass Mehmet keine Scherze machte. Ich hatte seine Lebensgeschichte gehört und wusste inzwischen auch, warum er im Gefängnis saß. Mehmet war verurteilt worden, und das nicht zum ersten Mal, weil er organisierten Drogenhandel im Auftrag der Kurdischen Arbeiterpartei PKK betrieben hatte. Dass er dafür ins Gefängnis kam, machte ihm nichts aus. Seine Familie zählte viele Köpfe, und der Clan sorgte für ihn – auch im Gefängnis. Er bewegte sich dort frei, hatte seine »Soldaten«, die alles für ihn erledigten. Und er versuchte mich für seine Zwecke einzuspannen, aus welchem Grund auch immer. Vielleicht aber fand er es auch einfach nur interessant, Besuch von einer Frau zu bekommen. Er war jedenfalls nicht, wie ich anfänglich gedacht hatte, ein Opfer der Verhältnisse, sondern er war als Vertreter der archaischen Stammeskultur zum Täter geworden. Er wollte nichts begreifen, sondern arbeitete an seiner Karriere als *cetebasi*, als Bandenchef. Ich brach den Kontakt ab.

Wir wissen wenig über die Sozialisation der Männer in Ostanatolien. Kaum einer hat je sein Schweigen gebrochen, und auch Mehmet war stolz darauf, niemanden verraten zu haben. Er hat mir seine Geschichte erzählt, damit die Schandtaten der Türken ans Licht kommen. Für mich aber gab seine Geschichte vor allem Auskunft darüber, wie die archaische kurdisch-türkische Stammesgesellschaft funktioniert.

Seit dem Tag, als sein Bruder erschossen wurde, war Mehmets Leben fremdbestimmt gewesen, immer wieder war er durch Aufträge der Familie in Konflikt mit dem Gesetz und der Obrigkeit geraten. Meine Fragen nach seiner persönlichen Verantwortung brachten ihn völlig aus dem Konzept. Für ihn waren es immer »die anderen«, die ihn in diese Lage gebracht hatten: die prügelnden türkischen Polizisten, die Konkurrenten, die Verräter. Die Vorstellung, dass er selbst für seine Lage verantwortlich sein könnte und nicht andere, verwirrte ihn. Hatte er nicht immer alles getan, was ihm sein Vater, sein Onkel, sein Abi gesagt hatten? War er nicht deshalb ein »guter Sohn«, der für seine Familie bis zum Äußersten gegangen war, war er nicht deshalb auch frei von Schuld? Nein, er verstand mich nicht.

Aber ich lernte etwas aus den Gesprächen mit ihm. Es war seine Geschichte, die mich überhaupt erst ahnen ließ, dass die Unterwerfung unter die Gebote der Familie und das Unvermögen, die eigene Schuld und damit auch die eigene Verantwortung zu erkennen, zwei Seiten derselben Medaille sind und eine Antwort auf die Frage sein könnten, warum so viele türkische Männer straffällig werden. Das Gefängnis ist für die meisten kein Ort der Strafe, sie kennen auch sonst keine individuelle Freiheit – sie leben in einem doppelten Gefängnis.

Rache und Vergeltung

Seit frühester Jugend bestimmen Blutrache, Folter, der Kampf gegen die Türken und die Befehle des Clans sein Leben. Aber Mehmet fühlt sich als Held, auch wenn er fast die Hälfte seines Lebens im Gefängnis verbracht hat. Er hat alles richtig gemacht, und sein Vater wird ihn loben, sollte er ihn noch einmal sehen, da ist er sich sicher.

Wie die meisten aus dieser vergessenen ostanatolischen Gegend weiß auch Mehmet nicht, wann er geboren wurde. Es könnte um das Jahr 1967 gewesen sein. Sein Vater war das Familienoberhaupt, der Chef des Clans. Der Clan bestand aus Mehmets Familie mit drei Schwestern und sechs Brüdern und den Familien der Brüder seines Vaters mit zusammen achtzehn Kindern, die alle versorgt sein wollten. Gemessen an dörflichen Verhältnissen war die Familie wohlhabend, sie besaß Land, Vieh, einen Metzgerladen und ein Hotel in der Stadt. Mehmets Großvater war im Zuge von Atatürks Reformen zum Rebellen geworden. Als Atatürk die Sklaverei verbot, konnten die ursprünglichen Agas die riesigen Ländereien nicht mehr bewirtschaften und mussten Land an andere Clans verkaufen. Die neuen Agas herrschten nicht mehr über ganze Landstriche, sondern waren Dorfgrößen – eine Demütigung. Aber das war nicht das Einzige, was sie in Gegnerschaft zur Republik brachte.

Atatürk hatte 1919 die kurdischen Stammesführer überredet, gemeinsam für den »zukünftigen Staat der Türken und Kurden« zu kämpfen. Bis dahin waren die Kurden an einer staatlichen Organisation nicht ernsthaft interessiert gewesen. Seit Jahrhunderten waren es die Warlords, Stammesführer, die ihre Geschicke bestimmten. Sie hatten sich immer der jeweiligen Herrschaft – den Römern, Persern, Griechen, Mongolen und Osmanen – widersetzt. Wenn es ihren Stammesinteressen nützte, verbündeten sie sich notfalls auch mit rivalisierenden Parteien. 1919 aber willigten sie ein, gemeinsam mit den Türken, den Tscherkessen und anderen die Griechen und Engländer zu vertreiben. Aber in dem Vertrag von Lausanne vom Juli 1923, der die Einheit der Türkei besiegelte, sahen sie sich um den Lohn gebracht. Mustafa Kemal Atatürk verhinderte die Zerschlagung des Kerngebiets des alten Osmanischen Reichs und schuf die »türkische Nation« in den Grenzen der heutigen Türkei. Nicht die Religion oder die Rasse sollte das Verbindende sein, sondern das Bekenntnis zur »unteilbaren Einheit von Staatsgebiet und Staatsvolk«. Kurden wurden verächtlich als »Bergtürken« bezeichnet, um ihnen ihre Identität zu nehmen.

Die Nation als »türkisch« zu definieren stieß auf den Widerstand nicht nur der Kurden. Kaum war die Republik ausgerufen, gab es 1925 schon die erste Rebellion unter Scheich Said aus Palu, die, genauso wie die folgenden Aufstände in den nächsten Jahrzehnten, brutal niedergeschlagen wurde. Die von Atatürk verordnete Trennung von Staat und Religion war für die Kurden kaum zu akzeptieren, denn damit war es dem Staat möglich, direkt in die Clan- und Stammesstrukturen hineinzuregieren. Die Tscherkessen, die ebenso wie die Kurden durch Atatürk gedemütigt worden waren, nahmen nach anfänglichem Misstrauen das staatliche Angebot zur Assimilation an, gewannen an Einfluss und machten Karriere im neuen Staat. Die Kurden aber misstrauten dem aus Istanbul und Ankara verkündeten Fortschritt, zogen sich in die Berge zurück, leisteten Widerstand und hielten an ihrer mittelalterlichen Stammeskultur fest. Einige ihrer Führer und Clanfürsten arrangierten sich offiziell mit der neuen Macht, wurden Chefs der Parteien »im Osten« und zogen ins Parlament ein – doch meist, um auf diese Weise die archaischen Besitz- und Herrschaftsverhältnisse in ihrem Gebiet zu sichern.

Und daran hat sich bis heute nicht viel geändert. Noch immer bestimmen die Familien, ob ihre Kinder zur Schule gehen, werden Hochzeiten durch die Väter und Onkel bezeugt und Kinder nur dann standesamtlich gemeldet, wenn sie auf eine weiterführende Schule gehen sollen. Mehrmals im Jahr veranstaltete das türkische Militär, als Mehmet ein kleines Kind war, Razzien in den Dörfern, um die wehrfähigen jungen Männer zum Dienst in der Armee zu zwingen. Ansonsten aber herrschten und herrschen die Clans, die politischen Vertreter der Kurden, betreiben noch heute größtenteils Fundamentalopposition, und Splittergruppen führen auch heute noch ihren Separatkrieg gegen die Türkei.

So war es Brauch

Irgendwann – Mehmet erzählt seine Familiengeschichte und seine erste Erfahrung mit Angst und Gewalt – wurde sein Vater von der Polizei abgeholt. Die Bewirtschaftung der Ländereien allein reichte damals nicht mehr aus, um Mehmets Großfamilie zu versorgen; ein Lkw wurde angeschafft, der mit dem Transport von Menschen, Vieh und Gütern eine neue Einnahmequelle erschließen sollte. So weit, so gut, aber dann gab es Streit um Grundstücke mit konkurrierenden Familien aus den Nachbardörfern. Es kam zu einer Schlägerei im Dorf, bei der mehrere Beteiligte verletzt wurden. Mehmets Vater war darin verwickelt gewesen und musste sich in den Bergen verstecken; sein Sohn war damals vielleicht drei Jahre alt. Eines Tages, so erzählt Mehmet, habe jemand hart gegen die Tür geklopft, und plötzlich hätten Polizisten im Haus gestanden und nach dem Vater gefragt.

»Ich erschrak und versteckte mich hinter den Röcken meiner Schwägerin, krallte die Finger in den Stoff, der ein buntes Blumenmuster hatte. Die Polizei durchsuchte das ganze Haus und zog dann unter Drohungen wieder ab. Erst nach Tagen kam mein Vater zurück, der sich in den Höhlen versteckt gehalten hatte, wo kein Polizist sich hintraute. Immer wieder hatte ich nach ihm gefragt. Eines Morgens war er zum Morgengebet plötzlich wieder da, ich ging zu ihm und bettelte ihn um mein Taschengeld an. Mürrisch gab er mir fünfzig *kurus*, bevor er sich gen Mekka wandte. Mein Vater ist ein strenggläubiger Muslim, der, was auch geschieht, nie seine Gebete vernachlässigt. Nach dem Gebet setzte er sich zum Frühstück an den Tisch, der mit seinen Lieblingsspeisen gedeckt war, mit *kaymak*, fester Sahne, mit Honig und frischem Brot. Doch kaum hatte er den ersten Bissen in den Mund geschoben, da flog die Tür auf und die Polizisten stürzten sich auf ihn. Sie hatten im Versteck auf seine Rückkehr gelauert. Es ängstigte mich, meinen Vater in Handschellen zu sehen, und ich fing an zu weinen. Ich drängte mich an ihn und gab ihm mein Taschengeld zurück. Ich möchte lieber, dass du hierbleibst! Die Polizisten brachten ihn in die Stadt, und wir zogen in die Nähe des Gefängnisses, damit meine Mutter und meine Schwestern dreimal am Tag etwas für ihn kochen konnten, das ihm meine Brüder dann brachten. Ich durfte immer mitkommen und wurde durch das Gitter geschoben, um auf dem Schoß meines Vaters sitzen zu können. Auch die anderen Gefangenen reichten mich gern von Schoß zu Schoß. Ich freute mich jeden Tag auf das Gefängnis.«

Warum sein Vater im Gefängnis saß, wusste der Dreijährige nicht. Aber der Streit um die Grundstücke sollte eine Fortsetzung erfahren, die nicht nur Mehmets Leben einschneidend veränderte, sondern die ganze Familie in den Abgrund riss. Zwei Jahre später wurde Mehmets Abi im Nachbardorf erschossen. Das war der Auftakt zu einer Jahre dauernden Blutfehde.

Von diesem Tag an, sagt Mehmet, sei keiner der Männer in seiner Familie mehr im Haus gewesen, alle waren mit Waffen unterwegs, um den Mörder seines Bruders zu suchen, der sich in den Bergen versteckt hielt. Das Nachbardorf verbarrikadierte sich, die Läden wurden geschlossen, die Häuser verlassen, denn jeder im Dorf konnte angegriffen werden, wenn der Täter nicht herausgegeben wurde. So war es Brauch. Ein ganzes Jahr dauerte die Suche, aber sie blieb ergebnislos. Manchmal kamen fremde Reiter, die zu Mehmets Vater gingen und lange mit ihm redeten. Es waren Vermittler aus anderen Dörfern, die schlichten wollten. Sie versuchten, meinen Vater zu überreden, Blutgeld zu akzeptieren, doch Mehmets Brüder wollten sich darauf nicht einlassen, sie wollten den Tod des Mörders. Und so mussten die Schlichter immer wieder unverrichteter Dinge abziehen. Dabei wurde die Lage für beide Familien und ihre Dörfer immer unerträglicher, niemand konnte mehr seiner Arbeit nachgehen. Denn die Trauer währt so lange, bis die Blutrache vollzogen ist.

»Nach genau einem Jahr, es war ein glühend heißer Sommertag, kam eine Gruppe von Reitern mit einem kleinen Fohlen ins Dorf. Ich rannte ihnen nach, ich wollte unbedingt das Fohlen streicheln. Aber die Älteren zischten mir zu: Lass das, das Tier ist von den Mördern. Die Reiter hatten zwei junge Männer dabei, setzten sie mitten auf dem Dorfplatz auf Stühle und zogen ihnen ein Leichentuch über den Kopf. Auf ihren Schoß legte man Kernseife, Handschuhe und Handtücher – alles, was man für eine Leichenwäsche braucht. Dann wurde mein Vater gerufen. Hier, das ist unser Geschenk an dich, sagten die Fremden. Du kannst den beiden das Leben nehmen, so wie wir das Leben deines Sohnes genommen haben. Die jungen Männer waren die Brüder des Mörders, und mein Vater sollte über ihr Schicksal entscheiden. Aber ein Gast ist bei uns unantastbar, das gebietet die Tradition. Also befreite mein Vater die beiden vom Leichentuch und legte ihnen die Hand auf den Kopf – das Zeichen der Versöhnung. Er verzieh der anderen Familie und schloss Frieden mit ihr.«

Auch wenn ich schon einiges über die archaischen Stammesgesellschaften wusste, kam mir diese Geschichte am Ausgang des 20. Jahrhunderts doch ziemlich bizarr vor. Eine unabhängige Gerichtsbarkeit, überhaupt Gewaltenteilung und Rechtsstaatlichkeit scheinen unbekannt in diesem Kulturkreis zu sein. Die muslimisch-kurdischen Agas glauben, mit Gottes Einverständnis und nach den Regeln des Korans und ihren

Stammesgesetzen ihr »Recht« auf Rache ausüben zu können. Denn nach der Scharia, dem traditionellen islamischen Recht, gehört die Tötung eines Menschen nicht zu den Kapitalverbrechen, weil hier nicht Gottes Recht, sondern nur menschliches Recht verletzt wird. Der Mord ist ein *Qisas*-Vergehen, das »Wiedervergeltung« erfordert. »O ihr Gläubigen!«, heißt es im Koran, Sure 2, Vers 178, »Euch ist Wiedervergeltung für die Getöteten vorgeschrieben: der Freie für den Freien, der Sklave für den Sklaven, und die Frau für die Frau!« Und Sure 17, Vers 33, sagt: »Und tötet niemand, den [zu töten] Gott verboten hat, außer wenn ihr dazu berechtigt seid! Wenn einer zu Unrecht getötet wird, geben wir seinem nächsten Verwandten Vollmacht zur Rache. Er soll aber dann im Töten nicht maßlos sein [und sich mit der bloßen Vergeltung begnügen]. Ihm wird ja geholfen.« Der Vater kann verzeihen, aber die Söhne können ihm dabei die Gefolgschaft verweigern. Und so war es auch in Mehmets Geschichte.

Ein »Unfall«

Mehmet wurde in die Schule geschickt. Nun erst lernte er Türkisch, bis dahin hatte er nur *zaza*, Kurdisch, gesprochen. Im Sommer 1980 nahm ihn der Vater von der Schule. Da war Mehmet dreizehn. Es war die Zeit, als rechte und linke Gruppen, Islamisten und Kurden versuchten, die Republik aus den Angeln zu heben, und Regierung und Parteien sich über nichts mehr einigen konnten. Die politischen Ereignisse überschlugen sich, in der Stadt wurde nachts geschossen, und Molotowcocktails flogen auf den Schulhof. Mehmet kam wieder ins Dorf zurück, um bei der Ernte zu helfen.

»Es war ein Tag im Juli«, erzählt er. »Schon frühmorgens

hatten meine Schwestern und Schwägerinnen das Frühstück für die Arbeiter zubereitet, die wir während der Ernte beschäftigten. Ich musste sie versorgen und durfte den Trecker fahren. Wenn ich aufs Feld kam, machte ich Feuer für den Tee und breitete die Kelims aus. Es gab Brot, Joghurt, Honig, Käse und Oliven. Wenn die Arbeiter kamen, hatten sie großen Hunger und vor allem Durst, denn die Arbeit von morgens bis abends in glühender Hitze war anstrengend. Ständig musste ich frisches Wasser von der Quelle holen.

Es war kurz nach dem Mittagessen, alle lagen im Schatten des großen Dattelbaums, und ich reichte den Tee herum, als etwas Ungewöhnliches geschah: Ein Taxi hielt auf der Straße an, ein Junge kam über das Feld gelaufen. Ich wusste, etwas Schreckliches musste passiert sein. Hastig berichtete der Junge meinem Vater, der auch mit auf dem Feld war, was geschehen war. Mein Bruder hatte meinen Abi gerächt und jemanden aus dem Nachbardorf umgebracht. Danach war er geflohen, und die Polizei hatte alle Männer unserer Familie verhaftet, die im Haus waren.

Mein Vater hörte sich die Geschichte ruhig und beherrscht an, kein einziger Fluch kam über seine Lippen. Dann wandte er sich an mich: Geh nach Hause und sag allen, sie sollen sich ruhig verhalten. Niemand darf erfahren, wo wir sind. Und bring mir mein Gewehr! Ich rannte, so schnell ich konnte. Als ich zurückkam, befahl er den Landarbeitern, so zügig wie möglich die Ernte einzuholen, denn es stand zu befürchten, dass die Nachbarn die Felder anzünden, die Tiere töten und die Brunnen vergiften würden. Mich schickte er mit dem Gewehr auf den Berg, ich sollte alle warnen, falls sich jemand dem Dorf näherte. Die Frauen klagten und weinten, als ich abends ins Dorf kam. Inzwischen wussten wir, wo sich mein Bruder versteckt hielt. Mein Vater und ich gingen mit Waffen und Lebensmitteln in die Berge, wo uns niemand finden konnte. Wir warteten ab, bis die Polizei im Dorf gewesen war. Sie hatte nach Waffen gesucht und keine gefunden. Aber die Polizisten würden wiederkommen, so viel war klar.

Mein Vater rief mich zu sich und erklärte mir, was von jetzt an meine Aufgabe sein würde. Ich sollte meinen Bruder mit Lebensmitteln versorgen. Ich bekam eine Pistole, ein Gewehr und einen Korb mit Essen. Nach Sonnenuntergang schickte er mich zu der Höhle in den Bergen.«

Noch nie war Mehmet nachts allein in den Bergen gewesen. Es war finster, und ständig rutschte er aus. Er war in dieser Gegend geboren und kannte jeden Stein. Und doch hatte er Angst vor dem langen Weg im Dunkeln und vor der möglichen Begegnung mit einem Bären. Denn dann hätte er schießen müssen und jemanden verraten können. Auf halbem Weg hörte er plötzlich Geräusche aus dem Dunkel. Wer da?, rief er und lud sein Gewehr durch. Es war ein Junge aus dem Dorf, den er fast erschossen hätte. »Er wäre der Erste gewesen«, fährt Mehmet in seiner Erzählung fort. »Als er mich zu der Stelle gebracht hatte, wo wir meinen Bruder treffen sollten, rief ich leise: Abi, ich bin's, Mehmet. Plötzlich stand er vor mir, und wir umarmten uns. Wir sprachen nur das Nötigste. Gemeinsam stiegen wir zur Höhle auf, aßen etwas und legten uns für ein paar Stunden auf den harten Boden. Noch vor Sonnenaufgang machte ich mich auf den Weg zurück ins Dorf. Zu Hause warteten schon alle auf mich. Wie erleichtert waren sie, als sie hörten, dass es dem Abi gut gehe.«

Von diesem Tag an ging der Dreizehnjährige jede Nacht in die Berge, um dem Bruder Essen zu bringen; jede Nacht wechselten die beiden den Schlafplatz. Bei Sonnenaufgang war Mehmet zurück und arbeitete tagsüber auf dem Feld. Jeden dritten Tag kam die Polizei, verhörte irgendjemanden aus der

Familie, nahm mal den einen, mal den anderen mit, schlug und schimpfte. So vergingen die Monate.

Als ich Mehmet frage, ob sein Vater oder seine Brüder wüssten, was sie ihm angetan hätten, sieht er mich irritiert an. Der Mord an seinem ältesten Bruder lag doch sieben Jahre zurück, erinnere ich ihn, selbst nach der Scharia war die Tat verjährt. Und nachdem die Familie vergeblich versucht hatte, die Ehre durch Vergeltung wiederherzustellen, hatte sie ein *diya*, Blutgeld, akzeptiert und der Vater den Feinden in aller Öffentlichkeit verziehen. Mord kann nach der Scharia auch mit der Zahlung von Geld vergolten werden. Diya gilt im Koran sogar als eine »Erleichterung und Barmherzigkeit« (Sure 2, Vers 178).

Die Blutrache von Mehmets Bruder an einem Mann aus dem Nachbardorf war für die Familie kein Mord, erklärt er mir, und auch wäre sein Bruder seinem Vater damit nicht in den Rücken gefallen, sondern *kaza*, ein »Unfall«, sei es gewesen, so etwas wie »höhere Gewalt«, etwas, das man nicht verhindern kann, wogegen man sich nicht schützen kann. »Was sollten wir tun, meinem Bruder war nun einmal dieser Unfall passiert. Jetzt mussten wir alle da durch!«, sagt Mehmet.

Von »Unfällen« sprechen die Männer oft, wenn sie etwas getan haben, das eigentlich nicht zu erklären ist. In archaisch patriarchalischen Stammesgesellschaften herrscht ein Männerbild vor, das davon ausgeht, dass der Mann seine Triebe nicht beherrschen kann. Im Gegenteil: Ihm wird bedeutet, dass er ein Recht darauf habe, sich so zu verhalten, dass er seine Triebe befriedigen kann. Ein Mann ist nicht hundertprozentig kontrollierbar, er rastet eben manchmal aus – das ist Konsens. Besonders junge Männer haben »verrücktes Blut« und sind unberechenbar, sie »haben sich verloren«. Wer eine solche Wahnsinnstat begeht, wird oft weder vom Vater zur Rechenschaft gezogen noch der Polizei überstellt, die in diesem Fall als

Feind gilt, sondern von der Familie beschützt. Somit muss der Täter sich der Frage nach seiner persönlichen Schuld gar nicht stellen und sich lediglich vor der Rache der anderen fürchten. Und da es in den Augen dieser Gesellschaften keinen Einzeltäter gibt, sieht auch die Familie ihre eigene Beteiligung an allem, was sie für den Täter tut, nicht als Beihilfe zu einer Straftat an, sondern als Ausdruck der Verpflichtung, ihn in Schutz zu nehmen. Auch fragt sich niemand, auch nicht Mehmet selbst, ob es nicht unverantwortlich ist, einen Dreizehnjährigen nachts bewaffnet in die Berge zu schicken. Selbst wenn Mehmet dabei umgekommen wäre, hätte sein Vater nichts Falsches in dem Auftrag für seinen Jüngsten gesehen – ein anderer Sohn oder ein Cousin hätte eben Mehmets Platz eingenommen, und man hätte seinen Tod vergelten müssen.

Die Verhaftung

Auf Dauer konnten Mehmets nächtliche Kurierdienste nicht gut gehen. Eines Tages war es so weit: Mehmet war gerade von seinem nächtlichen Besuch bei seinem Bruder zurückgekommen und saß mit einigen anderen Jungen aus dem Dorf beim Frühstück im Garten, als Polizisten aus dem Gebüsch hervorbrachen, die zu Fuß ins Dorf geschlichen waren. Der Polizist, der Mehmet durchsuchte, meinte es gut mit ihm, er »übersah« die Pistole, die dem Jungen im Hosenbund steckte. Aber noch während er ihn abklopfte, fiel die zweite Waffe zu Boden. Mehmet wurde verhaftet.

»Sie legten mir Handschellen an und schubsten mich vor sich her ins Dorf. Ich sperrte mich, ein Polizist stolperte, und ich taumelte und fiel hin. Meine Brüder waren gewarnt worden und konnten rechtzeitig ihre Waffen verstecken. Es wäre eine Katastrophe gewesen, wenn die Polizei unsere Gewehre und Pistolen gefunden hätte – die Familie wäre ohne Schutz gewesen. Mein Onkel versuchte, mit den Polizisten zu reden, sie mit Geld zu bestechen, aber sie lachten nur. Mir steckte er fünftausend Lira zu und gebot mir zu schweigen. Ich hatte noch nie so viel Geld gesehen, das waren mindestens drei Monatsgehälter eines Polizisten.

In der Stadt wurde ich in eine Zelle im Keller gebracht, man gab mir einen Karton als Unterlage und eine Decke. Es war kalt und dunkel, und auf dem Steinboden konnte ich nicht schlafen, alles tat mir weh. Aber zumindest ließen sie mich in Ruhe. Mein Onkel schickte mir jeden Tag zu essen, und zwar so viel, dass die Polizisten davon auch verpflegt wurden. Tagsüber saß ich im Büro der Wärter und redete mit ihnen, nachts musste ich zurück in die Zelle.«

In der fünften Nacht, es war der 12. September 1980, hörte Mehmet plötzlich Schreie von draußen. Die Zellentür flog auf, und zwanzig bis dreißig Männer wurden zu ihm in den kleinen Raum gepfercht. Die Gefangenen standen dicht an dicht, es war so eng, dass niemand sich bewegen konnte. Schwer bewaffnete Soldaten wurden als Wache abgestellt. Jemand sprach von »Revolution«. Mehmet wusste nicht, was das bedeutete. Ein Wärter, der ihm häufiger Brot und Käse zusteckte, erzählte, alle Polizisten seien abgelöst worden, das Militär habe die Regierungsgewalt übernommen. Aus dem kleinen Fenster der Zelle konnte Mehmet sehen, dass die Straßen menschenleer waren, eine Ausgangssperre war verhängt worden.

In dieser Nacht wandte sich der Generalstab der türkischen Armee an das türkische Volk. Das Radio brachte Sondersendungen, Extrablätter wurden gedruckt, um dem Volk die Botschaft der Armee zu verkünden: »Erhabene türkische Nation. Der uns von Atatürk anvertraute türkische republikanische

Staat, dessen Staatsgebiet und Staatsvolk ein unteilbares Ganzes bilden, war (…) durch die Aufwiegelung von äußeren und inneren Feinden geistigen und materiellen Angriffen in verräterischer Weise ausgesetzt. An Stelle des Atatürkismus wurden reaktionäre und andere abwegige ideologische Vorstellungen vorgebracht.« Das Militär verhängte den Ausnahmezustand, setzte die Regierung ab und löste das Parlament und die Parteien auf. Auslöser des Militärputsches war angeblich ein Kongress der Islamistischen »Wohlfahrtspartei« (RP) gewesen, bei dem Demonstranten die grüne Fahne des Islam geschwenkt und die Wiedereinführung der Scharia in der Türkei gefordert hatten – erste Auswirkungen der islamischen Revolution im Iran unter Ayatollah Chomeini. Selbst die USA fürchteten, die Türkei könne in den Sog des »heiligen Kriegs« der Islamisten gegen den US-Imperialismus geraten.

In der Türkei herrschten damals seit Jahren schon bürgerkriegsähnliche Zustände. Sechs Monate lang hatte das Parlament vergeblich versucht, einen neuen Staatspräsidenten zu wählen. Die *DevGenc*, die Revolutionäre Linke, bekämpfte die *Bozkurtlar*, die Grauen Wölfe, auf der Rechten, zwischen den muslimischen Fanatikern der Sunniten und den Aleviten gab es religiösen Streit, und unter Abdullah Öcalan hatten kurdische Studenten ihre »bewaffnete Propaganda« für einen unabhängigen Kurdenstaat aufgenommen. Im Osten war die Republik schon lange tot. Die Familien und Clans richteten sich nach den Gesetzen der Scharia und ihrer Stammeskultur, der Staat war keine anerkannte Autorität. Für Mehmets Familie war er genauso ein Feind wie die Konkurrenten aus dem Nachbardorf. Und der Staat verhielt sich auch so: Willkür, Terror und Korruption waren die Mittel, mit denen sich die Republik in diesem Teil des Landes präsentierte. Und so verriet sie junge Menschen wie Mehmet ans Mittelalter.

Am nächsten Morgen wurden Mehmets Mitgefangene wieder abtransportiert, er blieb allein zurück. Danach begann für ihn ein tagelanges Martyrium. Am ersten Abend wurde er zum Kommandanten gebracht. Mehmet wurde durchsucht, man fand das vom Onkel zugesteckte Geld, das der Kommandant wortlos einsackte. Als der Dreizehnjährige vor ihm stand, packte der Kommandant ihn plötzlich und knallte ihn, wiederum wortlos, an die Wand. Dann prügelte er auf den Jungen ein, bis er erschöpft auf seinen Stuhl sank. Mehmet wurde, völlig zerschlagen, in den »Käfig« gesteckt, einen Kasten von etwa einem mal einem halben Meter, in dem man nicht sitzen, nicht stehen, nicht liegen, sondern nur gekrümmt hocken konnte. Am nächsten Tag schleppten sie ihn wieder zum Verhör. Der Kommandant fragte nach dem Lkw der Familie. Mehmet wusste nicht, wovon er redete, bezog für sein Schweigen wiederum Schläge und wurde zurück in den Käfig gebracht. Ein Soldat hatte Mitleid und besorgte ihm heimlich etwas zu essen, zu rauchen und Tee. Drei Tage saß Mehmet in dem Käfig fest, der nette Soldat wurde abgelöst, und die anderen taten so, als sei der Junge bereits tot. Sein Körper schmerzte von den Schlägen und der gekrümmten Haltung, und bald wusste er nicht mehr, was schlimmer war, die Schläge oder der Käfig. Irgendwann brach Mehmet bei einem Verhör bewusstlos zusammen, daraufhin ließen sie ihn eine Zeit lang in Ruhe. In der vierten Nacht stießen sie ihn in einen Jeep und fuhren mit ihm in die Nacht hinaus. Mehmet schloss ab mit seinem Leben, denn es ging hinaus aufs Land. Nach einer Weile fragte ihn einer der Offiziere nach seinem Elternhaus. Was für eine Frage, das kannte jeder in der Gegend, damit würde er kein Geheimnis verraten!

»Sie fuhren in unser Dorf. Meine Mutter und meine Ablas, meine älteren Schwestern, schrien und weinten, als sie mich sahen. Gebt ihm zu essen, befahlen die Soldaten und begannen, im Haus und im Dorf nach den Männern unserer Familie zu suchen. Mein Vater wurde inzwischen per Haftbefehl gesucht. Aber die Polizisten fanden ihn nicht, wohl aber meinen Onkel. Wir wurden gemeinsam in der Kreisstadt eingesperrt. Mein Onkel wollte schon während des Transports wissen, ob ich geredet hätte. Ich sagte, sie haben mich nach einem Lkw gefragt. Und?, fragte er erschrocken. Aber ich wusste ja nichts. Er war erleichtert. Ich habe nie erfahren, was es mit dem Lkw auf sich hatte.«

Mehmet wurde mit dreizehn Jahren wegen illegalen Waffenbesitzes zu einem Jahr Gefängnis auf fünf Jahre Bewährung verurteilt und nach vier Wochen Arrest entlassen. »Es war, als würde ich aus einem Alptraum aufwachen, als ich in unser Dorf zurückkam. Arbeiter waren gerade dabei, unser Haus mit Wellblech zu decken. Die Lehmdächer musste man im Winter vom Schnee befreien, damit das Wasser nicht die Decke aufweichte. Mein Vater hatte das so entschieden, weil alle Männer wegen der Blutrache im *firar*, im Versteck, waren, den Frauen glaubte er es nicht zumuten zu können, auch noch das Dach zu fegen.«

Noch am Abend seiner Rückkehr wurde ein Paket mit Lebensmitteln gepackt, man gab Mehmet wieder ein Gewehr und schickte ihn zu seinem Bruder in die Berge. Ständig kam in den nächsten Wochen die Polizei, überprüfte die Familie, suchte den Mörder. Die Geschäfte lagen danieder, einige von Mehmets Brüdern waren in Ankara oder Istanbul untergetaucht, ein anderer hatte sich unter falschem Namen als Hodscha in einer Moschee verdingt. Der Vater hatte noch Vermögen, sonst hätten »wir uns mit Raubüberfällen finanzieren müssen«, stellt Mehmet nüchtern fest.

Mehmets Familie drohte zwischen Rache und Vergeltung zerrieben zu werden, die nächsten Jahre waren eine Odyssee zwischen Verstecken, Verhören, Verhaftungen und Verrat. Mehmet wurde wieder verhaftet und für Jahre ins Gefängnis gesteckt.

Als er wieder entlassen worden war, entschied der Vater, ihn zu Verwandten nach Istanbul zu schicken. »Ich ahnte, dass ich mein Dorf und meine Familie nicht wiedersehen würde«, erzählt mir Mehmet. Der Chef der Familie in Istanbul stattete ihn mit neuen Papieren aus und ließ ihn illegal über Österreich nach Deutschland schleusen. Wieder wurde Mehmet von niemandem gefragt, was er selbst wollte, noch sagte man ihm, was man mit ihm vorhatte. Und er gehorchte, wie er es gelernt hatte.

Der Held der Familie

Die ersten Jahre kam er auf einem Bauernhof in Norddeutschland unter, er half auf dem Feld und im Stall. Er sprach nie, nicht ein einziges Wort, sodass die Deutschen ihn für taubstumm hielten und sich ihm mit Händen und Füßen verständlich zu machen versuchten. An den Wochenenden holte ihn ein Onkel ab und fuhr mit ihm in die Stadt. Mehmet musste »bestimmtes Material« an »bestimmte Leute« verkaufen. Deutlicher wird er nicht, als er davon spricht, aber mir ist klar, worum es geht. Er wurde einer der vielen Drogendealer, die von den kurdischen Drogenclans benutzt wurden, um den Stoff an die Junkies zu bringen. Bevorzugt werden dafür Jungen unter achtzehn Jahren eingesetzt, weil die noch unter das Jugendstrafrecht fallen oder, wenn sie unter vierzehn sind, gar nicht bestraft werden können. Da Mehmet aber schon Erfahrung mit Waffen hatte, teilte man ihn auch für größere Deals ein. Auch in Deutschland wurde er festgenommen, er kam erst für zwei, dann für drei Jahre, dann – nach einer, wie er sagt, »größeren« Sache – für sieben Jahre ins Gefängnis.

Auch in Deutschland kämpften die verschiedenen kurdischen Clans – nicht anders als in den Bergen Ostanatoliens – um jede Straßenecke und jedes Teehaus. Bei einem solchen Revierkampf lieferte sich Mehmet eine Schießerei mit kurdischen Landsleuten. Die deutsche Polizei fackelte nicht lange und nahm ihn wieder fest. Seit vier Jahren sitzt Mehmet nun im Gefängnis, und zum ersten Mal, sagt er, gehe es ihm gut. Er habe sein Leben im Gefängnis nun akzeptiert und sich eingerichtet: »Man kann, wenn man möchte, das hier als ›Hotel Staat‹ ansehen. Die Menschen, die uns bewachen, sind richtige Menschen, keine Schläger wie in der Türkei. Ich wohne mit meinen kurdischen Landsleuten in einem *kohusch*, einer Gemeinschaftszelle, wir dürfen uns manchmal selbst bekochen, und bei Streitereien sorge ich für Frieden.«

Bei meinem letzten Besuch, an dem Tag, als er mir seine in Leder gebundenen Aufzeichnungen übergibt, frage ich ihn: »Bereuen Sie irgendetwas in Ihrem Leben?«

Er sieht mich an. »Ich verstehe Ihre Frage nicht«, sagt er. »Ich habe immer alles getan, was man von mir erwartet hat. Ich habe immer alles gegeben. Es gibt doch keinen wertvolleren Menschen auf der Welt als den, der auch unter den schlimmsten Bedingungen für seine Familie kämpft. Ich weiß, für meine Familie bin ich ein Held, *yigit-oglan*.«

»Denken Sie manchmal, Ihr Vater könnte etwas falsch gemacht haben?«

»Nein, für mich ist er ein Held.«

»Aber er hat Sie doch als Kind in die Berge geschickt, ist das nicht unverantwortlich?«

»Das war das Beste, was er für seine Söhne tun konnte. Wie sollte er uns sonst vor unseren Feinden beschützen? Und dass ich viele Jahre meines Lebens im Gefängnis gesessen habe, ist doch kein Einzelfall. Das passiert vielen von uns. Wir sind im Krieg. Wir werden als Krieger geboren. Die Türken sind schuld. Die sollen uns in Ruhe lassen. Die haben ihre Bräuche, wir unsere. Sie sollen uns nicht verfolgen, sich nicht in Dinge einmischen, die sie nichts angehen. Wer sind denn schon die Türken?«

Mehmet wird irgendwann entlassen. Er wird, wahrscheinlich, zu seinem Onkel gehen, und alles wird vermutlich wieder von vorn anfangen. Er wird nicht zum letzten Mal im Gefängnis gewesen sein. Er befindet sich im Krieg. Mit der Zivilisation. Ausgewiesen werden kann er nicht, er hat politisches Asyl.

Das kalte Herz der Berge

Unter der Unfähigkeit einer Gesellschaft, ihre Kinder zu schützen, müssen die Schwächsten leiden. Was Adam an menschlicher Kälte ertragen musste, kann man mit Armut nicht erklären, und trotzdem hat er seine Schuld akzeptiert. Verzweifelt hat er immer wieder um das Leben der ihm Anvertrauten gekämpft und den Kampf gegen Tradition und gegen die Herrschaft der Älteren doch verloren.

Er spricht leise und mit einer sanften Stimme. Mitunter macht er während des Gesprächs lange Pausen und lässt die Augen zur Decke der Gefängniszelle wandern, so als könne er von dort aus die schneebedeckten Gipfel der *palandöken daglari*, einer über dreitausend Meter hohen Bergkette, in seiner kurdischen Heimat bei Erzurum sehen. Und als er zu erzählen beginnt, vergesse auch ich für einen Moment, dass wir uns in einer deutschen Justizvollzugsanstalt befinden, in einer leeren Gefängniszelle mit zwei Stühlen, einem kleinen Tisch und einer hochgeklappten Pritsche.

Sein Akzent erinnert mich an meine Großmutter Emmana, deren Eltern aus diesem Gebiet Ostanatoliens stammten. Sie hat manchmal vom Leben in den Bergdörfern erzählt, und wenn sie gute Laune hatte, hörte ich sie im Stall leise eines der klagenden Lieder aus den Bergen singen: »Die Berge von Erzurum sind erbarmungslos / lassen niemanden durch / niemand kann sie begehen.« Schon immer hatten mich diese Lieder stark berührt, in ihnen gibt es nur den Kummer, die Hoffnungslosigkeit und einen Rhythmus, der wie ein schlafendes Herz pocht.

Adam hat um das Gespräch gebeten, weil seine Zellengenossen ihm gesagt hatten, ich könnte ihm bestimmt helfen. Er möchte seinen achtjährigen Sohn wiedersehen. Aber er möchte auch, dass jemand seinen Kummer anhört. Adam ist nur etwa einen Meter sechzig groß, er hat einen kleinen Bauch, aber er ist nicht dick, sein Haupt ist fast kahl, die wenigen Haare, die er noch hat, sind an den Schläfen grau. Sein Schicksal hat ihn schneller als nötig altern lassen. Adam ist Ende vierzig und wird noch sechs Jahre im Gefängnis verbringen.

Er ist in der Nähe von Erzurum in einem kleinen, etwa dreihundert Köpfe zählenden Bergdorf zur Welt gekommen. Es muss zwischen 1956 und 1960 gewesen sein, niemand hat es aufgeschrieben. In seinem Pass steht 1958. Er sagt, er sei das »erste« Kind seines Vaters gewesen. Als ich nachfrage, korrigiert er sich und sagt: »Ich hatte noch zwei Schwestern, eine davon älter als ich. Aber ich war der Stammhalter.« Ich bin nicht überrascht. Oft habe ich erlebt, dass auch Mütter, wenn ich sie nach der Zahl ihrer Kinder frage, nur die Söhne aufzählen, nicht ihre Töchter.

Das Glückskind

Adams Vater war ein wohlhabender und angesehener Mann. Die Familie baute auf eigenem Land Getreide an, buk ihr Brot selbst, produzierte Milch und Käse und besaß ein Haus mit einem festen Dach. Sie war nicht reich, aber keinem untertan. Die Herrschaft im Dorf mussten sie mit einer anderen Familie teilen. Der Vater war sehr um Ausgleich bemüht und versuchte, Konflikte im Dorf friedlich zu lösen: »Brüder, vertragt euch. Wir leben doch nur ein paar Tage auf der Welt«, so sagte er dann. Adam erlebte eine glückliche Kindheit; während andere Kinder schon früh angehalten wurden, bei der Feldarbeit zu helfen oder das Vieh zu hüten, wurde er von der Mutter mit Liebe verwöhnt.

Kaum hat Adam angefangen zu erzählen, hebt draußen ein großes Geschrei an. Man hört, wie Gefangene den Gang hinunterrennen, Vollzugsbeamte schreien, Randalierer gegen die Zellentüren treten. Ich bin erschrocken und schaue besorgt zur Tür. Ein Beamter schlägt mit einem Stock dagegen. Ich zucke zusammen, da sagt Adam so leise, dass ich es fast nicht hören kann: »Ich habe auf meine Frau eingestochen. Sie ist fast gestorben. Seit einem Jahr sitze ich hier. Seitdem habe ich meinen kleinen Sohn nicht einmal gesehen. Sie müssen mir helfen. Ich bin am Ende.« Auf dem Gang ruft ein Beamter drohend: »Ruhe!« Mir stehen Schweißperlen auf der Stirn, ich bin mir nicht sicher, ob ich die Situation im Griff habe. Aber Adam spricht weiter: »Sie hat die Stiche überlebt, jetzt schürt sie den Hass auf mich.« Ich warte, bis es sich auf der Etage beruhigt hat, atme tief durch und stelle meine Frage: »Können Sie sich an Ihre Schulzeit erinnern?«

Adam nickt. Mit sieben oder acht Jahren kam er zur Schule, die gerade im Dorf aufgemacht worden war. Er war einer der Ersten, die eingeschult wurden. Bis zur fünften Klasse hatten die Schüler keine Bücher, »aber ich habe trotzdem viel gelernt in diesen Jahren«, sagt Adam. Nach der Grundschule bestand er die Prüfung für die weiterführende Schule sogar mit »sehr gut«, aber er hätte aufs Internat gehen müssen, um weiterlernen zu können, und das wollte sein Vater nicht. Er wollte den Sohn bei sich haben. »Ich bin gern zur Schule gegangen«, erinnert sich Adam mit einem kleinen, wehmütigen Lächeln, »obwohl es morgens immer so kalt war. Bei uns dauert der Winter neun Monate, und es liegt meterhoch Schnee. Aber meine Mutter weckte mich morgens immer mit einer Schale heißer Milch, sie hatte dann schon im Stall die Tiere gemolken. Sie hat mich sehr geliebt, ich war ihr Liebling. Deshalb nannten die anderen mich auch das Glückskind.«

Eines Tages wurde die Mutter plötzlich krank. Der Vater brachte sie zum Doktor in die nächste Kleinstadt, das war ein Fußweg von vier Stunden. Aber der Arzt konnte ihr nicht helfen und überwies sie ins Krankenhaus nach Erzurum. Nach einigen Tagen kam der Vater bedrückt zurück ins Dorf, den Grund für seine Traurigkeit verriet er seinen Kindern nicht. Den erfuhren sie erst, als eines Tages drei Männer auf den Hof kamen.

Der Tod der Mütter

»Mein Vater kniete gerade auf dem *namazlik*, dem Gebetsteppich, er sprach sein letztes *selam*, schaute einmal nach links, einmal nach rechts über die Schulter, stand auf, rollte seinen Teppich ein und wandte sich den in der Tür stehenden Männern zu. ›*Basin sag olsun*‹ [›Möge es dir gut gehen‹ oder auch ›unser Beileid‹], grüßten sie. Sie brachten Nachricht, dass meine Mutter im Sterben lag und darum bat, mich noch einmal zu sehen. Meine Abla und ich waren stumm vor Schreck, auch die kleine Schwester schwieg. Ich fürchtete mich davor, meine Mutter zu besuchen, denn die Tanten sagten, sie habe Krebs, und ich wusste nicht, was das war. Aber ich folgte schweigend den beiden Männern und schaute den ganzen Weg auf den Boden.

Man hatte Mutter zu Verwandten in die Kreisstadt gebracht. Sie lag allein in einem Raum, dick in Kissen und Decken eingewickelt, auf einem Bett aus Kelims und schaute mich, kaum hatte ich den Raum betreten, unverwandt an. Sie konnte nicht sprechen, aber ihre Augen füllten sich mit Wasser, und die Tränen liefen ihr über das Gesicht. Stumm und bewegungslos stand ich vor ihr. Ich rührte mich nicht von der Stelle, keine Sekunde mit ihr wollte ich vertun. Wir sahen uns an, bis zu dem Moment, als sie erschöpft in sich zusammenfiel und reglos vor mir lag. Sie war tot.«

Männer aus Adams Dorf hoben die Leiche auf eine Karre, um sie nach Hause zu bringen. Stundenlang mussten sie die Karre über Bergpfade ziehen, die kaum zu passieren waren. Der Sohn ging still hinter den Männern und seiner toten Mutter her. Als sie endlich das Dorf erreichten, standen alle schon wartend vor dem Haus. Die Mutter wurde zur Moschee gebracht und für die Beerdigung hergerichtet. Innerhalb von achtundvierzig Stunden muss die Verstorbene begraben werden, so ist es Vorschrift. Sie wurde gewaschen und in ein *kefen*, ein Leichentuch, gewickelt, in einen offenen Sarg gelegt, und ihre Brüder und Cousins trugen sie zum Friedhof. Frauen dürfen einer Beerdigung nicht beiwohnen, nur der Mutter ist es erlaubt. Auch Adam musste zu Hause bleiben, er sei noch zu klein, entschieden die Verwandten.

Adam macht eine Pause in seiner Erzählung, sieht an die Decke und muss husten. Wir schweigen beide. Ich schalte das Tonbandgerät ab. Er atmet tief durch und nickt, als er sich wieder stark genug fühlt. Ich drücke die Aufnahmetaste und frage ihn, wie es weitergegangen sei. Er sagt, er habe viel darüber nachgedacht, aber keine Antwort gefunden, denn was dann passierte, sei so schwer zu begreifen.

Nach dem Tode der Mutter musste die zwölfjährige Schwester den Haushalt führen, zudem den achtjährigen Bruder und die eineinhalbjährige Schwester versorgen. In der ersten Zeit halfen noch die Verwandten, aber schnell war klar, dass der Vater wieder heiraten musste, wenn der Hof nicht verkommen sollte. Er nahm eine Witwe aus dem Nachbardorf zur Frau, der man nach dem Tod ihres Mannes die vier Kinder weggenommen und zu Verwandten des Mannes gegeben hatte. Sie kam auf den Hof als eine gebrochene Frau, die Tag für Tag vor sich hin weinte. Bald wurde sie schwanger und erwartete Zwillinge. Aber die Geburt war kompliziert und an ärztliche Hilfe nicht zu denken. Mutter und Kinder starben während der Geburt, und der achtjährige Adam stand hilflos dabei. Der Schrecken der Vergangenheit ist ihm noch ins Gesicht geschrieben, als er vom Tod erzählt. Aber *seine* Prüfungen sollten erst noch kommen.

Kaum hatte man die Stiefmutter und die Ungeborenen begraben, heiratete der Vater erneut. »Die neue Stiefmutter war sehr jung, sie hätte meine Abla, eine ältere Schwester, sein können. Eines Tages wurde sie von ihren Verwandten gebracht. Ihre Mutter war gestorben, und ihr Vater hatte wieder geheiratet. Damit sie der neuen Frau nicht ausgeliefert war, wurde sie mit meinem Vater verheiratet. Sie selbst war nicht gefragt worden. Eine alte Frau aus dem Dorf hatte die Heirat eingefädelt. Mein Vater bezahlte für seine neue Frau, schließlich war er ein alter Mann von fast sechzig Jahren und sie fast noch ein Kind. Ich begreife nicht, wie man zwei solche Menschen verheiraten kann, man weiß doch, dass das nicht gut geht.« Adam stützt seine Arme auf die Knie und verbirgt sein Gesicht in den Händen. Er braucht einen Moment, bis er weiterreden kann.

»Sie bekam noch im Winter ein Kind, einen kleinen Sohn. Er wurde Duran genannt, der Bleibende. Und dann passierte es: Mein Vater war kerngesund, aber eines Tages bekam er Bauchschmerzen, ganz furchtbare Krämpfe. Einen Arzt gab es nicht, und Leute aus dem Dorf, die behaupteten, etwas von Medizin zu verstehen, rieten uns, ihn zum Schwitzen zu bringen und die Stelle zu wärmen, die ihn so schmerzte. So geschah es, bis der Blinddarm platzte und mein Vater vor unseren Augen starb. Die Unwissenheit hat ihn umgebracht. Jetzt waren wir alle verloren, auch die junge Mutter.«

Adam war inzwischen zwölf Jahre alt und arbeitete schon auf dem Feld. Irgendwie hatten die Waisen zusammengefunden, die junge Stiefmutter, die kleine Schwester und der Zwölfjährige. Die Älteste war mit einem Bruder des Vaters verheiratet worden, aber deren neue *kaynana*, die Schwiegermutter, eine Tante der Kinder, hatte ein Herz aus Stein. Sie verbot der Abla, den Geschwistern zu helfen, sie sollte im Haus ihrer jetzigen Schwiegermutter arbeiten.

»Nachdem sich herumgesprochen hatte, dass mein Vater gestorben war, wollte die Schwiegermutter meine Stiefmutter wieder verheiraten. Als ich eines Tages von der Feldarbeit nach Hause kam, sah ich einen fremden Mann vor unserer Tür sitzen. Ich wusste, was das zu bedeuten hatte. Ich rannte ins Dorf zu meinem Cousin und beschwor ihn: Komm, da will jemand unsere Mutter holen! Wir müssen ihn verjagen! Als ich schweißgebadet wieder zu Hause ankam, sah ich, wie unsere Stiefmutter mit einem Bündel im Arm gerade das Haus verließ. Wo willst du hin?, fragte ich sie. Du kannst uns doch nicht alleinlassen! Man hat mich verheiratet, sagte sie, und mein Mann besteht darauf, dass ich mit ihm komme. Aber was soll aus deinem Sohn werden?, schrie ich verzweifelt. Was soll denn aus Duran werden? Der muss hierbleiben, rief sie mir schon aus der Ferne zu, die Schwiegermutter will ihn nicht. Der fremde Mann zog sie mit sich fort. Alle verließen uns. Meine kleine, inzwischen fünf Jahre alte Schwester stand in der Tür von unserem Haus und hatte das Baby auf dem Arm. Ich ging zurück und sagte zu ihr: Komm, wir werden schon einen Weg finden. Von nun an musste sie dem Baby eine Mutter sein, aber sie fing an zu schreien, ließ das Baby fallen und rannte in den Stall.«

Die beiden Kinder versuchten, allein zurechtzukommen – ein Zwölfjähriger und eine Fünfjährige mit einem Baby, denen niemand half. Ein Onkel aus Deutschland kam und verkaufte die Tiere. Das Geld gab er einem alten Imam, der auf die drei Acht geben sollte, doch den kümmerten die Kinder nicht. Eines Tages wurde das Haus verriegelt, und Adam und seine beiden Geschwister kamen zu der Frau seines Onkels, die mit ihren Kindern im Dorf geblieben war. Aber auch die hatte ein Herz aus Stein. Adam musste weiter allein für sich und seine Geschwister sorgen. Die Felder waren ihm geblieben, und wenn dort die Arbeit getan war, arbeitete er im Dorfladen. Seine kleine Schwester aber kam mit diesem Leben nicht zurecht, sie verwahrloste und das hilflose Baby mit ihr. Sie sprach nicht mehr und saß nur noch stumm in ihrer Ecke. Der kleine Duran bekam kaum etwas zu essen und lag oft auf dem viel zu kalten Steinboden. Die Frau des Onkels tat so, als ginge sie das alles nichts an. Vielleicht, meint Adam, wollte sie ja, dass Duran stirbt. Aber er starb nicht.

»Wenn ich kam«, fährt Adam fort, »leuchteten seine Augen. Ich nahm ihn auf den Schoß und gab ihm zu essen, aber er erbrach alles wieder. Ich flehte meine kleine Schwester an, sie möge besser auf ihn Acht geben. Jedes Mal versprach sie es, aber er magerte immer weiter ab, und irgendwann stachen seine Knochen aus der dünnen Haut. Ich konnte den Anblick nicht mehr ertragen, nahm den Kleinen auf den Arm und rannte zu meiner Abla. Aber die hatte mit sechzehn ihr erstes Kind bekommen und wusste selbst nicht, wie sie zurechtkommen sollte. Ich wäre am liebsten fortgegangen, wie die anderen Männer und Jungen aus dem Dorf. Aber was sollten die Kleinen ohne mich machen? Ich wünschte mir Eltern wie die anderen Kinder, die jeden Tag Prügel bekamen. Unser Dorf war verdammt, niemand wollte bleiben. Die jungen Männer waren fast alle nach Deutschland gegangen, das Dorf bestand eigentlich nur noch aus Alten, Frauen und Kindern. Ich verfluchte diejenigen, die einen sechzigjährigen Mann mit einem Kind verheiratet und keinen Gedanken an die möglichen Folgen verschwendet hatten, sondern uns unserem Schicksal überließen.«

Ein schrecklicher Winter

»Es kam, wie es kommen musste: Als der Herbst und damit die Kälte kam, hatte Duran Durchfall und war übersät mit Eiterbeulen. Ich wollte ihn zum Arzt bringen. Die Tante sagte eiskalt, du hast noch 3.000 Lira von deinem Vater, die kannst du haben, aber wenn Duran geholfen werden soll, dann muss er ins Krankenhaus nach Erzurum. Der Weg dorthin war weit, ich traute mich nicht, ihn allein zu gehen, und das wusste sie. Duran starb in meinen Armen. Ich hatte versagt. Sein Sterben hat mein Leben verändert. Es hat mich zum traurigsten Menschen der Welt gemacht. Bis heute kann ich es nicht vergessen, es frisst meine Gedanken. Warum ist dieses Kind auf die Welt gekommen? Um mir so viel Kummer zu machen? Ich bin Vater von vier Kindern geworden, aber Durans Tod ist eine offene Wunde, die nicht heilen will.«

Adam fängt bitterlich zu weinen an, und auch mir kommen die Tränen. Wir sind beide erschöpft. Als er merkt, wie nahe mir die Geschichte geht, sagt er: »Bitte weinen Sie nicht, ich wollte Sie nicht belasten.« Mir fällt wieder eines der Volkslieder ein, das von den herzlosen Bergen erzählt, die einem das Leben nehmen und die angefleht werden, doch Erbarmen zu zeigen. »*Derdim coktur hangisine yanayim* ... Hab so viel Kummer / an welchem soll ich verzweifeln? / Wieder wurde mein Herz zerrissen / doch wo soll ich Heilung finden?« Adam kennt diese Lieder, er nickt, als ich ihm eines aufsage: »*Iki keklik bir kayada ötüvor / Ötmede keklik derdim bana yetiyor / Annesine kara da haber gidiyor / Yazmasi oyali kundarasi boyali / yar benim* ... Zwei Rebhühner sitzen auf dem Felsen / und singen. / O ihr Vögel, hört auf / ihr wisst ja nicht, was mich quält / die Mutter erreicht eine finstere Nachricht.«

Adam (15) wird verheiratet

Zwei Jahre später kam ein Mann aus dem Dorf zu Adam aufs Feld und teilte ihm mit, dass sein Onkel aus Deutschland da sei und ihn mit der Tochter seiner Tante verheiratet habe. Adam war fassungslos und wollte es nicht glauben, aber es stimmte. Der Onkel hatte bereits das Brautgeld gezahlt und die Hochzeit gefeiert – ohne den Bräutigam. Adam ging zu ihm und protestierte. Er war gerade fünfzehn und hatte ganz andere Pläne. Wenn seine kleine Schwester alt genug war, um verheiratet zu werden, wollte er weggehen. Aber sein Onkel und die Familie hatten anderes für ihn bestimmt, und er musste sich

fügen. Das verlassene Haus seines Vaters wurde wiederherge-
richtet, dort sollten er und seine Frau künftig wohnen.

»Wussten Sie, was in der Hochzeitsnacht auf Sie zu-
kommt?«, frage ich ihn. »Ach, *hodscham*, meine Lehrerin, Sie
wissen sicherlich, was es bedeutet, einem fremden Menschen
zu begegnen. Und doch stellen Sie mir diese Frage.« Er sieht
mich an, zögert einen Moment und sagt: »Ich möchte versuchen, sie zu beantworten. Als ich meine Frau sah, dachte ich
nur, noch so ein armes, vom Glück verlassenes Wesen. Sie tat
mir unendlich leid, wie sie so dastand und hoffte, von mir gut
behandelt zu werden. Und ich tat mir selbst leid. Wegen solcher Dinge haben sich schon manche Kinder das Leben genommen. Wir wohnten oben auf den Bergen, und es wäre ein
Leichtes gewesen, sich fallen zu lassen. Schon manchem wurde
der Berg gezeigt, der dann auch ›freiwillig‹ ging.

Als ich meine Frau so hilflos vor mir stehen sah, dachte ich,
dass wir ein ähnliches Schicksal haben. Ich erzählte ihr, wie
verlassen und einsam ich war und voller Traurigkeit über den
Tod meines kleinen Bruders. Ich träumte fast jede Nacht von
ihm. Ich hatte ein gebrochenes Herz. Wenn du mir hilfst, sagte
ich ihr, kann ich auch meine kleine Schwester zu uns holen.
Das taten wir, und ich bin meiner Frau bis heute dankbar, wie
gut sie zu ihr war. Ich bestellte die Felder und übernahm den
kleinen Laden im Dorf. Bis ich neunzehn Jahre alt wurde, hatten wir schon zwei Kinder. Ich konnte die ganze Familie allein
ernähren. Doch dann musste ich zum Militär.

Eigentlich gab es bei uns keinen Staat, nur wenn wir uns
im Winter den Turban um den Kopf wickelten, weil wir keine Mützen hatten, waren die Polizisten plötzlich da und kas-
sierten zwanzig Lira, weil Atatürk islamische Kleidung verboten hatte. Sonst machten die Soldaten alles mit, selbst *beylek*.
Wenn zwei Familien in Streit gerieten, der eine den anderen

umbrachte, dann gab es Blutrache. Die Familie des Mörders schenkte der anderen eine Tochter zur Versöhnung. Ich habe nie verstanden, warum der Staat einen solchen Brauch geduldet und nie wirklich eingegriffen hat. Und jetzt musste ich diesem Staat dienen. Während der achtzehn Monate, die ich beim Militär war, sorgten meine Verwandten für meine Frau und meine Kinder, diesmal brauchte ich mir keine Sorgen zu machen, dass sie verhungerten.

Ich war immer schon neugierig gewesen und den anderen mit meinen Fragen oft auf die Nerven gegangen. Im Dorf sagten sie, mach dir keine Gedanken um die Dinge, lass sie, wie sie sind. Als ich dann beim Militär war, habe ich gelesen, was ich in die Finger bekam. Dabei erfuhr ich, dass man es selbst beeinflussen kann, ob man ein Kind bekommt oder nicht. Es war also nicht Gottes Entscheidung. Als ich wieder zu Hause war, probierten meine Frau und ich es aus, und es klappte.«

Alles schien in der Zeit danach langsam besser für Adam und seine kleine Familie zu werden. Er konnte seine jüngere Schwester verheiraten, und sein Dorfladen florierte. Dann aber kam ein Winter mit so viel Schnee wie noch nie. Und im Frühjahr begann es zu regnen, die Schneeschmelze und der Regen rissen alles mit, seinen Laden, sein Haus, sein Vieh, seine Felder – alles war ruiniert.

Die Macht des Älteren

»Meine Abla, die inzwischen mit ihrem Mann in Deutschland war, holte mich Anfang der achtziger Jahre nach. Ich ließ meine Familie zurück, ging nach Deutschland und arbeitete überall. Zuerst in einer großen Gärtnerei, dann als Anstreicher. Abends ging ich in den Supermarkt und putzte dort. Was immer man mir anbot, machte ich, ich sagte nie nein. Das Geld schickte ich in die Türkei. Mein ältester Sohn ging zur Schule, und ich wollte unbedingt, dass er studiert.

Aber die Frauen im Heimatdorf stichelten gegen mich. Er wird dich nicht holen, der hat längst eine Neue in Deutschland, versuchten sie meiner Frau weiszumachen. Meine Schwester redete mir zu, meine Frau nachzuholen, aber ich wollte nicht. Ich bin ein einfacher Mensch, und die Gesellschaft hier in Deutschland ist kompliziert. Ich fühlte mich nicht in der Lage, meine Kinder hier zu erziehen. Aber das Drängen meiner Familie wurde immer stärker, und schließlich gab ich nach. Nur mein ältester Sohn blieb noch bis zum Abitur in der Türkei.

Als meine Familie nach Deutschland kam, lieh ich mir einen Wagen, um sie am Flughafen abzuholen. Mein Schwager und meine Schwester waren bereits dort. Mein Schwager, der Mann meiner Abla, führte sich als der Ältere auf. Er war schon auf der *hadsch*, der Pilgerreise nach Mekka, gewesen und trug einen grauen Bart. Meine Frau, die mich aus Scham nicht begrüßen, wohl aber die Hände des Schwagers küssen durfte, stieg in sein Auto ein. Ich stand da wie ein Depp und musste in meinem Leihwagen meiner Familie hinterherfahren. Die Tradition verlangte es, dass meine Familie sich erst einmal den Älteren in der Großfamilie widmete, denn letztendlich tragen sie die Verantwortung, auch in der Fremde. Als Waisenkind gelte ich in dieser Großfamilie nichts. Mein Schwager war der Bruder meines Vaters. Er hatte die Tochter seines Bruders, meine Schwester, geheiratet. So ist das bei uns. Ich finde das absurd. Leute, die auf solchen Traditionen beharren, wollen nicht wahrnehmen, was um sie herum geschieht, welche Rechte und Pflichten den Menschen hier, in einem fremden Land, abverlangt werden. Dass jeder über sein eigenes Schicksal zu entscheiden hat, lehnen sie ab. Sie glauben, über das Leben von anderen bestimmen zu können, nur weil sie älter sind.

Mein Schwager und meine Schwester hatten ein Festessen vorbereitet und alles aufgetischt, was ein *helal*-Laden, der nach muslimischen Vorschriften produzierte Lebensmittel führt, so hergab. Mein Schwager schwärmte meiner Frau und den Kindern vor, wie weit er es in Deutschland gebracht hatte – sollten sie einmal Probleme haben, könnten sie jederzeit zu ihm kommen. Was denn für Probleme, dachte ich, wovon spricht er? Er war dabei, sich als der neue Clanchef zu etablieren und machte mir deutlich, dass ich armes Würstchen nichts zu melden hatte.

Ich beobachtete meine Frau. Sie schien unter Schock zu stehen. Bis vor wenigen Tagen hatte sie nicht mal in einem Auto gesessen, geschweige denn ein Flugzeug betreten. Sie blieb stumm und ließ alles über sich ergehen. Die nächsten Tage blieb sie im Haus meines Schwagers, bis der Effendi ein Zeichen gab und ich meine Familie abholen durfte. Ich versuchte, meiner Frau klarzumachen, dass sie nicht so viel auf die Verwandtschaft hören sollte, sondern wir gemeinsam versuchen müssten, hier anzukommen. Nach zwei Monaten wurde sie schwanger. Ich fürchtete mich vor der Verantwortung und bat sie abzutreiben. Aber sie wollte nicht, und so wurde unser Sohn geboren, der heute acht Jahre alt ist. Bald darauf kam mein Ältester aus der Türkei. Ich hätte es lieber gesehen, dass er in der Türkei studiert und dort einen richtigen Beruf ergreift, aber er wollte unbedingt nach Deutschland. Meine Frau jammerte ständig nach ihm. Sie selbst konnte nicht lesen und nicht schreiben und ahnte wohl auch nicht, wie wichtig es ist, wenn man etwas lernt. Ich gab schließlich nach, und er kam zu uns. Er hat dann hier einen Studienplatz bekommen.«

Die Scheidung

»Es war vielleicht zwei Monate später, da kam mein Sohn eines Tages nicht nach Hause. Er war wie vom Erdboden verschluckt. Wir suchten ihn, gaben eine Vermisstenanzeige auf. Die Polizei kam und verhörte uns. Sie vermuteten, er hätte etwas mit der Kurdischen Arbeiterpartei PKK zu tun. Von Landsleuten wussten wir, dass schon mehrere junge Männer auf offener Straße entführt worden waren, um sie für den Kampf gegen die Türken auszubilden. Wir standen unter Schock. Meine Frau wurde krank. Ihre ganze Wut richtete sich gegen mich, ich war an allem schuld. Fortan verbrachte sie noch mehr Zeit bei meinem Schwager, der ganz jovial den Scheich spielte.

So wie er verschwunden war, tauchte mein Junge nach einem Jahr plötzlich wieder auf. Aber er war stumm geworden. Bis heute hat er nicht ein Wort darüber verloren, wo er in dem Jahr gewesen ist, was er gemacht hat. Auch die Polizei hat nichts aus ihm herausgekriegt. Meine Ehe ist an dieser Geschichte zerbrochen. Wir stritten uns fast nur noch, und meine Frau reichte irgendwann die Scheidung ein. Sie zog mit den Kindern zu meinem Schwager.

Nach vierzig Tagen holte ich meine Familie wieder nach Hause, meine Frau und ich wollten es noch einmal versuchen. Meine Kinder hatten Probleme in der Schule, der Zweitälteste war sitzen geblieben und ließ seinen Zorn an mir aus. Meine Tochter verhöhnte mich, weil ich darauf drängte, dass sie regelmäßig zur Schule ging. Als mein Ältester fünfundzwanzig Jahre alt wurde, habe ich ihm eine Wohnung besorgt. Ich wollte, dass er auf eigenen Beinen steht. Dabei hatte ich plötzlich nicht nur meine Frau, sondern die ganze Sippe gegen mich. Alle wollten verhindern, dass mein Sohn Verantwortung für sich selbst übernimmt. Ich versuchte, meine Frau davon zu überzeugen, dass wir anders leben müssten. Ich nahm mir von meinem Lohn Taschengeld und gab ihr den Rest als Haushaltsgeld. Aber sie zog sich immer wieder in die Sippschaft zurück, weil sie die Selbständigkeit, die ich von ihr verlangte, als Zumutung empfand.

Schließlich resignierte ich und wollte selbst die Scheidung, ich zog aus unserer gemeinsamen Wohnung aus. Aber jetzt bekam meine Frau Angst, zurück in die Türkei zu müssen, wenn wir geschieden waren. Sie versteckte die Kinder vor mir, und zwischen uns gab es nur noch Kampf. Nachts schreckte ich aus Alpträumen hoch. Ich sah mich mit meinem kleinen Bruder vom Berg springen, und der kleine Bruder sah aus wie mein Sohn. Oft dachte ich, warum hast du es damals nicht getan, dir wäre viel erspart geblieben.

Beim Scheidungstermin bat ich sie inständig, mir wenigstens den kleinen Sohn zu lassen. Aber jetzt schlug das kalte Herz der Berge auch in ihr, sie kannte kein Erbarmen mit meinem Schmerz. Ihr Rechtsanwalt setzte ein Besuchsverbot für mich durch. Nach dem Urteil ging ich nach Hause und kaufte mir eine Kiste Bier. Ich trank schnell und viel, stieg ins Auto und fuhr zu ihrer Wohnung. Ich klingelte, mein Sohn sah aus dem Fenster, winkte. Hätte sie bloß nicht die Tür aufgemacht! Ich setzte mich in die Küche. Meine Tochter kochte uns Tee. Lass uns wie zwei vernünftige Menschen miteinander reden, bat ich meine Frau. Es sind doch auch meine Kinder. Du Versager, du bekommst gar nichts, schrie sie. Dein dummes Geschwätz habe ich schon lange satt! Sie geriet in Rage, schlug mit dem Küchenmesser nach mir. Ich verlor die Fassung, riss ihr das Messer aus der Hand und stach zu, immer wieder, bis jemand schrie: Du hast sie getötet! Da brach ich zusammen.«

Adam und ich sitzen stumm da. Nicht einmal die Geräusche aus den anderen Zellen erreichen uns in unserem Schweigen. Nach einer langen Pause frage ich ihn: »Glauben Sie an Gott?«

»Ich bin ein gläubiger Mensch, aber sicher nicht so, wie Sie annehmen. Ich wurde sunnitisch erzogen, ich habe in Gott immer ein gütiges Wesen gesehen, nicht jemanden, der Gesetze erlässt und über mich bestimmt. Schon als Kind wollten mir die Erwachsenen weismachen, dass Gott erbarmungslos straft und dass man ihn fürchten muss. Das habe ich nie geglaubt. Gott weiß, wie hilflos wir sind und wie schwer das Leben ist. Die Religion muss doch für die Menschen da sein, eine Hilfe für uns sein, um uns zurechtzufinden im Leben – kein Gesetz, das uns beherrscht. Wir Menschen sind klug genug, unsere eigenen zivilen Gesetze zu schaffen. Für mich sind die Propheten, einschließlich Mohammed, die ersten Aufklärer. Sie wollten die Welt positiv verändern. Sie schafften Gesetze zum Wohle der Menschen. Als Sechsjähriger wurde ich zum Hodscha geschickt und lernte den Koran und die fünf Säulen der Religion kennen. Ich erkannte bald, dass die meisten Männer nur aus Furcht vor anderen und vor Gott in die Moschee zum Beten gingen.«

»Welches Bild wurde Ihnen als Kind von der Rolle der Frau vermittelt?«

»Wo ich herkomme, wissen die Geschlechter wenig voneinander. Männer und Frauen haben ihre eigenen Pflichten. Der Mann hat draußen zu arbeiten und die Frau im Haus. Sie bekommt die Kinder, muss auf dem Feld und im Garten arbeiten, den Haushalt führen. Sie trägt viel mehr Verantwortung und arbeitet auch mehr, wird dafür aber nicht belohnt. Ich wollte das anders machen. Als um die Hand meiner kleinen Schwester angehalten wurde, versprach die Familie des Bräutigams mir Geld und Geschenke für die ganze Verwandtschaft. Ich wollte nichts, ich bat die Familie, meiner Schwester stattdessen alles zu kaufen, was sie für ihren Haushalt brauchen würde. Eine Heirat ist bei uns wie ein Geschäft zwischen den Männern der Familien und keine Hochzeit zwischen zwei Menschen, die künftig zusammenleben sollen. Das ist sehr krank.

Die meisten von uns haben die Tradition mitgeschleppt, als sie hierherkamen. Sie waren schon in der Türkei nicht für Veränderung und sind es auch hier nicht. Sie wollen, dass ihre Kinder genauso werden wie sie. Sie verhindern jede Art von Veränderung, um die Macht über sie und über die Familie nicht zu verlieren.«

Ich danke Adam für seine Offenheit und frage, ob er die Hilfe eines Psychologen akzeptieren würde. Er nickt. Als ich mich von ihm verabschiede, sagt er: »Ich bin eingesperrt in meine Gedanken. Ich sehe meinen kleinen Bruder, der auf meinem Schoß gestorben ist, ich sehe, wie sein Mund auf- und zugeht, wie er nach Luft schnappt und nicht sterben will. Seine Augen blicken mich verzweifelt an.

Wie glücklich kann ich mich heute schätzen – trotz allem, was passiert ist. Ich bin froh, dass meine Frau nicht gestorben ist und sich um die Kinder kümmern kann. Und obwohl ich weiß, dass meine Kinder im Hass gegen mich aufwachsen, bin ich doch dankbar, dass sie eine Mutter haben. Aber es schmerzt mich, dass mein ältester Sohn, der mich vor fünf Monaten einmal besucht hat, sagte, er könne nicht mehr kommen, er halte es nicht aus, mich im Gefängnis zu sehen. Was soll ich dazu sagen? Ich bin ein Mensch, der das Elend gesucht hat, und habe sicherlich auch keinen Besuch verdient.«

Ich verlasse Adam, seine Geschichte aber verfolgt mich noch wochenlang. Ich habe im Laufe der Monate mit mehr als zwanzig muslimischen Gefangenen gesprochen, die meisten haben schwere Straftaten begangen. Aber außer Adam hat niemand sich zu seiner Schuld bekannt, kein Einziger war bereit, die Verantwortung für sein Leben zu übernehmen. Adam hingegen hat seine Schuld akzeptiert, und das ist umso erstaunlicher, als seine traurige Lebensgeschichte ihm mehr als einmal Grund zur Klage geboten hätte. Ich glaube, das liegt an seiner Fähigkeit mitzufühlen, mitzuleiden und zu lieben.

In einer Welt ohne Frauen

Liebe ist ein Wort, von dem er nicht weiß, wie es sich an-
fühlt. Mit dem Leben geht es ihm ähnlich, es ist ihm fremd. Er
hat gedient, wurde verheiratet, geschieden, er hat gestohlen,
verschoben, verkuppelt und fragt sich: »Wie komme ich bloß
hierher?« Yilmaz ist ein Zuhälter, aber er weiß nicht, dass ich
das weiß.

Gemeinhin trägt einer wie er eine Bomberjacke, Hosen mit
vielen Taschen, die Haare zum Zopf gebunden, Boxerstiefel,
kaut Kaugummi, fährt einen 3er-BMW und macht sich wichtig. Keine Frau ist vor seiner Hupe, seinen Sprüchen und seiner Bereitschaft, auch einmal »hinzulangen«, sicher – so einen
Typen hatte ich erwartet, als mir gesagt wurde, ein Zuhälter
wolle mit mir sprechen.

Das Erste, was ich von ihm wahrnehme, ist der intensive
Duft von *kolonya limon*, der türkischen Variante unseres Eau
de Cologne. Wer schon einmal mit einem türkischen Überlandbus gefahren ist, wird den Geruch kennen. Plastikflaschen mit
Kolonya werden vor den Haltestellen durch die Reihen gereicht, um den Schweißgeruch der stundenlangen Fahrt zu vertreiben. Yilmaz sieht auch so aus, als sei er geradewegs aus dem
Bus gestiegen. Sein schwarzgrauer Anzug aus filzigem Stoff hat
noch nicht viele bessere Tage gesehen, die Krawatte hängt ihm
wie ein Strick um den Hals, seine Füße stecken in weißen Socken und spitzen Lackschuhen, glänzend wie sein Haar, das
er sorgfältig mit Brillantine über den schon etwas gelichteten

Kopf gekämmt hat. Yilmaz ist klein, höflich und schüchtern. Er wartet stehend, bis ich mich nach der Begrüßung gesetzt habe; er selbst nimmt nur auf dem halben Stuhl Platz, die Knie hält er fest aneinandergepresst und die Hände wie verknotet. Er redet mich nicht mit meinem Namen an, sondern sagt Abla, große Schwester, zu mir. Er spricht ein gepflegtes Türkisch, ganz leise, als fürchte er, jemand würde uns zuhören.

»Als Abi hat man keine Kindheit«

Wie den anderen auch stelle ich ihm die Frage nach seiner Kindheit, mit der man den verworrenen Knoten des Lebens am ehesten lösen kann.

Kindheit? Allein die Frage danach überfordert ihn, und er antwortet fast schroff, als müsste ich es doch eigentlich besser wissen: »Als Abi hat man keine Kindheit. Als ich sieben Jahre alt war, hatte ich schon drei Geschwister, mit acht musste ich nach der Schule in der Schneiderei meines Vaters helfen, Wasser und das Essen für ihn und die Lehrlinge holen, den Laden fegen; erst abends, nach Geschäftsschluss, durfte ich mit meinem Vater heimgehen. Mit elf brachte er mir das Nähen bei. Schularbeiten machen oder mit anderen spielen gehen – das konnte ich nie, ich musste mir mein Essen verdienen. Meine Mutter und meine Großmutter waren gute Frauen, aber ich habe sie kaum gesehen. Frauen gab es in meiner Welt nicht, ich lebte mit den Männern in der Schneiderei.«

Als Yilmaz siebzehn war, starb sein Vater. Plötzlich war er der älteste Mann in der Familie, ihm wurde die ganze Verantwortung übertragen. Ein Onkel sorgte dafür, dass seine Geburtsurkunde geändert wurde, er wurde zwei Jahre älter gemacht, um das Geschäft übernehmen zu können. Aber damit war er auch alt genug fürs Militär, und er wurde eingezogen. Aber wovon sollte die Familie in der Zeit seiner Abwesenheit leben? Er verkaufte die Werkstatt, damit seine Mutter, seine Großmutter und seine fünf Geschwister die nächsten Jahre von dem Geld leben konnten. Die Schwestern wurden mit fünfzehn und sechzehn »gut« verheiratet – »die eine mit einem Lehrer, die andere haben wir einem Arzt gegeben«.

1982, als Yilmaz noch beim Militär war, bekam er Post von seinem Onkel aus Deutschland. Im Brief lag ein Foto von einem Mädchen – die Familie überlege, sie mit ihm zu verheiraten. Yilmaz schrieb seiner Mutter, dass er ihr die Entscheidung überlasse.

»Ich habe geheiratet, wie die Familie es wollte«

Als ich Yilmaz frage, was er beim Betrachten des Fotos seiner künftigen Braut denn empfunden und gedacht habe, wird er nervös: »Was soll ich schon gedacht haben? Ich habe gar nichts gedacht, das ist doch auch nicht vorgesehen. Ich sah sie, fand das Gesicht in Ordnung, und behindert war sie auch nicht. Das war's. Sie war die Tochter eines Freundes meines Onkels aus Deutschland. Da mein Vater tot war, oblag es nach unserer Tradition, wir sind Aleviten, meinem Onkel, für meine Verheiratung zu sorgen und die Hochzeit auszurichten. Er hat alles geplant und vorbereitet, ich musste nur kommen. Auf der Hochzeitsfeier sah ich meine Frau dann zum ersten Mal. Vierzig Tage waren wir zusammen, dann ging sie zurück nach Deutschland.«

»War das denn in Ihrem Sinne?«

»Ich verstehe Ihre Frage nicht. Ich habe geheiratet, wie die Familie es haben wollte, und danach ging mein Leben draußen weiter.«

Yilmaz sollte nach Deutschland nachkommen, aber das klappte nicht. Nach einigen Monaten ging das Gerede in der Verwandtschaft über das getrennte Paar los – wer weiß, mit wem seine Frau sich herumtreibt … Yilmaz verlangte daraufhin von seiner Frau, zu ihm in die Türkei zu ziehen. Die beiden wussten allerdings nicht, dass sie ihre Aufenthaltsgenehmigung verlieren konnte, wenn sie nicht regelmäßig wieder nach Deutschland einreiste. Und genau das passierte. Damit begannen die Schwierigkeiten zwischen den beiden. Ihre Eltern mischten sich immer mehr in die Ehe ein, bis Yilmaz seiner Frau den Kontakt zu ihnen verbot. Dann gab es wieder Gerede, weil sie keine Kinder bekam. Nach zwei Jahren wurde endlich eine Tochter geboren, später noch ein Sohn. Aber es gab nur Streit, und Yilmaz ließ sich schließlich scheiden.

Dreizehn Jahre lang hat er seine Frau und seine Kinder nicht mehr gesehen. Nach der Scheidung bekam er das Sorgerecht zugesprochen, so wie es in der Türkei üblich ist. »Der Staat vertraut dem Mann eben mehr«, meint Yilmaz. »Außerdem gehören die Kinder dem Mann.« Seine Frau musste nach der Scheidung wieder zu ihren Eltern ziehen, die Kinder durfte sie nicht mitnehmen – schließlich sei sie ja auch gar nicht in der Lage gewesen, die Kinder zu versorgen. »Meine Kinder leben seit der Trennung bei meiner Mutter.«

»Die Frau hat zu tun, was der Mann verlangt«

Nach der Trennung gelang es ihm, nach Deutschland einzureisen, eine regelmäßige Arbeit fand er aber nicht. Er lernte eine Deutsche kennen, vermutlich in einem Männercafé, denn da hielt sie sich, glaubt man ihrem Exmann, gern auf. Sie war arbeitslos wie er, und die beiden heirateten. Sie sprach etwas

Türkisch, was ihnen zumindest eine eingeschränkte Kommunikation ermöglichte. Yilmaz spricht überhaupt kein Deutsch. »Wir sprachen auch nur das Nötigste miteinander.«

Ob es eine Liebesheirat gewesen sei, möchte ich von ihm wissen. »Liebe? So etwas kenne ich nicht. Aber sie war ein nettes Mädchen. Nach zwei Jahren reichte sie die Scheidung ein, und meine Aufenthaltserlaubnis erlosch. Aber ich konnte die Scheidung hinauszögern, bis ich als Asylant anerkannt wurde. Wenn ich noch einmal heirate, dann nur eine Türkin. Die deutschen Frauen entscheiden selbst über ihr Leben. Das dürfen unsere Frauen nicht. Für uns Männer ist wichtig, dass unsere Frauen sauber sind. Dass sie unser Haus sauber halten. Dass das Essen auf dem Tisch steht, wenn wir nach Hause kommen. Die Frau ist die Ehre des Mannes. Sie hat zu tun, was der Mann von ihr verlangt. Wenn sie anfängt, selbst Entscheidungen zu treffen, dann gibt es Streit.«

Was er von deutschen Männern zu halten hat, weiß Yilmaz nicht. Er kennt keinen, und in deutsche Kneipen, so erzählt er, gehe er nicht gern, dort fühle er sich fremd. Aber bei den deutschen Frauen hatte er es offensichtlich leicht. Zusammen mit einer deutschen Frau und einem Partner eröffnete er ein Bordell und verschob im Nebenjob auch noch Autos nach Osteuropa, bis er eines Tages erwischt wurde. Das erzählt er mir natürlich nicht, sondern redet immer nur etwas nebulös von »Geschäften« und klagt, dass ihm durch die Haft die Kunden weglaufen würden.

»Wenn es das deutsche Sozialsystem nicht gäbe, wären wir nicht hier. In den türkischen Cafés gibt es nur ein Thema: Warum sind wir nicht in unserer Heimat? Wie sind wir bloß hierhergeraten? Wenn wir doch bloß das gute System der Deutschen hätten, würden wir hier nicht versauern.«

Man weiß, was zu tun ist

Er wurde misshandelt und verstümmelt, aber nichts scheint diesen Sohn von seiner Überzeugung abbringen zu können, sein Vater habe alles nur aus Liebe getan. Und keinen Gedanken verschwendet Rahman darauf, was er selbst anderen mit seiner Brutalität angetan hat. Ein schlechtes Gewissen hat er nicht, er weiß nicht einmal, was das ist.

Rahmans Vater wurde im Iran geboren, aber aufgrund seiner Herkunft gilt er als Araber. Geheiratet hat er eine Frau außerhalb seines Stammes, eine Perserin. Rahman, der Älteste von vier Geschwistern, wurde im »Revolutionsjahr« 1979 geboren, als Chomeini aus dem Pariser Exil zurückkehrte und nach dem Sturz des Schahs von Persien die Macht im Iran übernahm. Rahmans Mutter erzählte dem Sohn später, zu Zeiten des Schahs sei der Iran ein weltoffenes Land gewesen – die drittstärkste Nation der Welt, habe sein Vater immer hinzugefügt; unter Chomeini aber begann eine Entwicklung, in der es bis heute »keine Gerechtigkeit, wohl aber Korruption gibt«.

Vier Jahre später bombardierte Saddam Hussein den Iran, irakische Panzer rollten auch in die Stadt ein, wo Rahman und seine Familie lebten. Ihr Haus wurde beschossen, der vierjährige Rahman fiel dabei vom Dach. Erst nachdem die Flüchtenden Teheran erreicht hatten, diagnostizierte ein Arzt, dass Rahmans Hüfte bei dem Sturz zertrümmert worden war, und empfahl, das Bein zu amputieren. Eine Operation, die das Bein vielleicht retten könne, sei sehr teuer – das werde sich die Familie wohl kaum leisten können. Aber Rahmans Vater gab nicht auf, sein erster Sohn, so erzählt Rahman, »war tragisch gestorben, und ich war für ihn wie zwei Söhne«. Er verkaufte im Laufe der nächsten Jahre Haus und Auto, 1986 flog die Familie nach Deutschland, und dort wurde Rahman operiert. Erst nach zwei Jahren durfte er das Krankenhaus wieder verlassen. Auf meine Frage, wie er den langen Aufenthalt im Krankenhaus überstanden habe, erzählt Rahman von den Mandarinen, die er sich so sehr gewünscht habe, nachdem ein Mädchen, das neben ihm lag, von seiner Familie Bananen mitgebracht bekommen habe. »Aber Mandarinen waren für uns sehr teuer. Mein Vater ist losgegangen und hat so lange Zigaretten verkauft, bis er mir von dem Erlös Mandarinen kaufen konnte. Das erzählte meine Mutter mir immer, wenn ich mich wieder mal mit meinem Vater gestritten hatte. Sie sagte dann: Was hat er nicht alles für dich getan.«

Rahmans Krankenhausbehandlung hat das Leben der ganzen Familie bestimmt. »Ich glaube, dass meine Eltern sonst den Iran nicht verlassen hätten. Mein Vater musste alles verkaufen, und das hat uns ruiniert. Er ist durch mich ein armer Mann geworden.« Ihm selbst sei es gut gegangen; um ein Kind, das im Krankenhaus liegt, kümmern sich alle. Er sei geliebt worden, erzählt er mir, aber auch geschlagen. »Das Schlagen der Kinder gehört zur Erziehung. Wenn man was angestellt hat, wird man geschlagen, und zwar richtig, das gehört zu uns, das ist bei uns ganz normal. Mein Vater hat mich ja nicht aus Wut oder Hass geschlagen, sondern weil er wollte, dass ich anständig bin. Und weil er mich geliebt hat.«

Rechte oder linke Hand

Als Neunjähriger stahl Rahman dem Vater einen 500-DM-Schein aus dem Portemonnaie. Er hatte im Fernsehen ein Marsauto gesehen, so eins wollte er auch haben. Von dem gestohlenen Geld kaufte er das Auto und Spielsachen für die anderen Kinder in der Schule. Die Lehrerin war misstrauisch und rief Rahmans Vater an. Der sagte nur knapp: Schickt das Kind nach Hause. Wie viel Geld er genommen habe, wollte er von seinem Sohn wissen, und mit welcher Hand. Rahman behauptete, es sei die linke gewesen – in Wahrheit war es die rechte. Er ahnte, was kam: Sein Vater ging zum Herd und machte einen Löffel über der Flamme heiß. Dann drückte er den glühenden Löffel auf die linke Hand, die bis heute verkrümmt ist.

»Für die Deutschen hört sich das brutal an, und das war es auch, aber damit hat er mein Leben gerettet, ich habe nie wieder was geklaut. Denn immer, wenn ich was klauen wollte und meine verkrümmte Hand sah, habe ich es gelassen. Die Wunde hat Monate gebraucht, um zu verheilen. Wenn du dir das Auto gewünscht hättest, hat mein Vater zu mir gesagt, hätte ich dir zwei Autos geschenkt. Aber mich zu bestehlen ist unverzeihlich. Mein Vater war in allem, was er tat, sehr gründlich, im Schenken wie im Strafen. Bei mir jedenfalls hat die Strafe lebenslang gewirkt. Als ich einmal zusammen mit einigen Kumpels in eine Werkstatt eingebrochen bin, haben nur die anderen Reifen mitgehen lassen. Ich habe mitgemacht, aber rausgeschleppt haben nur die anderen. Die Polizei hat mir nicht geglaubt, dass ich die Reifen nicht mal angefasst hatte. Aber mein Vater hat mir geglaubt, er wusste, wer die Schmerzen durchlitten hat, die er mir zugefügt hatte, der klaut nie wieder.«

Jetzt erst begreife ich, warum Rahman dauernd betont,

dass er nie wieder gestohlen habe, obwohl sein Strafregister auch den Diebstahl von Autos und anderen Dingen aufführt. Er meint, er habe seinen Vater nie wieder bestohlen. Auf meine Frage, ob er sich seinen eigenen Kindern gegenüber in einer ähnlichen Situation auch so verhalten würde, zögert er kurz, sagt dann aber: »Ja, ich würde das auch so machen, na klar.«

Rahmans Lebensweg hätte auch anders verlaufen können. Er war ein guter Schüler, der es auf die Realschule schaffte. Bis zur achten Klasse kam er gut mit, dann sackte er ab, war nur noch unterwegs und tat nichts mehr für die Schule. »Ich habe nur gemacht, was ich wollte, ich war kaum zu bändigen.« Hätten die Lehrer ihm hilfreicher zur Seite gestanden, so meint er, hätte er die Schule vielleicht ordentlich zu Ende gemacht. Seine Mutter sei überfordert gewesen, den ersten Sohn bekam sie, als sie vierzehn war, und als Rahman geboren wurde, war sie gerade einmal sechzehn. Wenige Wochen vor meinem Besuch bei Rahman war sie bei einem Autounfall im Iran umgekommen – da war sie zweiundvierzig Jahre alt, viel kann sie nicht von ihrem Leben gehabt haben. Rahman ist zornig auf »die Deutschen«, weil ihm die Justiz nicht erlaubt hat, zu ihrer Beerdigung zu fahren. »In unserer Kultur wäre so etwas nicht möglich. Wir haben ein Herz, wir sind nicht so kalt wie dieses Volk. Haben die Deutschen denn keine Kultur? Und dann nennen sie das Resozialisierung, dabei ist das Asozialisierung.«

Immer wieder »Ärger«

Rahmans Verhältnis zu seinem Vater verschlechterte sich im Laufe der Jahre immer mehr. Von Mal zu Mal wurden die väterlichen Strafen drakonischer. »Einmal ist er mit einer Eisenstange auf mich losgegangen, ein anderes Mal hat er die

Kabel des Fernsehers rausgerissen und mich damit geschlagen. Mein Körper hat heute noch Narben davon. Es schmerzte, als würde Feuer auf meiner Haut angezündet. Ich hatte viel Ärger mit meinem Vater.« Rahman zog aus und fing eine Kfz-Mechanikerlehre an und brach sie ab, er fing eine Tischlerlehre an und brach sie wieder ab. Zum Schluss arbeitete er drei Jahre lang in der Firma seiner Mutter, er organisierte und brachte die Putzmittel – bis er eines Tages angeschossen wurde. Nun kann er auch mit der rechten Hand nicht mehr greifen, hat einen Lungendurchschuss und eine Kugel im Arm stecken, die die Ärzte nicht herausoperieren konnten.

Rahman hatte Streit mit einem Kollegen aus Eritrea, der ihm Geld schuldete. Eines Abends erhielt er einen Anruf von einem türkischen Kollegen, der versprach, er werde ihm das Geld zurückgeben, Rahman solle zu einem Spielplatz kommen. Aber dort wartete nicht der Türke, sondern der Mann aus Eritrea auf ihn – mit einer Waffe in der Hand. »Willst du auf mich schießen, Nigger?«, fragte Rahman. Der Eritreer drückte ab und traf dreimal. Rahman schleppte sich zum nächsten Haus, die Leute riefen die Polizei.

»Ich erwartete bereits meinen Tod. Ich bin aber nicht gestorben. Ich hatte doch nichts verbrochen, ich war doch unschuldig. Als der Krankenwagen kam, habe ich wild um mich geschlagen. Ich hatte furchtbare Schmerzen im Arm, die Sehnen waren durchtrennt. Ich habe fünf Tage im Koma gelegen und grauenhafte Dinge geträumt – dass meine Freundin entführt und vergewaltigt wurde, meine Mutter riesige Ohren und einen gespaltenen Kopf hatte, meinem Vater Socken aus dem Körper hingen und Geschwülste aus den Augen quollen.« All seine Ängste scheinen ihm in diesen Tagen und Nächten begegnet zu sein, und ihm stehen heute noch die schrecklichen Bilder vor Augen, das sieht man ihm an.

Als er die Intensivstation wieder verlassen durfte, wollte Rahman nicht mehr im Krankenhaus bleiben. Aber die Ärzte wollten ihn nicht gehen lassen, und sowohl seine Eltern als auch seine Freundin weigerten sich, ihn aufzunehmen. Aber Rahman stahl sich aus dem Krankenhaus, die Infusionsnadeln riss er sich heraus, klaute dem Bettnachbarn die Kleider und öffnete die elektronische Tür mit einer Telefonkarte.

»Als ich auf der Straße war, hatte ich Glück. Das Taxi, das ich rief, fuhr ein Türke – ich habe ihm erzählt, dass ich der bin, von dem die Zeitungen gerade berichtet hatten. Oh, sagte er, das kann doch nicht sein, das ist doch gerade sechs Tage her. Doch, sagte ich, bitte, Abi, fahren Sie. Ich klingelte bei meinen Eltern, keiner machte auf. Wir fuhren zu meiner Freundin, aber auch sie öffnete nicht. Bei meinem Bruder durfte ich dann endlich auf dem Sofa schlafen. Meine Eltern kamen und bettelten, ich solle ins Krankenhaus zurückgehen. Wenn Allah will, habe ich gesagt, dass ich sterbe, dann wäre ich schon gestorben. Also werde ich leben.«

Meine Nachfragen, um welches Geld es denn in dem Streit mit dem Eritreer gegangen sei, hört Rahman nicht gern. »Die behaupten hier, das sei Drogengeld gewesen«, sagt er. »Ein bisschen stimmt das auch, aber es war auch anderes Geld. Sie konnten mir nichts nachweisen. Aber lassen wir das. Ich bin auch wegen schwerer Körperverletzung hier.« Das Angebot mildernder Umstände für die Bereitschaft auszusagen lehnte Rahman ab. Er wollte »niemanden belasten«. Der Täter wurde anschließend zu drei Jahren verknackt, er selbst wegen Körperverletzung in Haft genommen, da er schon vorbestraft war. Mit dieser Geschichte rückt er jetzt erst heraus.

Rahmans siebzehnjährige Schwester war von einem deutschen Mann »belästigt« worden, einem dreiunddreißigjährigen Gerüstbauer. Als Rahman davon erfuhr, richtete er dem Sohn des Deutschen aus, sein Vater solle besser keine schwarzhaarigen Frauen belästigen, die hätten alle einen Bruder oder Vater oder andere Verwandte. Und mit denen gebe es Ärger.

»Eines Tages habe ich den Mann selbst zur Rede gestellt, in einer Kneipe. Ein persischer Landsmann, ein Kumpel von mir, kam dazu und fing mit dem Mann eine Schlägerei an. Der Deutsche stritt alles ab. Woher ich denn wissen wolle, dass es meine Schwester sei, die er angesprochen habe? Ich habe ihm gesagt, auch wenn es nicht meine Schwester war, habe er sie nicht anzusprechen. Sogar ihre Hand hatte er angefasst; das geht doch nicht, wer ist er denn? Trotzdem – an dem Abend habe ich ihn nicht geschlagen, sondern nur mein Kumpel. Wir glaubten, er würde künftig die Finger von meiner Schwester lassen. Ein paar Tage später erfuhr ich von ihr, dass er sie wieder angesprochen hatte. Ich ließ ihn suchen, meine Kumpels halfen mir dabei. Diesmal wurde er richtig frech – da war er bei mir aber an der vollkommen falschen Adresse. Er trug einen Zimmermannshammer im Gürtel, ich zog mein Messer und schlug auf ihn ein, bis er sich nicht mehr rührte. Er wehrte sich noch nicht einmal. Meine Kumpels standen dabei und sagten, der hat bestimmt Koks genommen, das ist doch nicht normal, dass einer sich nicht wehrt. Ich habe ihm das Gesicht aufgeschlitzt und das Messer mehrere Male in seinen Körper gerammt. Ich hätte beinahe wegen versuchten Totschlags fünf Jahre gekriegt, ich war damals schon älter als einundzwanzig. Aber ich hatte einen guten Anwalt, und die Tat wurde als Notwehr eingestuft, schließlich hatte der andere einen Zimmermannshammer dabei. Ich hätte mich doch wehren müssen, argumentierte mein Anwalt vor Gericht. Ich bekam eineinhalb Jahre. Wir sind sofort in die Revision gegangen, und die Strafe wurde zur Bewährung ausgesetzt. Da hat mein Anwalt ganze Arbeit geleistet.«

Niemand hatte Rahman gesagt, wie er zu handeln habe, als er erfuhr, dass seine Schwester von einem deutschen Mann belästigt wurde. Das habe er so gelernt, meint er, »das ist bei uns so, das habe ich bei meiner Mutter gesehen und bei meinem Vater. Darüber muss man doch nicht reden. Wenn ich meine Schwester nicht beschütze, wer soll es dann tun, mein Vater etwa? Normalerweise verschweigen die Schwestern ihren Brüdern solche Erlebnisse, aber meine Schwester wollte, dass der Typ bestraft wird. Er hat ihre Hand angefasst, und da hört der Spaß auf. Damit hat er die Ehre meiner Familie verletzt. Wenn die Nachbarschaft davon Wind gekriegt hätte, wäre unser Ruf ruiniert gewesen. Er kann froh sein, dass er noch lebt.«

»Aber warum hat sie ihn nicht angezeigt?«

»Was hat das denn mit der Polizei zu tun? Die Polizei findet so etwas doch gar nicht schlimm. Erst bei einer nachgewiesenen Vergewaltigung können Sie zur Polizei gehen.«

Vier Jahre liegt diese Geschichte zurück. Rahmans Schwester ist inzwischen mit einem Verwandten verheiratet worden, »das ist so üblich bei uns. Er ist seit acht Monaten in Deutschland. Wir haben ihn hierhergeholt.« Ihren erlernten Beruf als Krankenpflegerin übt sie nicht mehr aus, sie arbeitet jetzt als Putzfrau. Sein Bruder habe zwar die Schule zu Ende gemacht, aber nun arbeite er gar nichts. »Er ist schlimmer als ich. Ich mach wenigstens was. Ich habe mit sechzehn Autos aus Berlin besorgt und ohne Führerschein hierhergefahren und verkauft. Mein Bruder aber tut nichts, seine Frau arbeitet, und er hängt vor der Glotze. Der Jüngste ist vierzehn, er geht zur Schule. Der wohnt jetzt mit meinem Vater zusammen, ist aber auch immer nur unterwegs. Der wird auch bald abbrechen.«

Die zweite Frau

Als sein jüngster Bruder Rahman eines Tages erzählte, der Vater habe die Mutter geschlagen, gerieten der Vater und sein Ältester wieder aneinander. »Ich weiß ja, wie er schlagen kann. Meine Mutter sah schlimm aus. Ich habe ihn gewarnt, er solle das lassen. Seit sechs Jahren schon ging sie jeden Tag zehn bis zwölf Stunden putzen, und mein Vater machte gar nichts. Ab und zu fuhr er in den Iran, um irgendwelche Geschäfte mit Grundstücken zu tätigen. Ich wollte nicht zulassen, dass er meine Mutter schlecht behandelt. Als ich ihn zur Rede stellte, ist er durchgedreht und wollte auf mich los. Ich habe nur noch rotgesehen. Ich habe mein Messer gezogen, mein Vater hat mich angezeigt und behauptet, ich hätte ihn töten wollen. Ich wolle immer Leute töten, hat er gesagt.

Daraufhin habe ich meine Mutter und meinen Bruder genommen und gesagt, ihr kommt jetzt mit, ihr bleibt nicht mehr in dieser Wohnung. Wir sind zu meinem Bruder gegangen. Der ist mit einer Deutschen verheiratet und hat ein kleines Kind. Aber wenn meine Mutter morgens um fünf Uhr aufstand, wurde das Kind wach, und es war auch sehr eng in der Wohnung. Na und, so ist es eben, wenn Verwandtschaft kommt. Aber meine deutsche Schwägerin fing an zu meckern, ihr Kind habe keine Ruhe. So sind sie, die Deutschen, auch bei ihr kam ihr Blut wieder durch. Sie haben kein Verständnis für die Familie. Sie wissen nicht, dass man in der Not zusammenhalten muss. Wir sind gegangen. Meine Mutter und meinen Bruder habe ich ins Hotel gebracht. Eine türkische Kollegin bot uns ihre leere Wohnung an. Ich habe mit ihr verhandelt. Sie bekam die Wohnung vom Sozialamt bezahlt, war aber immer bei ihren Eltern. Sie wollte 500 Euro Miete und 2.000 Euro Abstand von uns haben. Die habe ich ihr gegeben, so hat sie ein Geschäft mit uns gemacht, was soll's. Ein halbes Jahr ging das gut, bis mein Vater kam und meine Mutter zurückholen wollte. Er war allein in der Wohnung, niemand sorgte für ihn.

Ich erfuhr erst jetzt, warum er meine Mutter geschlagen hatte. Er hatte sich im Iran eine zweite Frau genommen. Wieder eine Vierzehnjährige, und meine Mutter sollte ihm das Brautgeld geben, damit er seiner Braut eine Wohnung einrichten konnte. Das wollte sie aber nicht. Aber als er jetzt wieder ankam, wurde sie weich. Ich rebellierte, ich wollte keine zweite Frau neben meiner Mutter. Aber die andere war schon schwanger, und ihre Eltern machten Druck. Was sollte ich da noch machen? Ich hatte für meine Mutter schon so viel Geld ausgegeben, ich hatte nichts mehr und musste meinem Vater trotzdem aus der Patsche helfen. Ich gab ihm 2.000 Euro, und er flog in den Iran. Aber die Frau und ihre Eltern wollten noch viel mehr. Meine Eltern hatten ein Grundstück und ein Haus gekauft, ich hatte ihm noch mal 14.000 Euro gegeben, meine Mutter 20.000 Euro. Jetzt wollte er die Überschreibung des Grundstücks auf die neue Frau veranlassen, sonst wollten die Eltern die Tochter nicht freigeben. Er war ihnen zu alt. Meine Mutter sollte kommen und ihm helfen. Ich wollte sie nicht gehen lassen und nahm ihr den Pass ab. Aber sie heulte Tag und Nacht, und schließlich ließ ich sie ziehen. Ich kaufte ihr das Ticket, und sie flog los.«

Kurz darauf kam Rahman doch ins Gefängnis. Er hatte sich mit dem Freund des Bruders seiner Freundin, einer Iranerin, in die er »richtig verliebt« war, gestritten. Der war fünf Jahre älter, und als der Bruder von Rahmans Freundin davon erfuhr, drängte er, der Ältere dürfe es nicht auf sich sitzen lassen, dass er von einem Jüngeren so jämmerlich verprügelt worden sei. Er ahnte auch, dass Rahman mit seiner Schwester »etwas hatte«, und wollte ihm einen Denkzettel verpassen. Eines Tages lauerte der Gedemütigte Rahman auf und zahlte es ihm heim. Rahman meldete den Vorfall seinem Vater, der sich wiederum den Jungen vorknöpfte. Danach luden Rahman und sein Vater den Zusammengebrochenen ins Auto, um ihn zu einer Werkstatt zu bringen, wo auch die Freunde des Jungen waren – dort sollte Rahman den Geschlagenen noch einmal vor versammelter Mannschaft zusammenschlagen. »Wir wollten ihn vor der ganzen *cemiyet*, Gesellschaft, niedermachen«, erzählt mir Rahman. »Ich hatte einen riesigen Stock mitgenommen und wollte gerade auf den Jungen einschlagen, als der mich von hinten packte und die anderen mir in die Eier traten. Ich konnte gerade noch mein Messer ziehen und wollte auf den Schläger losgehen, traf aber den Bruder meiner Freundin mit einem Messerstich. Auch mein Vater wurde mit Messerstichen zu Boden gestreckt. Als ich ihn blutüberströmt auf dem Boden liegen sah, schnappte ich mir einen Schraubenzieher und stach auf die anderen ein. Da war richtig Tamtam. Das führte dann zur Trennung von meiner Freundin; ihr Bruder hatte meinen Vater verletzt. Da konnte ich sie nicht mehr heiraten, das wollte ich meinem Vater nicht antun. Ich hätte ihm nicht mehr in die Augen schauen können.

Danach habe ich eine Deutsche kennen gelernt, eine Justizangestellte. Ihr Vater, der herausbekommen hatte, welches Strafregister ich schon hatte, redete ständig auf sie ein, sie solle die Finger von mir lassen. Aber die Beziehung hielt fast drei Jahre. Meine jetzige Freundin kenne ich schon, seit ich vierzehn bin. Damals bastelte ich gern an Mofas herum. Die waren dann wahnsinnig schnell, richtig klasse. Eines Tages verfolgte mich die Polizei. Ich fuhr bei Nachbarn in den Garten, klingelte und bat den Vater, mir zu helfen. Er hat das Mofa in seiner Garage versteckt. Dabei habe ich meine Freundin kennen gelernt und später wieder getroffen. Seit mehr als einem Jahr bin ich jetzt mit ihr zusammen. Vorher hatte sie einen Afghanen, den aber ihre Mutter überhaupt nicht mochte. So einen wie Rahman müsstest du haben, hatte sie immer zu ihrer Tochter gesagt.

Meine Schwester kümmert sich um mich, seit ich im Gefängnis bin. Sie hat mir gleich einen Fernseher und einen Kocher besorgt. Alles, was ich brauche, bringt sie. Sie schreibt mir zweimal in der Woche und hält den Kontakt zu meinem Anwalt, sie macht alles. Ich sitze nur hier und drücke meine Strafe ab. Sie ist jetzt vierundzwanzig, hat Abitur gemacht und mit dem Studium der Islamwissenschaften begonnen. Das hat sie aber abgebrochen, weil sie kein Geld mehr hatte. Jetzt arbeitet sie bei uns im Wettbüro.

Wäre ich mit meiner Familie im Iran geblieben, wäre mein Leben anders verlaufen. Deutschland ist schuld. Die ganzen Anforderungen hier waren zu viel. Und die Deutschen sind eiskalt. Ich habe mal eine Oma getroffen, die völlig verzweifelt ihre Wohnung gesucht hat. Ich habe sie nach Hause begleitet. So etwas würden Deutsche nie machen. Gut finde ich nur, dass hier alle die gleichen Rechte haben. Und dass die Deutschen ihre Kinder ernst nehmen, auf sie achten, fragen, ob sie ihre

Schulaufgaben gemacht haben, und ihnen mittags Essen hinstellen. Das haben wir nicht gehabt. Bei uns gehört die Brutalität zur Kultur.

Als ich vom Tod meiner Mutter erfuhr, habe ich gebetet. Damit habe ich hier gleich am zweiten Tag angefangen. Ich war längere Zeit mit einem sehr gläubigen Araber in einer Zelle, der von morgens bis abends gebetet hat – von ihm habe ich das gelernt. Ich möchte aus Lust und Liebe ein Muslim werden. Viele Muslims behaupten nur, Muslims zu sein, und sind es gar nicht. Die Deutschen sagen ehrlich, dass sie nicht glauben, das ist doch okay. Wenn mein Schwiegervater sagt, er glaubt an nichts, finde ich das in Ordnung. Aber er ist gebildet und unterhält sich mit mir über Mohammed. Die Muslims geben an, was sie alles wissen, in Wahrheit wissen sie gar nichts. Sie reden dauernd von Verboten, die sie selbst gar nicht einhalten. Es ist so viel Richtiges im Koran, und auch die Scharia ist so wichtig. Da steht auch, dass die Menschen irgendwann alles erfinden werden, wie Telefon, und dass der Mensch auf dem Mond spazieren gehen wird.«

»Aber nicht die Muslims haben das erfunden.«

»Egal, wir haben es aber gewusst.«

Gefängnis ist keine Strafe

*Er ist froh, »drinnen« zu sein, denn »draußen« gab es nur
Party und Stress. Das Gefängnis ist für ihn keine Strafe, denn
endlich kümmert sich jemand um ihn. Er liebt seine Eltern,
obwohl sie ihn immer alleinließen und ihre Ruhe haben wollten. Jetzt hofft er, erwachsen zu werden, und wünscht seinen
Feinden, niemals gefasst zu werden, denn »draußen« ist die
wahre Hölle.*

Der achtundzwanzigjährige Ibo, der viel zu dünn ist für seine
Körpergröße, spricht mit mir Deutsch. Er ist in Deutschland
aufgewachsen, hat aber nach wie vor die türkische Staatsbürgerschaft. Er könne aber auch Türkisch lesen und schreiben,
versichert er mir, in der Grundschule habe er zwei Jahre lang
einen Türkischlehrer gehabt. Ibo gibt sich alle Mühe, cool zu
wirken, so als habe er alles im Griff – dabei macht er auf mich
den Eindruck einer verlorenen Seele. Er nimmt sich sehr zusammen, aber man merkt ihm an, wie viel Anstrengung ihn
das kostet. Er ist schwer von Drogen gezeichnet, und eine The-
rapie ist noch nicht bewilligt.

Wie so viele meiner Gesprächspartner kommt auch er aus
einem kleinen Dorf in Zentralanatolien, sein Vater arbeitete in
Deutschland, und irgendwann hat er die Familie nachgeholt.
Da war Ibo zwei Jahre alt, seine vier Geschwister sind alle in
Deutschland zur Welt gekommen. An seine Kindheit kann Ibo
sich kaum erinnern, er weiß nur noch, dass es ihm Spaß gemacht hat, zur Schule zu gehen, obwohl er dort nicht gerade

durch Leistungen glänzte. Niemand bei ihm zu Hause konnte ihm bei den Schularbeiten helfen, aber Ibo erzählt mit leuchtenden Augen, dass er zweimal in der Woche eine Nachhilfe besuchen durfte, montags und freitags, da wurde gemeinsam gekocht, gegessen und gebastelt, das fand er schön. Für sich allein hat er nicht gern gelernt, zu Hause konnte er nicht sein, also spielte sich der größere Teil seines Lebens auf der Straße ab.

Die Hauptschule hat Ibo nur mit einem Abgangszeugnis verlassen – seinen Abschluss hat er nicht geschafft. Danach besuchte er die Berufsvorbereitungsklasse und fing eine Lehre als Bauklempner an, die er aber zwei Jahre später wieder abbrach. Ibo, der bis dahin fleißig seiner Arbeit nachgegangen war, morgens früh aufstand, pünktlich auf seiner Lehrstelle antrat und nach der Arbeit noch putzen ging, hatte einen »Unfall« – so nennt er die Messerstecherei mit zwei gleichaltrigen Türken, die in einem Park über ihn herfielen, wo er gerade seine Neuanschaffung, einen jungen Hund, spazieren führte. Ibo wurde niedergeschlagen, und als er, am Boden liegend, wieder aufwachte, wusste er nicht, was eigentlich geschehen war – überall war Blut. Er schleppte sich zu seinem Auto und fuhr los. Bald wurde er von der Polizei angehalten, die auf seinen schlingernden Fahrstil aufmerksam geworden war. Sie brachten ihn ins Krankenhaus. Drei Tage lang lag Ibo im Koma. »Und danach habe ich mir gedacht: Was soll das Lernen, wir sterben ja doch alle über kurz oder lang. Da kann ich mir die Mühe auch sparen. Als ich wieder gesund war, habe ich gekündigt. Danach habe ich nur noch Party gemacht.«

Anzeige erstattete Ibo nicht. »Das bringt doch nichts, die waren so wie ich. Ich dachte, das nützt mir gar nichts. Wenn jemand in den Knast kommt, der seine Familie hinter sich weiß, dann vergeht die Zeit wie im Flug. Was soll das denn für eine Strafe sein? Dem geht es im Knast doch besser als draußen. Draußen wollen alle was von dir, drinnen bist du derjenige, der was von denen will. Gefängnis ist keine Strafe, Gefängnis ist Disziplinierung. Auch hier versuchen sie, uns auf den richtigen Weg zu bringen. Sie wollen uns helfen, ein anständiges Leben zu führen, da freuen sich doch die meisten darauf, weil ihnen draußen niemand etwas beibringt. Und da soll ich denen, die mir das angetan haben, auch noch helfen? Lieber sollen sie draußen schmoren und jeden Tag fürchten, ich könnte vor ihrer Tür stehen.«

Auch Ibos Eltern wollten keinen Ärger haben und waren froh, dass der Sohn überlebt hatte – danach überließen sie ihm die Entscheidung über sein weiteres Leben. Vielleicht wäre es besser gewesen, sie hätten sich eingemischt, sagt Ibo heute. »Dann säße ich jetzt nicht hier. Sie haben nichts mehr von mir erwartet, sie haben mir die Entscheidung überlassen, und das ist schiefgegangen.«

Ibos Leben hieß fortan Alkohol »bis zum Umfallen«, Drogen, immer unterwegs sein und manchmal drei Tage lang »durchmachen«, bis er in den Knast kam. »Ich bin morgens aufgestanden, meine Mutter hat mir Frühstück gemacht, und danach bin ich direkt zu einer Party gegangen. Wir sind bis nach Kiel, Dortmund oder wer weiß wohin gefahren. Da kamen Leute aus allen Ländern zusammen, das war richtig international. Die ganze Nacht Sexpartys und so. Am Anfang haben wir nur Alkohol getrunken, dann Haschisch und Marihuana geraucht, Ecstasy eingeworfen, und danach sind wir Auto gefahren. Ich habe sehr leicht Geld dabei verdient, ich weiß nicht einmal, wie viel es wirklich war. Die Staatsanwaltschaft spricht von Millionen, aber ich weiß nicht, wo das Geld geblieben ist. In den fünf Jahren habe ich nichts auf die Seite gelegt, alles ist weg – Gott sei Dank, denn sonst müsste ich meinen Kindern später womöglich erklären, woher das ganze Geld kommt. Das sollen sie lieber nicht erfahren.«

Irgendwann wurde er ohne Führerschein erwischt, und dann reihte sich Strafe an Strafe: erst sieben Monate, dann »wegen Rauschmittelbesitzes« zehn Monate, dann zehn Monate wegen Körperverletzung, dann noch mal siebzehn Monate wegen Körperverletzung, zum Schluss noch fast drei Jahre wegen Verstoßes gegen das Betäubungsmittelgesetz. Die vorhergehenden Strafen, die zum Teil zur Bewährung ausgesetzt waren, kommen noch hinzu. »Ich werde noch ein paar Jahre hier verbringen«, meint Ibo.

»Eltern wollen nichts merken«

Nach dem unvermuteten Überfall hatte ein Teufelskreis eingesetzt. Ibo machte eine Kneipe auf, aber sie lief nicht, und am Schluss stand er nur mit Schulden da. Er machte einen »neuen Laden« auf, um die Schulden zu tilgen, aber auch der lief nicht. Der Schuldenberg wuchs. Seine Eltern wussten nichts davon, obwohl Ibo noch bei ihnen wohnte. Sie glaubten, ihr Sohn würde anständig in seinem Laden arbeiten. Über seine Probleme sprach er nicht. »Das macht man bei uns Türken nicht.«

Ich kann mir kaum vorstellen, dass Ibos Eltern fünf Jahre lang nicht mitbekommen haben sollen, welches Leben ihr Sohn führte, aber Ibo erklärt mir: »Eltern glauben, ein Junge gehört nach draußen. Sie glauben, er wird schon das Richtige machen. Die wollen gar nichts merken. Als ich meinen Laden aufmachte, schaute mein Vater kurz herein, danach nie wieder. Das sei etwas für junge Leute, hat er gesagt. Wir wissen nichts voneinander. Das ist bei den meisten Familien so, nicht nur in meiner. Die Eltern leben für sich, und die Kinder sind auch für sich.«

Und doch meint Ibo, seinen Eltern sei nichts vorzuwerfen. »Sie wollten, dass ich ein anständiger Kerl werde, und ich habe sie verraten. Mein Vater hat zu mir damals gesagt, mach deinen Gesellenbrief. Aber ich habe nicht auf ihn gehört. Ich hatte auf mein ganzes bisheriges Leben keine Lust mehr, aber das kann ich nicht meinen Eltern vorwerfen. Meine Eltern haben alles richtig gemacht. Sie haben mich so erzogen, wie sie es gelernt haben. Na klar habe ich ihnen übel genommen, dass wir nie etwas von ihnen kriegten. Andere hatten schicke Klamotten an, wir nie. Und nie hatten sie Zeit für uns, sie waren damit beschäftigt, Geld zu verdienen, zu sparen, um in ihr Dorf zurückzukehren. Wenn ich Kinder hätte, würde ich mit ihnen reden, sie fragen, wie es ihnen geht, mich um sie kümmern, sie nicht alleinlassen, ihnen erklären, was gut, was schlecht für sie ist. Ein Freund würde ich ihnen sein wollen. Meine Eltern hingegen wollten immer nur arbeiten, und auch wir Kinder mussten immer nur arbeiten und still sein.«

Wenn der Sohn nachts nicht nach Hause kam, dachten die Eltern, er arbeite lange oder schlafe bei seiner Freundin. Die erste Freundin hatte Ibo mit siebzehn, eine Deutsche. Seine jetzige Freundin habe sich allerdings gerade von ihm getrennt, erzählt Ibo, nachdem sie erfahren hatte, wie lange er noch sitzen muss. »Ich kann das verstehen, sie ist Türkin und muss irgendwann heiraten. So lange kann sie nicht auf mich warten. Ich gönne es ihr, wenn sie glücklich wird.«

Ibo selbst möchte auch heiraten, wenn er aus dem Gefängnis entlassen wird. Vor solchen Zukunftsplänen aber steht der achtzehnmonatige Militärdienst in der Türkei, den Ibo wird ableisten müssen, wenn er aus dem Gefängnis kommt. Die Türkei betrachtet er nicht mehr als seine Heimat. Er erzählt, in all den Jahren sei er vielleicht zehnmal im Dorf seiner Eltern gewesen, »Opa und Oma hallo sagen, und das war's«. Seine Heimat sei Deutschland, aber dienen müsse er nun mal, schließlich sei er Türke. »Aber ich bin hier, hier in Deutschland, aufgewachsen, ich habe mich an das Leben hier gewöhnt, das ist so.«

»Mein Vater kann stolz auf mich sein«

Ob er irgendetwas an den Deutschen nicht möge, will ich wissen. »Ach, es gibt gute und schlechte Deutsche, wie bei den Türken auch. Und die Türken machen ja auch Fortschritte, sie sind nicht mehr so wie früher, sie sind moderner geworden. Nein, für mich gibt es keine großen Unterschiede. Oder vielleicht doch: Das Wort *Respekt* kennen die Deutschen nicht. Bei uns hingegen spielt der Respekt eine große Rolle. Wenn mein Vater mich besuchen käme, würde ich sofort aufstehen und seine Hände küssen. Wenn er nach Hause kam, standen wir Kinder immer auf, küssten ihm die Hände und verließen den Raum, damit er seine Ruhe hatte. Wir achten ihn, wir dienen ihm, denn er ist unser Vater. Mein Vater kann stolz sein auf mich, ich war nie frech oder unhöflich oder respektlos zu ihm. Ich war immer ein guter Sohn und er ein guter Vater zu mir, er hat mir alle diese Formen und Regeln beigebracht. Die heutigen Kinder haben ja gar keinen Respekt mehr vor ihren Eltern – die Deutschen ohnehin nicht, und die Türken gucken sich das von ihnen ab, das ist schlimm. Manchmal aber geht mir der Respekt vor der Familie und vor den alten Regeln auch zu weit – wenn beispielsweise eine Frau gelogen hat und der Mann einem Verwandten eine Pistole in die Hand drückt und befiehlt, geh und bring sie um, das finde ich übertrieben. Wenn meine Frau mich anlügen würde, würde ich mich umdrehen und weggehen. Einfach weggehen.«

»Ich hatte mich verloren«

Ibo sagt, er sei froh, geschnappt worden zu sein. Die Drogen hatten ihn immer weiter in die Depression getrieben, ohne Hilfe wäre er verloren gewesen. »Ich werde hier im Knast eine Drogentherapie machen. Erst wenn ich wieder alles richtig mache und so weit bin, dass ich draußen leben kann, erst dann will ich raus. Bis dahin möchte ich hierbleiben. Draußen war ich im Knast, hier bin ich im richtigen Leben. Ich habe früher jeden Tag Drogen eingeworfen, jeden Tag neue ausprobiert. Der Effekt war: Nichts reizt mehr. *Das* war für mich das eigentliche Gefängnis.«

Ibo bezeichnet sich selbst als religiösen Menschen. »Ich bin sechs Jahre lang in die Moschee gegangen. Als ich sieben war, habe ich damit angefangen. Nach der Schule musste ich in die Moschee und Koranlesen üben. Das war hart, ich konnte nichts anderes mehr machen, auch für die Schule nicht. Und wenn wir nicht gut waren, hat uns der Hodscha geschlagen. Da bin ich oft weggelaufen und habe mich auf Baustellen versteckt. Wenn mein Vater das erfuhr, gab es Ärger. Meine Eltern sind sehr religiös, sie haben das hier in Deutschland gelernt. Sie waren auch schon bei der Hadsch. Bis ich in die Lehre kam, war ich fromm. Nach dem Unfall hatte ich alles vergessen, ich war praktisch kein Muslim mehr. Ich hatte mich verloren. Aber hier im Knast finde ich mich wieder. Meine Mutter sagt, meine Zeit hier sei eine Gottesstrafe – ich habe wieder angefangen zu beten, ich habe aufgehört, Schweinefleisch zu essen, und ich werde nie wieder Alkohol trinken. Wenn man einmal an Gott glaubt, glaubt man. Und wenn nicht, wird man es auf der anderen Seite [im Jenseits] doppelt zu spüren bekommen. Die Strafe kommt nach dem Tod. Da geht es richtig los, ich werde für alles büßen müssen.«

Väter und Söhne

»Söhne sind Schmuck des diesseitigen Lebens«

Söhne sind für eine türkisch-muslimische Frau die Erfüllung ihrer Existenz. Erst wenn sie einen Sohn geboren hat, hat sie ihre Pflicht erfüllt, ihren Brautpreis zurückgezahlt. Verheiratet zu werden und ein Kind zu bekommen war auch für meine Mutter keine Frage. Aber was es bedeutet, eine Mutter und ein Vater zu sein, darauf hatte meine Eltern niemand vorbereitet. Und obwohl sie inzwischen in Istanbul und nicht mehr auf dem Dorf lebten, folgten beide in der Erziehung ihres ersten Sohnes noch ganz den Regeln der Tradition.

Es dauerte, bis ich bereit war, Mutter zu werden. Ich hatte lange darüber nachgedacht, ob ich mir die Verantwortung für ein neues Wesen überhaupt zutraute. Ich hatte das Ende meines ersten Studiums (der Volkswirtschaft) abgewartet, dann das Ende meines zweiten Studiums (der Soziologie), dann wartete ich, bis ich eine feste Stelle hatte, einen festen Freund und bis der auch bereit war, Vater zu werden. Ich wartete ab, bis das Vertrauen zur nötigen Gewissheit gewachsen war, bis wir eine eigene Wohnung hatten, die groß genug war für ein Kinderzimmer. Ich hatte lange gewartet. Als ich dann schwanger wurde, war ich über dreißig und glücklich – ob ich ein Mädchen oder einen Jungen bekommen würde, darüber hatte ich mir keine Gedanken gemacht. Als der Arzt dann aber bei einer Ultraschalluntersuchung plötzlich aufmerkte und rief: »Oh, ich habe eine gute Nachricht für Sie: Es wird ein Junge!«, erschrak ich so sehr, dass sich das Kind im Bauch drehte. Der Arzt meinte trocken: »Das war wohl doch keine gute Nachricht.« Ich war kreidebleich und stammelte: »Ein Sohn? Dann wird er dem Vater gehören.« Immer noch saß, trotz aller Emanzipation, die Furcht tief in mir.

Söhne gehören in der türkisch-muslimischen Gesellschaft nicht der Mutter, sondern der Familie, und über die gebietet der Vater. Ein Sohn ist wichtig, um die Familientradition fortzusetzen und später die Familie zu ernähren. Jungen sind nach den archaischen Traditionen der Türken und Muslime die Ordnungshüter der Familie. Mit einem Sohn kann der Vater seine Macht nach außen, in der Öffentlichkeit, und nach innen, durch die Aufsicht über die Frauen, festigen. »Vermögen und Söhne sind der Schmuck des diesseitigen Lebens«, heißt es im Koran (Sure 18, Vers 46).

Ein Sohn gilt mehr als eine Tochter, die zwar bis zur Pubertät im Haushalt helfen kann, dann aber verheiratet wird und das Haus verlässt. Vielleicht bekommt man, wenn das Mädchen schön und anstellig ist, sogar einen angesehenen Brautwerber, aber sicher ist das nicht. Über Frauen, die ein Jahr nach der Hochzeit immer noch nicht schwanger sind, wird in der Verwandtschaft geredet. Das sind dann Fehlentscheidungen, über die man sich gern den Mund zerreißt.

Ich sollte also einen Sohn bekommen, unverheiratet und in einem Alter, in dem meine türkischen Jugendfreundinnen bereits Großmütter waren. Der Vater meines zukünftigen Sohnes jubelte: »Ich werde mit ihm um die Welt segeln.« Meine Mutter sah ihre Chance gekommen, mich nun wieder unter ihre Fittiche zu nehmen. Kurz nachdem sie von meiner Schwangerschaft erfahren hatte, stand sie mit ihrem Koffer vor meiner Tür und sagte: »Wir werden das Kind schon großbekommen.« Ich hatte mich in jahrelangem Kampf von diesem »Wir«

gelöst, hatte endlich zu mir selbst gefunden und mich dabei aus dem türkischen Familiendenken verabschiedet. Mein Kind mit meiner Mutter großzuziehen, war für mich undenkbar. Es kam, wie es kommen musste, meine Mutter reiste unter Tränen wieder ab, restlos überzeugt, dass ihr damit ein großes Unrecht angetan worden war. Vielleicht fühlte sie sich missverstanden, weil sie als junge Mutter so allein gewesen war und sich nichts sehnlicher gewünscht hatte, als dass ihre Mutter da gewesen wäre, um ihr zu helfen.

Flucht in die Stadt

Als meine Mutter 1946 in einem kleinen Dorf in Zentralanatolien verheiratet wurde, war sie sechzehn Jahre alt und ahnte nicht, dass sie wenig später von dort fortgehen würde. Sie hatte bis dahin in einem kleinen Dorf im »Weiten Tal« östlich von Kayseri gelebt und wusste wenig von einem städtischen Leben, nur ein- oder zweimal war sie in der nächsten Kreisstadt gewesen. Mein Vater hatte sie auf einem Fest entdeckt und dann Brautwerber geschickt, um sie zu heiraten. Ich erzähle die Geschichte ihrer Hochzeit in meinem Buch »Die fremde Braut«. Meine Mutter kam in den großen Haushalt ihrer Schwiegermutter und hatte erhebliche Probleme, sich dort einzufügen, denn bisher war sie nur die Wirtschaft in ihrer achtköpfigen Familie gewohnt gewesen. Sie war die *gelin*, die Angeheiratete, die ganz am Ende der Familienhierarchie stand. Sie musste tun, was man ihr sagte, eigene Entscheidungen wurden von ihr nicht verlangt, alles bestimmte die Schwiegermutter, vom Aufstehen bis zum Abendessen. Mit ihrem Mann war sie nie allein, sie sah ihn nur abends und wenn sie schlafen gingen.

Nach einem halben Jahr beschloss mein Vater, aus seinem

Elternhaus nach Istanbul zu flüchten. Über das Leben dort hatte er sich in Zeitungen und durch das Radio, das in den Teehäusern Einzug hielt, kundig gemacht. Er wusste aus Besuchen in Kayseri, der nächstgrößeren Stadt, wie anders und frei das Leben dort war im Gegensatz zur Enge der Traditionen und der sozialen Kontrolle am Rande des »Weiten Tals«. Meine Eltern stiegen mit einem Koffer auf die Ladefläche eines Lastwagens und fuhren mehrere Stunden bis nach Kayseri und von dort aus mit einem Überlandbus Richtung Istanbul. Die Fahrt dauerte drei Tage und endete in Hereke, einem kleinen Städtchen am Nordufer des Izmit-Golfes, damals vielleicht hundert Kilometer vor den Toren Istanbuls, heute fast von dem großen Moloch aufgesogen. Zwei Cousins meines Vaters hatten sich dort bereits als Schneider niedergelassen.

Die Stadt erlebte gerade einen Aufschwung, die ersten Unternehmen mit mechanischen Webstühlen waren entstanden, die Seiden- und Wollteppiche vollautomatisch produzierten. Das mit den Fabriken aufkommende Bürgertum baute sich Villen an einem Seitenarm des Marmara-Meeres. Großzügige Parks zogen am Wochenende Istanbuler Ausflügler an, die auf den Seeterrassen Tee tranken. Mein Vater kannte sich mit Teppichen aus, denn die Gegend um Kayseri war ein Zentrum der Teppichkunst. Jetzt wollte er mit modernen Produkten, die sich an den alten Mustern aus den Palästen der Hohen Pforte orientierten, sein Geld machen. Er begann, in der Fabrik zu arbeiten, um die Produktionsweise kennen zu lernen, während meine Mutter in einer Einzimmerwohnung saß und nicht wusste, was sie tun sollte. In dem Zimmer gab es ein Bett, einen Stuhl und eine Kochecke mit einem Topf, zwei Tellern mit Messer und Gabel und zwei Gläsern. Erst nach und nach zogen einige Möbelstücke in das Zimmer ein. »Ich hatte solche Angst«, erzählte sie mir viel später, »dass ich mich noch nicht einmal traute, aus dem Fenster zu schauen.« Sie saß die ersten Wochen in dem Zimmer auf dem Stuhl und wartete auf ihren Mann. Abends kam er mit Tüten voller Einkäufe nach Hause, ließ sie daraus eine Mahlzeit zubereiten, um am Abend wieder allein seinen Interessen nachzugehen. »Es war nicht wie bei uns im Dorf«, erzählt sie. »Im Dorf war man niemals allein, immer war jemand da, man machte doch alles gemeinsam.« Nur die Vermieterin schaute ab und zu herein und unterhielt sich mit meiner Mutter.

Endlich schwanger

Monate vergingen, und inzwischen wagte sie es, einen Stuhl ans Fenster zu rücken, um hinausschauen zu können. Eines Tages betrachtete die Vermieterin den Bauch meiner Mutter genauer und fragte: »Bist du schwanger?« – »Weiß ich nicht«, antwortete meine Mutter. »Ich habe schon seit Monaten meine Regel nicht.« – »Na, dann ist es klar, du bekommst ein Kind, mein Kind.«

Meine Mutter war überrascht und glücklich, nun konnte auch sie ihre Pflicht erfüllen und Mutter werden. Denn wer heiratete, musste schwanger werden, sonst hätte sich die ganze Sache nicht gelohnt. Jetzt musste das Kind nur noch ein Sohn sein, dann hätte sich der Brautpreis rentiert, den man für sie gezahlt hatte. Die Geburt rückte näher, aber meine Mutter bereitete nichts vor, sie hätte auch gar nicht gewusst, was. Als die Nachbarin fragte, wann die Geburt voraussichtlich sein würde, konnte sie nur mit den Schultern zucken. »Und was willst du deinem Kind anziehen?« Auch das wusste sie nicht.

Um körperliche Ereignisse wie Schwangerschaft und Geburt wurde bei den Tscherkessen, einem aus dem Kaukasus nach

Anatolien eingewanderten wehrhaften Volksstamm, dem meine Mutter angehörte, schon immer ein Geheimnis gemacht, so als sei Kinderkriegen eine Schwäche, die vor dem äußeren Feind zu verbergen sei. Bei den Tscherkessen, das habe ich auch schon von Haluk gehört, darf ein Kind nicht im Mittelpunkt stehen. Die Frauen versuchen, die Kinder fern von den Männern großzuziehen. Die Männer sollen ihre Kinder weder sehen noch hören. »Ich habe meine kaum jemals angefasst«, hatte mir Haluk erzählt, »im Beisein von Fremden schon gar nicht.«

Von Kopf bis Fuß

Meine Mutter wusste nur, wie die Frauen im Dorf ihre Kinder wickelten. Man nahm ein Tuch, füllte darauf eine Schicht besonders saubere und auf dem Ofen erwärmte, saugfähige rote Erde und setzte das Baby darauf. Dann wurde das Kind mit einem zwölf Meter langen Band von Fuß bis Kopf wie eine Mumie eingewickelt, es durfte sich nicht mehr bewegen können. So konnte man es schnell aufs Pferd binden, wenn Gefahr drohte, während der Ernte an den Feldrand oder bei der Hausarbeit in der Wiege ablegen oder das Baby auch schon seinen vier- oder fünfjährigen Schwestern anvertrauen. Wenn es schrie, wurde es geschaukelt. Dabei lag es in der Wiege, und die Mutter hatte ein Band am Fuß, mit dem sie die Wiege bewegte, während sie die Hände für Hausarbeiten frei hatte. Dem Kind wurde, damit es vor dem »bösen Blick« oder auch vor Fliegen geschützt war, ein Tuch über die Augen gelegt. Solche Tücher gehörten bei jeder Frau zur Aussteuer. Oft wurde ein Kleinkind ein Jahr lang so mumifiziert, es konnte weder etwas sehen noch sich bewegen. Wenn man das Kind vom Tuch befreite, schüttelte es wie wild den Kopf hin und her, weil das unbekannte Licht grell in den Augen schmerzte. Heute werden Babys nicht mehr wie Mumien verpackt. Pampers und Buggy haben auch in Anatolien ihren Siegeszug angetreten.

Meiner Mutter zeigte die Nachbarin, dass es in der Stadt Stoffwindeln gab, und stellte ihr ein Bündel mit Kindersachen zusammen, die sie von ihren eigenen Kindern noch hatte. Als die Wehen einsetzten, wurde eine Hebamme geholt. Aber das Kind lag falsch, und die Hebamme entschied, dass meine Mutter ins Krankenhaus müsse, eine Hausgeburt sei zu gefährlich. Unter Atatürk war das Gesundheitswesen reformiert worden, und so gab es in größeren Städten Hospitäler, in kleineren Gemeinden Gesundheits- und Sozialstationen und allgemein eine gut organisierte Versorgung. In Hereke aber gab es kein Krankenhaus, so wurde meine Mutter mit dem Krankenwagen zum Bahnhof gefahren, dort wartete der Zug, der sie nach Istanbul brachte. Unter Wehen sah sie zum ersten Mal die große Stadt. Im Kreißsaal ging dann alles sehr schnell, und als der Arzt ihr das Kind in den Arm legte, sagte er: »Na, mein Mädchen, du hast einen Jungen geboren.« Da war ihr erster Gedanke: »Jetzt ist unser Leben gerettet.« Mein Vater nahm die Glückwünsche des Pflegepersonals entgegen, verteilte das übliche Bakschisch und murmelte, als er seinen kleinen, nur zweieinhalb Kilo schweren Sohn sah: »*Sen mi bizi doyurucaksin, hadi bakalim …?*« – Und du sollst uns ernähren? Na, dann schauen wir mal …

Das Drama in der Speisekammer

Von nun an war meine Mutter mit ihrem Sohn beschäftigt. Sie lernte, ihn zu füttern, wickelte ihn trotz neuer Windeln auf tscherkessische Art bis zum Hals, und nach einem Jahr zog die kleine Familie in eine provisorische Zwei-Zimmer-Wohnung nach Kadiköy, einen Stadtteil auf der asiatischen Seite von Istanbul. Kaum war der Sohn vom Wickel befreit, zeigte sich sein Temperament. Er krabbelte sehr schnell, dann rannte er los, und meine Mutter wusste nicht, wie sie den kleinen Irrwisch bändigen sollte. Es gab zwar von der Republik eingerichtete Volksparks, in die sie hätte gehen können, aber die inzwischen Achtzehnjährige traute sich nicht, allein mit dem Kind auf die Straße zu gehen. Obwohl sie sich westlich kleidete, weder Kopftuch trug noch betete, war sie ganz in der Rolle der Dienerin ihres Mannes gefangen, lebte noch in den Vorstellungen eines Dorfmädchens und wusste nichts über das Leben in der Stadt.

Im Dorf wurden die Kinder nicht betreut. Sie liefen, sobald sie laufen konnten, einfach mit. Die Jungen lernten von den älteren Jungen, was es hieß, ein Junge zu sein. Sie mussten die Schafe, die Gänse hüten oder Besorgungen erledigen. Die Mädchen halfen der Mutter im Haus und lernten durch Zuschauen und Mitmachen. In dieser Welt gab es keine bewusste Erziehung durch Ausbildung und fürsorgliches, erklärendes Beibringen, sondern nur das Prinzip Aneignung durch Nachahmung und Strafe bei Nachlässigkeiten. Jungen und Mädchen wuchsen praktisch getrennt auf, und daher wusste die junge Mutter auch nicht, was man mit einem kleinen Jungen anstellt. Von niemandem konnte sie etwas abschauen, sie gehörte jetzt einer Kleinfamilie in der Stadt an, abgeschnitten von der Tradition der praktischen Weitergabe von Erfahrung und entsprechend hilflos.

Meiner Mutter fiel es nicht leicht, den Bewegungsdrang des Kleinkindes in der winzigen Wohnung im Auge zu behalten, daneben zu waschen, zu kochen und Vorräte für die Monate im

Winter anzulegen. Die Speisekammer interessierte den kleinen Burschen besonders, sie war dunkel, roch gut und versprach abenteuerliche Entdeckungen. Als er in einem unbeobachteten Moment darin verschwand, nahm das Drama seinen Lauf. Der Kleine zerlegte die Tüten und Schachteln, mischte Nüsse mit Mehl, Honig mit Salz – eine Katastrophe. Seine Mutter wusste keine andere Antwort darauf, als ihr Kind zu verprügeln. Ihr Sohn weinte, sie aber auch, denn ihr war klar, sie hatte versagt, nicht etwa, weil sie ihn geschlagen, sondern weil sie nicht aufgepasst hatte. Und das würde sie zu spüren bekommen.

Beide saßen weinend in der Ecke, als der Vater abends nach Hause kam und die Bescherung sah. Meine Mutter hatte sich nicht getraut, die ungenießbar gewordenen Lebensmittel fortzuwerfen, denn sie hatte noch nie eine eigene Entscheidung, und dann auch noch von einer solchen Tragweite, getroffen. Sie wartete auf »den Vater«, ihren Herrn, den »Effendi«, wie sie ihn anzusprechen hatte. Über das, was dann geschah, sagte sie später: »Wir bekamen unsere gerechte Strafe.«

Eine schwere Zeit

Von nun an wusste sie, welches Leben ihr zwischen Vater und Sohn bevorstand. Sie wollte ihren Sohn beschützen, aber auch seinen Vater mit ihm zufrieden stellen. Aber fügsam war der Kleine nicht, er hatte einen unbändigen Freiheitsdrang. Passte sie einen Moment lang nicht auf, entwischte er ihr und stellte etwas an, was sie dann abends auszubaden hatte. Meine Mutter besorgte sich Bänder, um ihn am Tisch festzubinden, wenn sie ihre Hausarbeit machte. Aber er scheuerte die Bänder durch, ruckelte sich frei und verschwand. Meine Mutter suchte ihn, bestrafte ihn, immer in der Angst, sein Vater könnte von den Ausbruchversuchen erfahren. Als mein Bruder vier Jahre alt und wieder einmal davongelaufen war, bekam mein Vater mit, wie sie durch die Straßen hetzte und ihren Sohn suchte. Mein Vater wartete auf den Stufen vor unserem Haus auf die beiden. Zuerst bekam meine Mutter ihre Strafe, denn sie hatte wieder nicht aufgepasst. Mein Bruder wurde in den Kohlenkeller, ein kleines, dunkles Verlies auf dem Hof, eingesperrt. Diese Strafe würde bestimmt nützen, meinte mein Vater, sein Sohn solle darüber nachdenken, was er angestellt hatte. Nachts schlich meine Mutter zu dem Loch, holte den Jungen und legte ihn ins Bett, um ihn dann vor dem Aufstehen wieder zurückzubringen, damit »der Herr« ihn morgens aus dem Verlies befreien konnte. Stolz über seine offensichtlich erfolgreiche Erziehungsmethode sagte er zu seinem Sohn: »Na, hast du es jetzt kapiert?«

Aber auch solche Strafen konnten den übermächtigen Wunsch meines Bruders, ständig wegzulaufen, nicht bremsen. Je älter er wurde, desto weiter entfernte er sich von seiner Mutter und suchte Anschluss an andere Jungen auf der Straße. »Ich hatte keine Angst«, sagte er mir später. »Meine Sehnsucht nach dem Abenteuer war größer.« Irgendwann hatte es sich eingebürgert, dass sein Vater ihn schon prophylaktisch schlug.

In diese Stimmung aus Angst und Gewalt platzte meine Mutter mit der Nachricht, dass sie wieder schwanger war. Meine große Schwester wurde geboren. Mein Bruder war damit Abi, ein großer Bruder. Er hatte nun eine Aufgabe, nämlich auf seine Schwester aufzupassen. Meine Schwester wurde gewickelt und in die Wiege gelegt, und meine Mutter träufelte ihr in den ersten drei Tagen nach der Geburt einen Tropfen Zitronensaft in die Augen, damals ein verbreitetes Hausmittel, um Entzündungen vorzubeugen. Mein Abi tat es ihr nach und träufelte seiner Schwester ebenfalls Zitronensaft auf die

Augen. Das Baby schrie, und als meine entsetzte Mutter ins Zimmer gestürzt kam, verkroch mein Bruder sich unter dem Ehebett, um den ganzen Tag nicht wieder hervorzukommen. Da hatte er das erste Mal Angst, er fürchtete, seiner Schwester etwas angetan zu haben. Er blieb mit seiner Angst allein unter dem Bett, erklärt wurde ihm nichts. Abends folgten Schläge, Kohlenkeller und die pädagogischen Weisheiten meines Vaters: »Er wird schon lernen, dass er zu gehorchen hat. Seinen Willen werden wir schon brechen.«

Der Junge mit dem Koffer

Mit sieben Jahren wurde mein Bruder eingeschult. Als Schultasche bekam er den Holzkoffer, mit dem meine Eltern aus Anatolien gekommen waren, ein sperriges Ding, das ihn in der Klasse sofort zum Gespött der anderen Kinder werden ließ. Er war »der Junge mit dem Koffer«, und sie lauerten jeden Tag darauf, ihn damit aufzuziehen. Quälender als jede Tracht Prügel oder jede Nacht im Kohlenkeller war das Stigma, das ihm mit diesem anatolischen Behältnis anhaftete. Trotz der Hänseleien war er gut in der Schule und lernte schnell und gern. Mein Vater wollte weiterkommen, und so sollte auch sein Sohn Leistung bringen. Morgens bei der Rasur vor dem Frühstück musste mein Bruder sich von ihm abhören lassen. Der las die am vorhergehenden Abend schon präparierten Ergebnisse aus der Hand ab, und mein Vater war zufrieden, bis er eines Morgens, als die Familie zu seinem Abschied angetreten war, bei dem ihm alle die Hände küssen mussten, die Tinte an der Hand seines Sohnes entdeckte – diese List seines Neunjährigen ließ in ihm den Entschluss reifen, dass der Junge noch härter angefasst werden musste.

Am nächsten Tag wurde er zu einem Bekannten meines Vaters in die Schneiderwerkstatt gebracht. Er sollte dort helfen und etwas lernen.

Mein Vater übergab seinen Sohn dem Schneidermeister mit den üblichen Worten: »Das Fleisch gehört dir, der Knochen mir.« Den Lohn, den mein Bruder für seine Arbeit erhielt, holte mein Vater freitags persönlich ab. Bis zum Ende der fünfjährigen Schulpflicht arbeitete mein Abi in dieser Werkstatt, danach machte er eine Lehre als Schneider. Auf diese Weise wurde die soziale Kontrolle, so wie sie im anatolischen Dorf oder der Kleinstadt üblich war, über den Jungen wiederhergestellt. Da mein Vater sie nicht selbst wahrnehmen konnte, überließ er sie einem anderen Mann, der genauso streng wie er über den Jungen wachte.

Eine Frau, in diesem Fall meine Mutter, war in den Augen der Männer grundsätzlich nicht in der Lage, für die richtige Erziehung eines Jungen zu sorgen. Denn der sollte stark sein, sich draußen durchsetzen, Älteren gehorchen und Frauen Befehle erteilen können. Der Mutter zu gehorchen – das ist in einem solchen Programm nicht vorgesehen. Jungen gehorchen dem Vater, dem Stärkeren, dem Meister, denn »draußen«, dort, wo die Männer hingehören, haben ausschließlich sie das Sagen. Meine Mutter war damit von der Last der Verantwortung für ihren Sohn erlöst und kümmerte sich mit der kleinen Tochter um den Haushalt. Aber beide fürchteten sich jetzt vor den Abenden, wenn die Männer nach Hause kamen und sich wie immer stritten.

Der Tod und das neue Leben

Zwei Jahre später bekam meine Mutter ein weiteres Kind, ebenfalls ein Mädchen. Mit diesem Kind kam zur Angst die Sorge ins Haus, es hatte von Geburt an Neurodermitis und schrie Tag und Nacht. Meine Mutter war hilflos, trug und wiegte das Bündel, aber wieder wusste sie nicht, was sie tun sollte. Sie wurde krank, bekam einen Abszess am Daumen und weinte ebenfalls fortwährend vor Schmerzen. Ein Teil ihres Daumens musste amputiert werden. Mein Vater musste wohl oder übel die Betreuung des Säuglings übernehmen, ihn wickeln und sich um die Familie kümmern und wusste nicht mehr ein noch aus. Als er seine Frau aus dem Krankenhaus wieder abholen konnte, gab er in seiner Not das ständig schreiende drei Monate alte Baby auf der Krankenstation des Stadtteils ab. Am nächsten Morgen, als er kam, um seine Tochter wieder zu holen, legte man ihm ihre bandagierte Leiche in den Schoß. Er ging ganz allein mit einem Hodscha zum Friedhof und begrub sie noch am selben Tag. Anschließend schloss er sich drei Tage und Nächte im Schlafzimmer ein und weinte ununterbrochen. »Es war das erste Mal«, erzählte meine Mutter später, »dass dieser Mann Gefühle zeigte.«

Dieses Erlebnis veränderte ihn. Er übte mehr Nachsicht und schlug auch die Familie nicht mehr. Er öffnete sich dem Leben in der Stadt, ließ neue Erfahrungen zu. Bücher kamen ins Haus, ein Radio wurde angeschafft, die Familie machte gemeinsam mit den Nachbarn Ausflüge, man ging ins Konzert oder ins Kino. Meine Eltern begannen zu leben, befreiten sich langsam von ihren dörflichen Regeln und den durch die religiöse Tradition bestimmten Vorstellungen. Die Aufbruchstimmung Ende der fünfziger Jahre erfasste auch sie.

Istanbul war in den sechziger Jahren eine moderne Stadt. Die Industrialisierung, die Aufklärung feierten ihre kleinen Erfolge, der Einfluss westlicher Kultur wurde stärker. Die entstehenden Arbeits- und Wohnbedingungen brauchten den selbständigen, eigenverantwortlichen Menschen mehr als den Knecht, der nur tat, was man ihm sagte. Entscheidungen mussten getroffen, Mut bewiesen, Ideen verwirklicht werden, um weiterzukommen. Das war möglich, weil auch die Neuankömmlinge von der Moderne gelockt worden waren und ein anderes Leben suchten. Engstirnige religiöse Praktiken und archaische Traditionen waren da nur hinderlich. Heute hat sich diese Entwicklung in Teilen der Stadt wieder umgekehrt. Die Strukturen in den Vororten sind die eines ostanatolischen Dorfes, geprägt von den Binnenmigranten. Und auch hier sind es die unwissenden Bräute aus den Dörfern, die die moderne Metropole Vorderasiens langsam, aber sicher unter einem Schleier verhüllen.

Wenn ich heute die »Importbräute« in Deutschland sehe, wie sie, selbst fast noch Kinder, unbeholfen mit ihren Jungen und Mädchen umgehen, dann muss ich an meine Mutter denken, die vor fünfzig Jahren vor einer ähnlichen Situation stand. Herausgerissen aus ihren festgefügten archaischen Dorfstrukturen und in die Moderne katapultiert, sind sie hier in der Fremde, kennen weder die Sprache noch das Land, noch wissen sie mit ihren eigenen Problemen umzugehen. Auch meine Mutter machten die modernen Kleider mit den passenden Pumps noch nicht zur modernen, emanzipierten Frau. Aber aus *Karim*, dem Dorfausdruck für »mein Weib«, wurde *hanim*, meine Dame, die nicht mehr ins Haus verbannt wurde, sondern sich mit ihrem Mann in der Öffentlichkeit zeigte. Und das war eine kleine Revolution.

An Silvester 1957/58 war meine Mutter hochschwanger,

und pünktlich zur abendlichen Feier setzten ihre Wehen ein. Ganz Istanbul erwartete die Ankunft des neuen Jahres, als ich kurz vor Mitternacht zur Welt kam. Ich wog vier Kilo, hatte lange schwarze Haare, und mein Vater erinnerte sich später an den Moment, als er mich zum ersten Mal im Arm hielt, mit den Worten: »Mit dir kam die Sonne.«

Ich habe eine wunderbare Kindheit am Bosporus verbracht. Die Straße, in der wir wohnten, hieß *hürriyet*, Freiheit. Und frei fühlten wir uns. Mein Vater war nach dem Tod seiner Tochter sanfter, wenn auch nicht wirklich sanft geworden. Er passte sich an; seine Herkunft, seine Prägung konnte er nicht ablegen wie einen alten Mantel, dafür war er zu sehr in der Rolle des typisch türkischen Mannes gefangen. Er blieb der Patriarch, dem morgens alle die Hände küssen mussten, wenn er zur Arbeit ging, und der jeden Abend auf seine Frage »Wie geht es euch?« ein »Gut« hören wollte. Auch meine Mutter veränderte sich. Sie nähte sich die neuesten Kleider im Chic der Sechziger, machte sich eine Dauerwelle wie Doris Day, und keinen Tag versäumten wir die Literatursendung »Fortsetzung folgt« im Radio morgens nach dem Frühstück. Wir sahen im Freilichtkino türkische und amerikanische Filme, und mein Abi wurde ein junger Elvis, trug Jeans und in der Gesäßtasche einen Kamm.

Wir werden Migranten

Aber meinen Vater zog es weiter. Er hatte gehört, dass man in Deutschland leichter Geld verdienen konnte, und machte sich auf den Weg. Zunächst allein; meine Schwester, mein kleinerer Bruder und ich wurden bei der Großmutter im Elternhaus meines Vaters »geparkt«. Meine Eltern dachten sich nichts dabei. So wie sie machten es viele, die sich als Gastarbeiter auf den Weg nach Deutschland machten. Die Kinder wurden mitgenommen oder bei Verwandten gelassen. Später wurden viele nachgeholt, andere für immer in der Türkei gelassen. Kinder haben sich zu fügen. Ihre Lage wird den jeweiligen Lebensumständen der Familie angepasst – so wie Haluk die Entscheidungen über seine Kinder getroffen hat. Man schickt sie zurück, wenn sie stören, und wenn man sie braucht, holt man sie. Ganz nach Belieben. Inci Y. erzählt in ihrem Buch »Erstickt an euren Lügen« eindringlich vom Schicksal solcher zurückgelassener Kinder.

Ein Jahr später holte uns meine Mutter aus Anatolien ab und setzte uns in den Zug zu unserem Vater nach Deutschland. Sie selbst erhielt zunächst kein Visum. Meine große Schwester, mein kleiner Bruder und ich fuhren allein in das fremde Land, von dem wir wussten, dass es dort fahrende Treppen und drehende Fenster gab, aber auch Hänsel und Gretel, Rotkäppchen und den bösen Wolf. Außerdem hatte unser Vater uns bei seinem letzten Besuch die deutsche Nationalhymne vorgesungen und beigebracht: »Wenn ihr die könnt, dann seid ihr drin in Deutschland.« Wir standen mit leeren Mägen und dem »Lied der Deutschen« in der Tasche auf dem Bahnsteig in der großen schwarzen Halle des Münchner Hauptbahnhofs, als hätten wir uns im Wald verlaufen. Mein kleiner Bruder heulte, denn schlimmer noch als sein Heimweh war sein Hunger. Ein Bahnschaffner setzte uns in den richtigen Zug und schenkte uns, kurz bevor wir losfuhren, eine Tafel Schokolade. Noch nie hatten wir Schokolade gegessen. Wir waren gerettet und konnten es gar nicht fassen, dass man uns zur Begrüßung so etwas Köstliches schenkte.

Ich lebte mich schnell ein, und irgendwann kamen auch meine Mutter und mein Abi aus der Türkei. Wir waren die erste türkische Familie in der Kleinstadt, und meine Eltern bemühten sich, Kontakt zu den deutschen Nachbarn und Arbeitskollegen zu bekommen. Das änderte sich erst, als immer mehr türkische Migranten kamen. Immer häufiger blieb man jetzt »unter sich«, und die erste Frau mit Kopftuch tauchte in unserer Stadt auf. Mein Vater war nur noch zu Hause, um die Familie zu kontrollieren, ansonsten ging er seinen Geschäften nach, über die niemand von uns etwas wusste. Als ich in die Pubertät kam, wollten meine Eltern, die nie besonders religiös gewesen waren, mich plötzlich wie eine muslimische Tochter erziehen. Ich durfte nicht mehr am Sportunterricht teilnehmen, keine deutschen Freundinnen mehr haben, musste jeden Tag nach der Schule sofort nach Hause kommen, um meiner Mutter bei der Bewirtung ihrer Freundinnen zu helfen. Irgendwann rebellierte ich.

Mein Abi war inzwischen in der Türkei beim Militär gewesen und hatte es hingenommen, mit einem fremden Mädchen verheiratet zu werden, nachdem er seine große Liebe nicht bekommen hatte. Meine Abla, meine ältere Schwester, wurde in den Sommerferien in der Türkei verheiratet und dort zurückgelassen.

Ich hielt das alles nicht mehr aus. Aber ich hatte inzwischen gelernt, mich zu wehren. Irgendwann verweigerte ich meinem Vater den Gehorsam. Es kam zum Eklat. Er verließ die Familie, er verließ Deutschland und kehrte nach Anatolien, ins Haus seiner Eltern, zurück. Ich habe ihn nie wiedergesehen. Er konnte meine Freiheit nicht ertragen, und vielleicht ahnte er auch, dass er sie mir auf Dauer nicht mehr nehmen konnte. Damals habe ich begonnen, die mit dem muslimischen Glauben verbundenen archaischen Sitten und Gebräuche infrage zu stellen. Ich lernte hinzugucken, nachzudenken, Fragen zu stellen.

»Ich bin ein Mann!«

Überall auf der Welt lassen muslimische Väter ihre Söhne beschneiden, um aus ihnen »richtige« Männer zu machen. Mit einem großen Fest feiert man diese traditionelle Zeremonie, die »Beschneidungshochzeit«. Auch meine Schwester glaubte, der Tradition folgen zu müssen, um aus ihren Söhnen Männer und Muslime zu machen.

1972 war meine große Schwester, meine Abla, nach einem Sommerurlaub in der Türkei unter Tränen zurückgeblieben. Im Heimatdorf meiner Eltern war sie mit einem Grundschullehrer verheiratet worden und musste jetzt im Lehmhaus ihrer Schwiegereltern bleiben.

Die Eheleute kannten sich kaum und mochten sich nicht. Mein Schwager, der sich von der Heirat eine Zukunft in Deutschland versprochen hatte, fühlte sich getäuscht; und meine Abla klagte bei jedem Anruf darüber, dass wir sie einem Leben ausgeliefert hatten, das sie entsetzlich fand. Die einzigen Lichtblicke waren für sie die Tage, wenn wir sie im Sommer besuchen kamen, dafür lebte sie.

Mich quälte die Vorstellung, dass wir sie so todunglücklich in einem anatolischen Provinznest zurückgelassen hatten. Ich hoffte so sehr, dass sie irgendwann ihren Frieden mit dem neuen Leben machen könnte. Und als sie mir anvertraute, dass sie schwanger sei, versprach ich ihr ein großes Fest. »Wenn es ein Junge wird, feiern wir das schönste *sünnet düğünü*, Beschneidungsfest, das der Ort je gesehen hat«, wünschte sie sich. Sie gebar einen Sohn, und ich legte in den nächsten Jahren von meinem Stipendium Geld für das Fest zurück.

Drinnen und draußen

Düğün heißt »Hochzeit«, und *sünnet düğünü* heißt wörtlich übersetzt »Beschneidungshochzeit«. Und wie eine Hochzeit wird das Fest sowohl in der muslimischen wie auch in der säkularen türkischen Gesellschaft gefeiert. Es ist eine Initiation – erst wenn dem Jungen in einem feierlichen Ritual die Vorhaut beschnitten worden ist, wird er ein vollwertiges Mitglied der *umma*, der Gemeinschaft der Muslime, und als Mann akzeptiert. Spätestens ab dem sechsten Lebensjahr darf er nicht mehr mit den Frauen in den *hamam*, das türkische Bad, und er gehört nicht mehr ins Haus, sondern nach draußen. Der Junge gehört jetzt zur Welt der Männer. Der Vater wird ihn mit in die Moschee nehmen, ihm beibringen, wie man betet, und ihn in den religiösen Praktiken unterweisen. Weibliche Personen haben innerhalb der Umma andere Aufgaben, für sie gelten die religiösen Pflichten nur eingeschränkt, sie werden in der Moschee eher geduldet und nur in sorgfältig separierten Räumen zugelassen.

Mädchen verschwinden um diese Zeit aus dem Leben der Jungen. Sie werden mit einsetzender Pubertät ins Haus verbannt. Sie sollen sich um die jüngeren Geschwister kümmern, im Haushalt helfen, ein Kopftuch umbinden und nicht mehr allein auf die Straße gehen. Der zum Muslim beschnittene Bruder bestimmt zusammen mit seinem Vater und den anderen Brüdern, was seine Schwestern in der Öffentlichkeit zu tun und zu lassen haben. Die Teilung der Gesellschaft in Mädchen und Jungen, in Männer und Frauen, wird mit der Beschneidung immer wieder erneut vollzogen. Ein gemeinsames Fest, mit dem Heranwachsende, Mädchen wie Jungen, in die Gemeinschaft aufgenommen werden, so wie es die Kommunion oder die Konfirmation für die Christen sind, kennt der Islam nicht.

Als mein Neffe fünf Jahre alt war, war es so weit. Aber kaum hatten wir die ersten Vorbereitungen zum Fest getroffen, stellte meine Abla fest, dass sie wieder schwanger war. Ein Beschneidungsfest ist teuer, und so leistet sich eine türkische Familie ein solches Fest, wenn sie groß feiern möchte, nur einmal im Leben. Wichtig dabei ist, dass in der Verwandtschaft und in der Nachbarschaft respektvoll vom großen Fest geredet wird. Der Aufwand, mit dem die Türken die Hochzeiten ihrer Kinder und das Beschneidungsfest ihrer Söhne feiern, entscheidet auch über den Status der Eltern in der Gemeinde mit. Wer etwas auf sich hält, wer etwas gelten will, feiert entsprechend aufwändig und zeigt damit, dass er es sich leisten kann, auch wenn das oft nicht stimmt. Viele Familien verschulden sich mit den Kosten für eine solche Feier auf Monate oder gar Jahre. Vor einigen Monaten las ich in der deutschen Ausgabe der Zeitung *Hürriyet* von einer türkischen Familie, die ihre acht (!) Söhne gemeinsam auf einem Fest beschneiden ließ. Der Erstgeborene hatte Jahre auf seine Beschneidungshochzeit warten müssen. Auch wir warteten ab, ob das zweite Kind meiner Schwester wieder ein Junge werden würde. Und so war es. Als er vier Jahre alt war, sollte im Sommer endlich gefeiert werden.

Bis zur »Hochzeit« meiner kleinen Neffen hatte ich solche Feste gemieden. Der Kontakt zu meiner in der Türkei lebenden Verwandtschaft war ohnehin so lose geworden, dass ich auch kaum dazu eingeladen wurde. Aber diesmal war alles anders. Für meine Abla war das Beschneidungsfest ihrer Söhne wichtig. Ihre Hochzeit war sehr schlicht gewesen, ihr Brautkleid war geliehen, und die Gäste hatten in der Turnhalle der Grundschule Platz nehmen müssen. Jetzt wollte sie endlich einmal feiern und zeigen, dass sie und ihre Familie es inzwischen zu etwas gebracht hatten. Und ich versprach, ihr dabei zu helfen.

Zuckerwasser für die Prinzen

Bereits Monate vorher wurde ein großer Hochzeitssaal gemietet, die Frauen und Männer meiner Familie begannen, Pläne für das Fest zu schmieden. Stoffe wurden gekauft, oder man bestellte beim Schneider eine Abendgarderobe. Auch ich ging in eine Boutique und kaufte mir drei verschiedene Outfits, denn das Fest dauert, wenn man es »richtig« macht, drei Tage. Am ersten Tag wird wie bei einer richtigen Hochzeit ein Henna-Abend gefeiert, am zweiten Tag findet die Beschneidung statt, und am dritten Tag kommen Verwandte, Freunde und Nachbarn zum Gratulieren. Monate vor dem Termin wurden die Einladungen gedruckt und an alle Verwandten und Nachbarn verschickt. Bei der Größe der Familien kamen schnell zwei- bis dreihundert Personen zusammen. Und die wollten alle bewirtet und untergebracht sein.

Drei Wochen vor dem Fest fuhr ich nach Anatolien, um bei den Vorbereitungen zu helfen. Gleich nach meiner Ankunft machten wir uns auf nach Kayseri, in die nächstgelegene Großstadt, um die Ausstattung für die *sünnetcocugu*, die Beschneidungskinder, einzukaufen. Die beiden Jungen sollten einen weißen Herrenanzug mit Weste, weißem Hemd und Krawatte tragen, darüber eine weite, mit Goldfäden bestickte rote Pelerine und dazu einen Königshut mit goldener Kokarde und ein Zepter – so war es Tradition. Die beiden verkörperten in ihrem rot-weißen Kostüm die türkische Fahne, was uns besonders stolz machte. Für das so genannte Königsbett im Festsaal, in das die Kinder nach der Beschneidung gelegt werden, kauften wir besondere Bettwäsche und ließen vom Schneider eine blaue Satin-Überdecke anfertigen. Ein Baldachin aus Lametta und Luftballons sollte über dem üppig mit Kissen ausgelegten Königsbett thronen, und an der Stirnseite wurde aus Silberpapier das Wort *masallah* angebracht – das heißt »Was Gott gewollt hat«. Damit soll das Kind vor dem »bösen Blick«, dem Neid der anderen, beschützt werden. Es ist eine Art Beschwörungsformel, mit der man ein Kompliment beschließt, um falsche Hintergedanken zu bannen. Wer sie zu sagen vergisst, dem unterstellt man, Böses im Schilde zu führen.

Eine Woche vor dem Fest trafen die ersten Gäste aus anderen Teilen des Landes ein. Sie wurden in den Wohnungen der Verwandtschaft untergebracht, und abends traf man sich, um zu essen und zu feiern. Dabei rief der eine oder andere Onkel oder Cousin meinen beiden Neffen schon mal schulterklopfend zu: »Na, demnächst gehört ihr auch zum Club!« Der Ältere der beiden Brüder reagierte auf solche männlichen Ermunterungen jedes Mal ganz erschrocken und mit kleinen Schweißausbrüchen. Er schien zu fürchten, was ihm bevorstand. Immer wieder wollte er wissen: »Wird es wehtun?« Aber seine hartnäckige Nachfrage wurde beiseitegewischt: »Was heißt wehtun? Willst du denn kein Mann werden?« Statt ihm zu erklären, was bei der Beschneidung passieren würde, und ihn seelisch darauf vorzubereiten, wurden er und sein Bruder mit Süßigkeiten abgespeist. »Willst du noch ein Baklava?« Meine Familie, meine Verwandten waren in Festtagsstimmung, je näher der Tag heranrückte; von Fragen, Ängsten und Zweifeln wollte niemand etwas wissen. »Das wird ein schönes Fest«, versprachen sie den beiden Jungen. »Ihr werdet wie Prinzen aussehen.« Selbst meine Schwester wollte die Angst in den Augen ihres ältesten Sohnes nicht wahrnehmen, sie war vollauf damit beschäftigt, was sie wann anziehen sollte, wer noch eingeladen werden musste – ihr Denken und Reden kreiste ständig um die Frage, wie alles größer und schöner zugehen könnte, als es je bei einem Beschneidungsfest im Ort gewesen war. Als mein Neffe eines Tages sagte: »Wenn es wehtut, will ich das nicht!«, fuhr sie aus der Haut: »Bist du kein Muslim, oder was? Du kannst eine Tracht Prügel bekommen, dann weißt du, was wehtut!« Ihr Sohn sollte sich »männlich« zeigen und die Feier nicht durch Wehleidigkeit verderben. Vielleicht aber reagierte sie auch so heftig, weil sie eigene Ängste verdrängen musste. Das Beschneidungsfest löst bei vielen Frauen die Erinnerung an das Gefühl von Ausgeliefertsein aus, das sie bei ihrer Hochzeit empfunden haben. Damals konnte auch meine Schwester nicht über sich selbst bestimmen – diesmal waren es die eigenen Kinder, die eine Art Vergewaltigung erlebten. Und wie in der Hochzeitsnacht muss auch bei der Beschneidung Blut fließen.

Der Beschneider

Kurz vor dem Fest kam der Beschneider, um sich vorzustellen. *Sünnetci*, Beschneider, ist in der ländlichen Türkei ein richtiger Beruf. Nur sehr selten wird der Eingriff von einem Arzt vorgenommen. An Wochenenden geht der Sünnetci mit seinem Besteck von Familie zu Familie, um seine Arbeit zu verrichten. Unser Beschneider war ein etwa fünfzigjähriger kleiner, dicker Mann mit einem großen Schnurrbart. Wir hatten kalte Limonade für ihn zubereitet und den Tisch gedeckt. »Na, ihr Löwen, *aslan'lar*, geht es euch gut?«, begrüßte er meine Neffen leutselig, gab ihnen ein Bonbon und sagte: »Wir sehen uns am Samstag.« Über »die Sache« wurde nicht gesprochen. Der Mann trank seine Limonade und ging.

Dann kam der Henna-Abend. Traditionell feiern Männer und Frauen getrennt, die Frauen in der Wohnung der Eltern. Die Möbel wurden zur Seite geräumt, ein Plattenspieler aufgestellt und Bauchtanz getanzt. Später wurden kleine Mullsäckchen in Henna getaucht und jedem in die Handfläche gebunden. Die Männer, die im Nachbarhaus, von einem Saz-Spieler begleitet, sangen und klatschten, tupften sich Henna auf den Nagel oder in die Hand. Mit diesem Zeichen schließt sich symbolisch der Kreis der Gesellschaft – alle gehören einer Gemeinschaft an.

Am nächsten Morgen wurden meine Neffen in ihre Festanzüge mit Krone und Pelerine gekleidet. Für den Vormittag war ein Reiter mit zwei Pferden bestellt. Die *sünnetcocuklari*, die Beschneidungskinder, durften als Prinzen zu Pferde durch den Ort reiten, sämtliche Nachbarjungen im Gefolge, und wurden überall mit Applaus begrüßt. Anschließend wurden die beiden in eine Kutsche gesetzt und unter den traditionellen Klängen von *davul* und *zurna*, von Trommel und einer Art Oboe, mit ihren Cousins und Freunden durch den Ort kutschiert. Zu Hause bekamen sie *scherbet*, Zuckerwasser, gereicht und mussten sich dann auf das dekorierte Sofa im Wohnzimmer setzen.

Eine Männersache

Plötzlich standen ihre Paten vor der Tür. Das war das Signal, dass die Frauen zu verschwinden hatten. Binnen weniger Minuten wurde aus einem Haus, in dem die Frauen gerade noch Tee getrunken, geschwatzt und gelacht hatten, ein Männerhaus. Ich war, zusammen mit meiner Schwester, geblieben, um die Männergesellschaft mit Getränken und Baklava zu bewirten. Meine Schwester wurde von Minute zu Minute nervöser, dauernd fielen ihr irgendwelche Dinge zu Boden. Ich versuchte, sie zu beruhigen, war aber selbst sehr aufgeregt.

Der Beschneider rückte mithilfe von Onkel und Paten einen großen Tisch in den Flur, den er mit einem weißen Tuch abdeckte. Den Kleinen wurden im Schlafzimmer die Anzüge ausgezogen und bodenlange weiße Herrenhemden mit Kragen und Manschetten übergestreift. Es war heiß, aber die Jungen schwitzten auch vor Angst. Ich nahm den Kleinen auf den Arm und tröstete ihn. Zuerst war der Ältere an der Reihe, er sollte dem Jüngeren ein Vorbild sein. Ich hielt den Kleinen im Arm und konnte vom Sofa aus das Geschehen durch die offene Tür verfolgen. Mein Neffe wurde auf den Tisch gesetzt, zwei Männer hielten ihn an den Armen, ein Dritter an den Beinen fest, ein Stofflappen wurde ihm zwischen die Zähne geschoben. Dann trat der Beschneider hinzu und versperrte mir die Sicht, ich hörte nur, wie mein Neffe bald darauf zu wimmern und zu weinen anfing. Einer seiner Paten trug ihn ins Nebenzimmer. Dann kamen die Männer, um den Kleinen zu holen. Als man ihn mir wegnahm, begann er leise zu weinen. Auf dem Tisch mussten sie seinen Arm vom Hals seines Paten mit Gewalt losreißen, er wollte nicht loslassen. Vier Männer hielten ihn fest. Ein vierjähriges Kind, den Stofflappen im Mund, das an jedem Arm und an jedem Bein von einem erwachsenen Mann festgehalten wurde, damit der Beschneider sein Messer ansetzen konnte – dieses Bild konnte ich nicht ertragen und rannte hinaus. Auch meine Schwester war schon draußen und lief Richtung Fluss, als ginge es um ihr Leben. Sie war barfuß und weinte.

Als wir hofften, dass alles vorbei sein könnte, näherten wir uns langsam wieder dem Haus. Meine Schwester spähte vorsichtig durch das Fenster. Ihre Söhne lagen in ihren Beschneidungshemden, umgeben von bestickten Kissen, auf dem Wohnzimmersofa, die Beine gespreizt und angewinkelt. Der Kleine hatte noch den Knebel im Mund und weinte. Als wir eintraten, wurde gerade der Beschneider verabschiedet, der sich bei den Männern für die Hilfe bedankte und von meinem Schwager, der sich vorher nicht hatte blicken lassen, sein Honorar überreicht bekam. Wir fächerten den beiden »Helden« Luft zu und tupften ihnen den Schweiß von der Stirn. Die Männer steckten den Kopf durch die Tür: »*Aslan'lar, aslan'lar,* na, ihr Löwen, war doch nicht so schlimm, oder?« Aber die beiden waren unfähig, auf irgendetwas zu reagieren. Apathisch hörten sie den Geschichten zu, die ihnen die Erwachsenen erzählten. Die allerdings waren inzwischen meist schon längst wieder mit sich selbst, ihrer Kleidung, ihrer Frisur und der Organisation des abendlichen Festes beschäftigt.

Im Paradebett

Ab sechs Uhr abends begann die Festgesellschaft zum Hochzeitssaal zu fahren. Die beiden »Prinzen« wurden von den Männern in den Saal getragen und in das Bett mit der blauen Satindecke gelegt. Ihre Anzüge hängte man an die Bettpfosten, nur die Hüte wurden ihnen aufgesetzt. Die Gäste kamen, beglückwünschten sie und steckten den Kindern Goldtaler ans Nachthemd. *Altin para*, Goldtaler im Wert zwischen 25 und 200 Euro, werden zu wichtigen Anlässen, zur Geburt, zur Hochzeit und eben zu *sünnet düğünü*, verschenkt. Sie zeigen auf der einen Seite ein Porträt Atatürks, auf der anderen Seite findet sich eine kalligrafische Darstellung des muslimischen

Glaubensbekenntnisses – zwei Seiten einer türkischen Medaille.

Mitten im Saal saß inzwischen schon der engere Kreis der Familie, eingerahmt von wohl dreihundert Gästen, erwartungsvoll zu Tisch, auf dem ein großes Essen serviert wurde. Danach wurde *halay* um das Bett getanzt, in dem die Kinder stumm und teilnahmslos lagen, die Festgesellschaft klatschte und sang, und irgendwann schliefen die beiden trotz des Lärms erschöpft ein.

Am nächsten Tag wurde die Bettwäsche aus dem Festsaal in die Wohnung gebracht und dort ein Paradebett hergerichtet. Eine Woche sollten die Jungen im Bett bleiben. Wieder kam eine endlose Schar von Besuchern, um ihnen und ihren Eltern zu gratulieren: »Was seid ihr doch für Glückskinder!« Der Beschneider wechselte den Verband und übte mit ihnen das Wasserlassen. Die Jungen schrien, weil es ihnen entsetzlich wehtat. Durch die Hitze wollte die Wunde sich nicht so schnell schließen. Als sie am zweiten Tag aufstanden, torkelten sie mit unsicheren Schritten breitbeinig herum, sorgfältig darauf bedacht, das Nachthemd weit weg vom Körper zu halten, damit der Stoff nicht die schmerzende Wunde reizte. Es dauerte fast drei Wochen, bis sie sich wieder unbefangen bewegen und ohne Schmerzen zur Toilette konnten.

Eine nachzuahmende Pflicht

Mich beschäftigte dieses Erlebnis noch lange – die Bilder dieses »Festes« ließen mich nicht los. In keiner Sure des Korans lässt sich ein Hinweis auf das Beschneidungsgebot finden, die Beschneidung gehört zur *sunna*, einer nachzuahmenden Gewohnheit, auf jeden Fall ist sie »Pflicht und Voraussetzung für die Gültigkeit des Umkreisens der Kaaba bei der Pilgerfahrt und der Wallfahrt«. Es gibt einige *hadithe*, überlieferte Worte und Taten der Propheten, die zur Begründung dieser »nachzuahmenden Pflicht« herhalten müssen. Eingefordert wird diese unter Berufung auf Abraham: »Abraham vollzog für sich die Beschneidung, als er im Alter von achtzig Jahren war, und bediente sich dazu der Axt« (Al Bukhari Hadith 6298, Muslim Hadith 2370). Ob die Beschneidung wirklich Pflicht oder bloße Empfehlung ist, darüber gingen die Meinungen unter den Islamgelehrten immer schon auseinander. Viele begründen sie hygienisch: »Zur *fitrah*, Hygiene, gehören fünf Dinge: die Beschneidung, das Abrasieren der Schamhaare, das Kürzen des Schnurrbartes, das Wachsenlassen des Bartes, das Benutzen des *miswak*, Zahnbürste aus Holz.« Die Beschneidung ist ein Brauch wie das Barttragen, mit dem sich Fundamentalisten heute von den Ungläubigen, die Sauberen von den Unreinen, den Nichtmuslimen, abgrenzen.

Die Geschichte der Beschneidung ist lang und auch nicht auf den Islam beschränkt. Die Ägypter beschnitten ihre Sklaven, um sie herabzuwürdigen und als Sklaven kenntlich zu machen. Die Nachkommen von Sklaven wurden ebenfalls beschnitten. Auch die Juden machten die Beschneidung in der babylonischen Gefangenschaft zur Pflicht. Die Beschneidung der Jungen bis zum achten Tag nach der Geburt gilt als »Zeichen des Bundes zwischen mir und euch«, so steht es im 1. Buch Mose, Vers 17. Der Apostel Paulus, als Judenchrist selbst beschnitten, lehnte die »Beschneidung des Herzens«, wie er die Amputation der Vorhaut nannte, als Demütigung ab.

Die Muslime übernahmen, wie in vielen anderen Fällen, Sitten und Riten der vorislamischen Zeit, adaptierten Bräuche vor allem der Juden und Christen und machten sie zur eigenen Sunna, auch um mit solchen verpflichtenden »nachzuahmenden Gewohnheiten« die Gemeinschaftssozialisation zu sichern. Mit welcher demonstrativen Pracht das Beschneidungsfest auch früher schon zelebriert wurde, macht der 1829 veröffentlichte Bericht des österreichischen Gesandten Graf Julius von Lezsky deutlich, der die Beschneidung des Sohnes von Murad III. im Jahr 1583 schildert. Zu diesem mehrere Tage währenden Volksfest marschierten Legionen von in- und ausländischen Gästen und Würdenträgern am Hof des Sultans auf, die Flotte und die Armee paradierten vorbei, alle Zünfte des Landes präsentierten ihre Künste. Nur der, um den es bei diesem Fest ging – Mohammed, der Sohn Murats des III. –, kam in der Geschichte kaum vor. Erst am Schluss erwähnte Graf Lezsky, dass »Sultan Mohammed im Serail am Hippodrome vom Wesir Dscherrah Mohammedpasche eigenhändig beschnitten ward; das Ergebnis der Beschneidung wurde in goldener Schale der Sultanin Chasseki, Mutter Sultan Mohammeds, das blutige Messer der Sultanin Walide, Mutter Sultan Murads, zugesandt«. Für die glückliche Beschneidung erhielt »der Wesir Beschneider« achttausend Dukaten.

Wer den Schmerz nicht erträgt, gehört nicht dazu

Auch meine Schwester hat ihre Söhne beschneiden lassen, weil es Brauch und Tradition ist. Unbeschnittene Jungen werden in der türkischen Gesellschaft nicht akzeptiert, die Beschneidung gehört unauflöslich zum Muslim-Sein und zur männlichen Identität. Und diese gewinnt nur, wer Schmerzen ertragen kann. Wer die nicht aushält, wer nicht bereit zu sein scheint, einen Teil von sich Allah zu opfern, gehört nicht dazu. Der südafrikanische Freiheitsheld Nelson Mandela erzählt in seiner Autobiographie »Der lange Weg zur Freiheit« von seiner eigenen Beschneidung, die unter Beobachtung von Eltern und Verwandten, unter ihnen auch der Regent, sowie einiger Häuptlinge und ihrer Berater stattfand: »Ich war angestrengt und beklommen, unsicher, wie ich reagieren würde, wenn der kritische Augenblick kam. Wir durften weder zusammenzucken noch aufschreien; das galt als Zeichen von Schwäche und stigmatisierte die Mannbarkeit. Ich wollte mir keine Schande bereiten, ebenso wenig der Gruppe oder meinem Behüter. Die Beschneidung ist eine Probe in Tapferkeit und Stoizismus; es wird keinerlei Betäubungsmittel verwendet; ein Mann muss sie schweigend ertragen.« Im »kritischen Augenblick«, so Mandela, war der Schmerz »so intensiv, dass ich mein Kinn gegen meine Brust presste. Viele Sekunden schienen zu vergehen, bevor ich mich an den Ausruf erinnerte; dann war ich wieder bei mir und rief ›Ndiyindola!‹ (Ich bin ein Mann!)«.

»Aufgeklärte« Türken führen lieber medizinische Gründe an, die angeblich für eine Beschneidung sprechen. Ein Beschnittener leide nicht an Phimose (Vorhautverengung), statistisch gebe es weniger Penis-Karzinome, die Hygiene falle leichter, und das Risiko der Übertragung des Papilloma-Virus auf Frauen werde verringert. Alle diese Argumente sind inzwischen von Urologen hinreichend widerlegt worden, selbst die Mär, dass die Beschneidung keine nachteiligen medizinischen Folgen habe, wird von Ärzten bestritten. »Kurieren durch amputieren«, so der Kinderarzt und Chirurg Christoph Flechter, sei »so dumm wie der Versuch, einer Nasenentzündung durch Entfernung des Riechorgans beizukommen.« Viele Türken glauben auch, beschnittene Männer seien – ganz dem Vorbild des Propheten nacheifernd – sexuell aktiver. Der französische Urologe Gérard Zwang hat diesen Lustgewinn in einer Studie bestritten – im Gegenteil: Die Beschneidung führe »letztlich zum Teilverlust des sexuellen Vergnügens«.

Seit Jahren kritisiert die British Medical Association in ihren Richtlinien die Beschneidung »zu therapeutischen Zwecken« als »unangebracht und unethisch«. Britische Krankenkassen zahlen nicht mehr für diesen Eingriff, was die Zahl der Beschneidungen in Großbritannien erheblich hat zurückgehen lassen – 1950 wurden sie noch bei fünfzig Prozent aller Jungen durchgeführt, heute ist der Anteil verschwindend gering. In Schweden ist die Beschneidung ohne medizinische Begründung bei Jungen, die älter als zwei Monate sind, seit Oktober 2001 generell verboten, und an kleinen Babys dürfen Beschneidungen nur noch unter Betäubung und in Anwesenheit eines Arztes vorgenommen werden. Schweden ist damit das erste Land der Welt, das rituelle Beschneidungen, die ohne Zustimmung der Betroffenen vorgenommen werden, per Gesetz verbietet.

Auch die gesetzlichen Krankenkassen in Deutschland zahlen für diesen Eingriff nicht. Die in Deutschland lebenden Türken lassen sich dadurch nicht von der Beschneidung abbringen, nicht einmal die säkular lebenden Türken. Etwa zehntausend muslimische Jungen in Deutschland kommen jedes Jahr in das Alter, beschnitten zu werden. Das machen türkische Ärzte, aber auch aus der Türkei eingeflogene angelernte Beschneider wie Mehmet Aksoy aus Trabzon, der sich auf seiner Internetseite rühmt, bisher 18.000 Kinder in 15 Ländern »das Wohlergehen« geschenkt zu haben. Oft aber wird die Beschneidung im Sommerurlaub in der Türkei vorgenommen, da sie ein Familienfest ist. Dort kann man sich auch an die Beamten des Gesundheitsministeriums wenden, die sich als *fenni sünnetci*, wissenschaftliche Beschneider, bezeichnen.

Aber bei dem Beschneidungsritus geht es gar nicht in erster Linie um medizinische oder hygienische Fragen. Auch mich beschäftigt mehr das kulturelle Muster, die Macht der Umma, die in diesem Ritus deutlich wird, und die Vorstellung von Männlichkeit, die damit immer wieder fortgeschrieben wird. Mein kleiner neunjähriger Neffe, der tagelang breitbeinig mit einem weit vom Körper gehaltenen Nachthemd zwischen den Frauen herumlief, entsprach so gar nicht dem mit Schmerzen und Blut ausstaffierten männlich-heroischen Bild, das mit der Beschneidung verbunden wird. Das war kein »Held«, der da auf unsicheren Beinen durch die Gegend wankte, sondern nur ein gepeinigtes Menschenkind.

Allahs Prüfung

Zu einer Zeit, wenn der Heranwachsende vielleicht gerade anfängt, seinen Körper zu entdecken, einen eigenen Willen und eigene Vorstellungen vom Leben zu entwickeln, wird seine Persönlichkeitsentwicklung durch eine Lektion gebrochen, die er ohne jede Erklärung erteilt bekommt: dass er sich zu fügen hat, wenn die Erwachsenen ihm Schmerz zufügen, dass Gott ihm Prüfungen auferlegt, die es zu bestehen gilt – oder er ist ein Nichts, weder Muslim noch Mann noch Teil der Gemeinschaft.

Was die schändliche Tradition der Beschneidung bei Mädchen anrichtet, darüber wissen wir einiges, nicht zuletzt durch die Bücher von Ayaan Hirsi Ali und Waris Dirie. Trotz dieser Aufklärung hält beispielsweise die Islamische Union Münster die Mädchenbeschneidung immer noch für geeignet, die »Begierde der Frauen zu mäßigen«, und ich fürchte, diese Auffassung wird von vielen Muslimen geteilt. Die Genitalverstümmelung von Mädchen ist durch den § 242 Strafgesetzbuch verboten. Warum gilt die Beschneidung nur bei Mädchen als Körperverletzung? Artikel 2 unseres Grundgesetzes sichert jedem das »Recht auf Leben und körperliche Unversehrtheit« zu. Grundrechte dürfen nicht durch ein wie auch immer begründetes Gewohnheitsrecht, durch eine orientalische Sitte außer Kraft gesetzt werden.

Die schmerzhafte Erfahrung von Verlust und Erniedrigung wird zur »guten Sache«, weil in der eigenen Gemeinschaft gesellschaftlich anerkannt. Die Beschneidung ist ein Ritual, mit dem die türkisch-muslimische Gemeinschaft sich ihrer selbst als Kollektiv vergewissert – in der Migration zugleich eines der Unterscheidungsmerkmale gegenüber den Unbeschnittenen, den Ungläubigen. Mit der Beschneidung wird jeder einzelne Junge in die Umma aufgenommen und ihr zugleich unterworfen. Nicht er selbst kann über seine körperliche Unversehrtheit entscheiden, sondern ein übergeordnetes soziales System, die Umma, tut das für ihn. Er ist kein Individuum, das sich selbst gehört, sondern ein Sozialwesen, das einer Gemeinschaft gehört. Dieses Lebensmuster wird er verinnerlichen und auch in weiteren Lebensphasen immer wieder zu spüren bekommen.

Ein unbeschnittener Mann dürfte keine muslimische Frau heiraten, nach Auffassung der traditionellen Muslime würde er sie beschmutzen. Erzähle ich muslimischen Frauen, dass mein Mann nicht beschnitten ist, sind sie fassungslos – sie ekeln sich geradezu. Vor einiger Zeit fragte ich eine meiner Studentinnen: »Kannst du dir vorstellen, einen Deutschen zu heiraten?« Da antwortete sie: »Warum soll ich einen schmutzigen Mann nehmen, wenn ich in meinem Kulturkreis saubere Männer um mich herum habe? Dort gibt es genug Auswahl.« »Aber Gott hat doch den Männern auch die Vorhaut gegeben, warum soll man ein Gottesgeschenk abschneiden?« Sie erwiderte: »Gott hat den Männern dies als Prüfung auferlegt. Wer sich weigert, dieses Opfer zu bringen, fügt sich auch sonst nicht Gottes Willen.« In vielen Gesprächen habe ich immer wieder erfahren müssen, dass die Muslime der festen Überzeugung sind, Allah selbst lege den Männern diese Schmerzen auf. Geadelt werden die Schmerzen dadurch, dass man Höheres erwirbt. Wer die Prüfung besteht, dem wird bedeutet: Du bist anders, du bist besser als die Ungläubigen.

Die Psychiaterin Janet Menage hat den durch die Beschneidung verursachten seelischen Schaden als »gesellschaftlich sanktionierten Missbrauch« bezeichnet, der eine nachhaltige Traumatisierung hervorrufe. Die Geborgenheit, die Sicherheit, das Vertrauen, das Kinder in diesem Alter ihren Eltern überwiegend entgegenbringen, wird durch ein anderes »Lebensmuster« ersetzt – sie empfinden Ohnmacht und Verrat. Traumata aber sind nicht zu bewältigen, von Kindern so wenig wie von Erwachsenen, sie werden eingefroren und verdrängt. Was nicht der Arbeit der Erinnerung und damit auch der Veränderung zugeführt werden kann, lebt in einem fort und zwingt zur Wiederholung. Das erklärt vielleicht auch, warum diese Tradition immer weiter fortleben kann.

Von Prinzen und Verlierern

Von den Müttern werden sie wie Prinzen verhätschelt, von den Vätern alleingelassen und auf die Straße geschickt – ohne wirkliches Zuhause, getrennt vom anderen Geschlecht, imitieren die heranwachsenden Söhne die Macht der Paschas und üben sich in Frauenverachtung. Sie demonstrieren Stärke, als stemmten sie sich mit ihrer jugendlichen Kraft dagegen, als Verlierer zu enden. Und doch beginnt ihr Leben als Mann manchmal mit einem Sturz vom Startblock.

Im Osmanischen Reich war es lebensgefährlich, Prinz zu sein. Die Sultane des Hauses Osman sicherten ihre Herrschaft nicht wie die europäischen Herrscherhäuser durch Heiratspolitik, sondern rekrutierten ihre Herrscher aus den eigenen Reihen. Die Auswahl unter den vielen Prinzen, von denen einer Nachfolger des herrschenden Sultans werden würde, war groß, die Konkurrenz auch. Im Sultansharem wurden *Cariyes*, Konkubinen, manchmal zu Hunderten gehalten, um von der Sultansmutter, der *valide sultan*, dem Herrscher zugeführt zu werden. Gelang es einer dieser Konkubinen, *haseki sultan*, Lieblingsfrau des Sultans, zu werden, durfte sie sich Hoffnung machen, dass ihr Sohn nach dem Tod des Vaters den Thron besteigen würde. Aber alle Konkubinen-Mütter trachteten danach, den eigenen Sohn als Sultan zu sehen, schließlich wurden sie selbst dann Sultansmutter. Aber erst einmal mussten Mutter und Sohn die Haremsintrigen überleben. Oft verließen sie deshalb das gefährliche Serail und quartierten sich außerhalb ein, um vor der mörderischen Konkurrenz besser geschützt zu sein. Die Prinzeninseln im Marmara-Meer in der Nähe von Istanbul waren ein solcher Flucht- und Verbannungsort. Damit Murat III. 1574 Sultan werden konnte, musste seine Mutter Nurbanu die anderen fünf rechtmäßigen Söhne seines Vaters Selim II. aus der Welt schaffen. Sie ließ die Brüder nachts von ihren Häschern fangen, in Säcke nähen und vom Topkapi aus in den Bosporus werfen. Sie »ertranken« im Meer. Eine für die damalige Zeit nicht ungewöhnliche Art der Herrschaftssicherung.

Die Könige des Beckenrands

Sommer 2005. Die türkischen Jungen im Prinzenbad, einem Freibad in Berlin-Kreuzberg, werden diese Überlieferung kaum kennen, aber sie spielen am liebsten »ertrinken«. Ihr größtes Vergnügen besteht darin, sich möglichst spektakulär vom Startblock zu stürzen, so als würden sie direkt vom Topkapi-Felsen in den Bosporus fallen. Bauchklatscher, Arschbombe, Köpper, Schraube oder Überschlag, alles wird dabei eingesetzt. Dabei wird miteinander konkurriert, gedrückt, gejagt, untergetaucht. Ein ernster Spaß, denn es geht, im bildlichen Sinne, um oben und unten. »Unten« sind ausschließlich die Kleineren. Sie werden »erschossen«, sie stehen mit dem Rücken zum Wasser auf dem Startblock, bis sie fiktiv am Kopf oder im Bauch getroffen werden, dann lassen sie sich dramatisch ins Wasser plumpsen. Sie selbst dürfen es allerdings nicht wagen, einen Abi oder einen Jungen aus einem anderen Familienverband ins Wasser zu schubsen. Denn das würde Ärger geben, ein Abi würde es nicht zulassen, dass einem seiner Brüder etwas geschieht.

Die »Prinzen« treten meist in Gruppen auf, vier bis sieben

Jungen zwischen sechs und sechzehn Jahren, die zusammengehören, meist Brüder, zumindest Cousins, die alles gemeinsam machen. Was sie machen, bestimmt der Abi, der Älteste. Man geht gemeinsam zum Springen, isst gemeinsam, liegt gemeinsam auf dem Handtuch. Alle tragen weite Shorts, vom Bauchnabel abwärts bis zu den Knien, keiner trägt eine enge Badehose. Die Kinder unterhalten sich nicht, sie scherzen auch nicht, sondern sie schreien (auf Türkisch): »Spring, oder ich fick dich«, »Ich fick deine Mutter«, so als bestünde Türkisch für diese Jungen nur aus diesen Wörtern.

Die Abis sind die Könige des Beckenrands. Sie sehen den deutschen Mädchen nach, kontrollieren mit routiniertem Griff den Sitz ihres Genitals, erteilen den Kleinen gnädig Genehmigungen zu springen oder auf die Toilette zu gehen. Der eigene Rang wird durch ständige Kontrolle der Jüngeren unterstrichen. Manchmal springen auch die Abis, das ist aber eher selten, denn wer springt, könnte eine schlechte Figur machen, und das wäre ein Gesichtsverlust. Eine gute Figur zu machen ist wichtig. Als die Aufsicht per Lautsprecher darauf hinweist, dass das Springen vom Beckenrand verboten ist, geht einer der Abis zum Turm und sagt zur Bademeisterin: »Musst nicht rufen, ich klär das!« – nur nicht die Kontrolle verlieren oder in Gefahr geraten, als ein Türke dazustehen, der seine Sippe nicht im Griff hat.

Deutsche Jugendliche sieht man nicht. Das Prinzenbad ist fast eine von deutschen Jungen befreite Zone, zumindest sind die jungen Türken Herren der Lage. Die deutschen Jungen haben hier auch gar keine Chance, denn sie sind meist allein oder mit einem Freund unterwegs, die Türken in der Regel im Familienverbund. Und wenn es zum Streit kommt, hilft ein Türke dem anderen Türken. Und es kommt schnell zu eskalierenden Auseinandersetzungen, die meist handgreiflich enden. Ein fixierender Blick im falschen Moment, und schon ist das berühmte »Was guckst du?« oder »Willst du mich anmachen?« zu hören. Wer darauf reagiert, hat schon verloren, denn dann wird Stärke demonstriert und »Respekt« eingefordert. Für die türkischen Jungen geht es dabei um Grundsätzliches, um Terraingewinne – auf dem Startblock im Freibad, auf dem Bolzplatz, an der Bushaltestelle –, so als müssten sie einen Krieg gegen die Deutschen gewinnen.

Im Freibad Pankow, im Osten der Stadt gelegen, gibt es eine lange Rutsche. Es vergnügen sich dort etwa fünfzig Kinder unterschiedlichen Alters, darunter etwa sieben oder acht türkische Jungen. Der Älteste von ihnen hat großen Spaß daran, die Rutsche auf der Hälfte der Strecke zu blockieren. Die anderen rauschen auf ihn drauf. Die Ampel springt auf Rot, niemand kann mehr rutschen, und so entsteht oben auf der Plattform ein bedrohliches Gedränge. Es dauert einen Moment, bis der Bademeister die Situation erfasst. Er ruft und pfeift, der türkische Junge lässt los und rutscht ins Becken. Als der Bademeister ihn zur Rede stellt, empört er sich. »Ich hab nichts getan. Die anderen sind schuld, ich musste stoppen, sonst wäre ich auf die draufgeknallt.« Im Nu sind alle türkischen Jungen um ihn versammelt und reden und schreien auf den Bademeister ein. Der weiß gar nicht, wie ihm geschieht und wie er auf diese massive Bedrängung reagieren soll. Was er auch sagt, er erntet lauten Protest der Umstehenden. Die Auseinandersetzung endet damit, dass der Bademeister nach einer Viertelstunde aufgibt und warnt, die Rutsche zu sperren, wenn es noch einmal zu einem solchen Vorfall kommt.

Zufrieden zieht der Abi ab. Er hat erreicht, was er wollte. Erstens hat er sich von dem Deutschen nichts sagen lassen. Zweitens ist er jetzt Herr über die Rutsche; wenn er es darauf anlegt, wird sie geschlossen. Und drittens hat er den Kleinen gezeigt, wie man es macht. Die sind stolz auf ihn und haben wieder einmal etwas für das Leben gelernt.

Für Mädchen verboten

Auftritt Rosi. Rosi ist deutsch, vielleicht vierzehn, blond. Sie trägt einen knappen rosa Bikini. Rosi stellt sich zu den Jungs und lächelt. Die stupsen sich an, ihre Sprünge werden waghalsiger, die Abis korrigieren unauffällig den Sitz der Haare und der Hose. Einer der kleinen Jungen spritzt Rosi nass. Sie kreischt routiniert und tänzelt davon. Erst vier, fünf, dann fast zehn kleine Jungs ihr hinterher. Ihre Abis folgen. Rosi beginnt zu laufen, läuft um das Becken herum. Dort steht ihr Freund im Wasser, und der ist mit einem Satz draußen, auch er ein Türke, älter und kräftiger als auf den ersten Blick erkennbar. Er stellt sich neben »seine« Rosi. Die kleinen Strolche stoppen entsetzt, drehen um und ergreifen die Flucht, an ihren älteren Brüdern vorbei. Rosis Freund atmet tief ein, geht auf die Abis zu und stellt sie zur Rede. Sie haben es gewagt, seinen Besitz zu belästigen, da ist Präsenz gefragt. Die Abis halten Abstand, wiegeln ab und ziehen davon. Rosi hängt sich hüftschwingend an ihren Galan und triumphiert.

Eine türkische Ayshe könnte sich ein solches Verhalten nicht ohne weiteres erlauben, es sei denn, sie wäre außer Sicht- und Hörweite ihres weiteren Familienkreises, was kaum vorkommt, denn irgendwo ist immer ein Verwandter oder ein Bekannter, der jemanden kennt und der es weitererzählen könnte. Ihre Brüder würden ihr Ansehen verlieren, wenn ihre Schwester sich im Bikini und gar mit einem Jungen zeigen würde. Aber in der Regel wird eine türkisch-muslimische Ayshe ohnehin nicht im Freibad zu finden sein, mag der Sommer noch so heiß sein. Nur die ganz jungen Mädchen, die sechs oder sieben, höchstens neun Jahre alt sind, dürfen noch schwimmen gehen. Alle älteren Mädchen der strenggläubigen Familien gehören ins Haus. Draußen wären sie nicht vor fremden Blicken und Avancen geschützt, die die »Ehre« der Familie gefährden könnten.

»Schlampe« oder »Hure« ist der gängige Ausdruck für Mädchen, die es wagen, sich »rumzutreiben«. Meine Mutter stand immer am Fenster, wenn sie wusste, dass die Schule aus ist. Spätestens zwanzig Minuten später musste ich zu Hause sein, sonst gab es Ärger. Draußen spielen, bummeln oder schwimmen gehen kam für mich als Teenager nicht mehr in Frage, denn in der Küche wartete schon Hausarbeit auf mich. Es dauerte nicht lange, bis andere türkische Frauen aus der Nachbarschaft zum Tee kamen, die ich bedienen durfte. Auch heute geht es vielen türkischen Mädchen nicht anders. Ungeduldig werden sie mittags von ihren Müttern und Großmüttern erwartet und mit Hausarbeit zugeschüttet. Zeit für Schularbeiten haben sie oft erst abends, wenn der Besuch gegangen und die Arbeit erledigt ist. Ihre Mütter stört das nicht. Nicht dass die Tochter etwas lernt, sondern dass sie vor den anderen Frauen eine gute Figur macht, dass sie sich als fügsam, geschickt und höflich erweist, ist ihnen wichtig. Während die Mutter sich im Wohnzimmer mit den Freundinnen unterhält, serviert die Tochter Tee und Börek. Je besser sie das kann, desto stolzer ist die Mutter. Vielleicht ist unter den Besucherinnen ja auch eine, die eine Braut sucht.

Der Frau, und das ist nach traditionellem muslimischem Verständnis jedes Mädchen, das seine erste Regelblutung hatte, wird in dieser Kultur misstraut. Sie ist es, die *fitna*, Unruhe, unter die Männer bringt. Die Frau ist von Natur aus verführerisch und muss kontrolliert, weggesperrt oder unter das Kopftuch gesteckt werden, was die Mädchen dann oft, aus Gründen der Selbstachtung, den anderen als »freiwilligen Entschluss« verkaufen. Sie »möchten beide Welten, in denen sie leben, unter einen Hut bringen«, erklärte mir eine der türkischen Initiatorinnen des Mädchentreffs MaDonna im Berlin-Neuköllner Rollbergviertel. »Konflikte versuchen sie möglichst zu vermeiden. Sie drehen den Spieß einfach um: Alles, was man ihnen verbietet, wird nach außen als eigene Entscheidung verkauft. So stoßen sie nicht auf Widerstände. Ihre Eltern haben eine bestimmte Vorstellung von den Deutschen – die haben in ihren Augen sexuelle Freiheit und einen eigenen Willen, und das wollen sie für ihre Töchter nicht.«

Es ist zwölf Uhr mittags. Das Strandbad Wannsee im Westen der Stadt ist voll. Im Nichtschwimmerbereich tobt ein knappes Dutzend türkischer Jungen. Auch sie spielen »ertrinken« und schreien sich an. Jeder zweite Ruf lautet (auf Türkisch): »Ich fick dich, ertrink endlich.« Sie versuchen, sich gegenseitig unterzutauchen, auf den anderen draufzuspringen und ihn umzureißen. Auf die ständigen Ermahnungen des Bademeisters hören sie nicht.

Ich sehe, wie eine junge Türkin ins Wasser gehen will. Sofort rennt einer der Jungen auf sie zu und schreit (auf Türkisch): »Zurück, aber marsch!« Alle Blicke wandern zu dem Mädchen, das stehen bleibt. Vielleicht ist es seine Schwester oder eine Cousine. »Ich bring dich um, wenn du nicht sofort nach draußen gehst!« Das Mädchen gibt auf und verlässt das Wasser. Der Junge dreht sich um und wird von seinen Kameraden mit Beifall bedacht. Kurze Zeit später kommt das Mädchen doch wieder, zusammen mit seiner Lehrerin, vermute ich. Der Junge schreit wieder, aber diesmal kehrt das Mädchen nicht um, und er gibt auf.

Vor zwei Wochen hat das neue Schuljahr begonnen: Zwei siebte Klassen einer Gesamtschule aus Berlin-Moabit sind, jeweils mit 25 Jugendlichen, für drei Tage in einem Schullandheim am Wannsee einquartiert, um sich gegenseitig kennen zu lernen. Von den 50 Schülerinnen und Schülern sind etwa 35 muslimische Jungen und Mädchen, 15 Mädchen tragen Kopftuch, ein langes Gewand und eine lange Hose, auch am Strand. Fünf von ihnen sind streng muslimisch gekleidet, mit eng gebundenem Kopftuch, langem schwarzen Mantel, einer langen Hose und einem langen Rock darüber. Es ist brütend heiß, und als sie es in ihrer Kleidung nicht mehr aushalten, ziehen sie sich auf die Treppe in den Schatten zurück.

Als eine der »Verschlossenen« den Schatten verlässt und bei einem Lehrer vorbeikommt, fragt er: »Ist es denn nicht erlaubt, wenigstens am Strand etwas Luftigeres anzuziehen? Es ist doch so heiß.« Daraufhin sieht sie ihn unwirsch an und sagt: »Ich tue das, was mein Glauben mir sagt, Herr Müller. Das ist meine Sache. Ich liebe meinen Allah, und mir macht das nichts aus. Sie müssen mich nicht bemitleiden.«

Allah schützt vor Sonnenbrand

Fünf oder sechs Jungen sitzen bei einer Lehrerin. Auch sie haben sich nicht ausgezogen, sie tragen Jeans, T-Shirt und Pulli. Als ein Junge sich sein Hemd auszieht und nur im ärmellosen Unterhemd dasitzt, sagt die Lehrerin zu ihm: »Creme deine Arme ein, sonst bekommst du einen Sonnenbrand.« Der Junge sieht sie irritiert an, weist dann auf sein Amulett, das er um den Hals trägt, und sagt: »Frau Meier, ich trage den Koran bei mir. Mich beschützt Gott, ich brauche keine Creme.« Frau Meier fragt die anderen Schüler: »Habt ihr auch so ein Amulett und wollt euch deshalb nicht umziehen?« Alle greifen in ihre Hemden und zeigen ihre Halsketten. Einer sagt: »Das ist mein Allah, das trage ich, seit ich auf der Welt bin.«

Eine andere Lehrerin sitzt mit den Mädchen in einer Gruppe. Plötzlich kommt der Junge, der vorher seine Schwester am Baden hindern wollte, aus dem Wasser gerannt und lässt sich vor der Lehrerin in den Sand fallen und schreit: »Krampf, Krampf, Krampf!« Die Lehrerin beginnt, seine Beine zu massieren. Er sieht zum Wasser und macht mit den Fingern das V-Zeichen. Seine Kameraden johlen.

Eine der verschleierten Schülerinnen geht zu dem Lehrer und sagt: »Wir möchten nicht mehr hierbleiben. Dürfen wir zurückgehen?« Er fragt: »Warum?« Sie sagt: »Uns ist das hier alles sehr peinlich. Außerdem wollen wir hier gar nicht sein.« »Das verstehe ich nicht«, sagt der Lehrer. »Wir sind zusammen gekommen, und wir werden auch gemeinsam zurückgehen.« – »Ach«, sagt die Schülerin, »Sie finden es doch nur nicht in Ordnung, dass ich verschlossen bin. Ich merke das schon die ganze Zeit. Wir wollen hier nicht bleiben, lassen Sie uns wenigstens spazieren gehen.« Der Lehrer gibt auf: »Na gut, aber um Punkt zwei am Häuschen.«

Ich gehe auf die Gruppe zu und frage eins der Mädchen: »Warum gehst du nicht ins Wasser?« Das Mädchen erzählt mir, seine Eltern hätten die Übernachtung im Schullandheim erlaubt, nicht aber schwimmen zu gehen, aber das wisse sie auch selbst. »Ich kann selbst auf mich aufpassen. Ich brauche keinen Aufpasser mehr.«

Einige Tage später rufe ich in der Schule an und frage nach, ob es Anträge auf Befreiung vom Schwimmunterricht gebe. Früher gab es die, sagt mir die Schulsekretärin, aber seit so viele Schülerinnen Kopftuch trügen, würden sie gar nicht mehr fragen. Es werde einfach akzeptiert, dass die nicht schwimmen gehen. Als ich frage, ob es Begründungen dafür gebe, dass sogar Jungen nicht mitschwimmen würden, antwortet sie: »Wissen Sie, wir haben so viele andere Probleme, das ist nun wirklich kein Thema.«

Ich habe im Sommer und Herbst 2005 mit einer Reihe von Lehrern über die Beteiligung von muslimischen Jungen und Mädchen am Sport-, Schwimm- und Sexualkundeunterricht gesprochen. Vor allem an Schulen, die von mehr als fünfzig Prozent Migrantenkindern besucht werden, war ein gemeinsamer Sport- bzw. Schwimmunterricht in vielen Fällen nicht mehr »durchsetzbar«, Klassenfahrten schon gar nicht. Mich ärgert und verstört ein solches Zurückweichen vor der »Muslimisierung«. Abgesehen von dem pädagogischen Debakel ist das auch aus emanzipatorischen Überlegungen eine Katastrophe. Unsere Gesellschaft lebt davon, dass Jungen und Mädchen gemeinsam aufwachsen, dass sie lernen, miteinander umzugehen. Klassenfahrten, Sport- und Schwimmunterricht sind ein kleiner, aber wichtiger Baustein, mit dem junge Menschen selbständige soziale wie körperliche Erfahrungen machen können – warum sollten wir dies aufgeben?

Last Exit Veddel

Nach außen geben sie sich cool und lässig, und wenn sie irgendwo auftreten, verlangen Kenan, Faruk und Senol, drei junge türkischstämmige Männer aus Hamburg-Wilhelmsburg und der Veddel, »Respekt«. Ihre Freunde sind das Wichtigste in ihrem Leben. Über alles andere zerbrechen sie sich nicht den Kopf, denn das wird von ihren Familien für sie entschieden.

Die auf Elbinseln gelegenen Stadtteile Hamburg-Wilhelmsburg und Hamburg-Veddel sind eng mit der Geschichte der Migration seit Mitte des 19. Jahrhunderts verbunden. Von hier aus brachen Millionen von Menschen zwischen 1850 und 1934 nach Amerika auf, die meisten von ihnen russische und polnische Juden, die auf der Flucht vor Hunger, Verfolgung und mörderischen Pogromen waren. Die von Generaldirektor Albert Ballin und seiner 1847 gegründeten Hapag (Hamburg-Amerikanische Packetfahrt-Actien-Gesellschaft) gebaute »Ballinstadt« war die letzte Station der Migranten, bevor sie nach Ellis Island kamen, einer kleinen Insel im Hudson River vor New York, dem Tor nach Amerika. Die Einwanderer wurden dort nicht nur auf Krankheiten und unamerikanische Ideologien untersucht, sondern mussten auch einen Bürgen beibringen, der garantierte, dass der neue US-Citizen dem Staat nicht zur Last fallen würde. Ab 1924 wurde das »Goldene Tor« nach Europa verlagert, nun prüfte man bereits in Hamburg-Wilhelmsburg, ob aus einem Russen, einem Polen oder einem Deutschen ein Amerikaner werden durfte. 1934 wurde das »Tor« geschlossen, die Auswandererhäuser verfielen.

In der zweiten Hälfte des 20. Jahrhunderts wurden die Veddel und Wilhelmsburg zum Ziel anatolischer Migranten, die beide Stadtteile nachhaltig veränderten. Hatten hier, in den klassischen Arbeiterbezirken, dicht am Hafen und an den Industrieanlagen in Harburg gelegen, während der Weimarer Republik noch die Kommunisten den Ton angegeben, so ließ der ökonomische Strukturwandel die deutschstämmige Bevölkerung schrumpfen. In die billigen Sozialwohnungen in den Klinkerbauten zogen bald überwiegend türkische Migranten. 64 Prozent der Bewohner der Veddel, 37 Prozent der Wilhelmsburger sind Migranten. Mit 25 Prozent Einwohnern unter 18 Jahren ist die Gegend der jüngste Stadtteil Hamburgs. Trotz der mehr als dreißig Sprachen, die hier gezählt wurden, stellte sich ein Multikultigefühl auf der Veddel nie ein. Die dominante Umgangssprache war bald Türkisch, man kauft in türkischen Läden, sieben Moscheen stehen hier, und kurdische und türkische Männercafés zogen in die alten Eckkneipen ein. Früher als anderswo bildete sich auf den Elbinseln das heraus, was ich eine »Parallelgesellschaft« nenne.

Als der Norddeutsche Rundfunk Ende 2003 eine Reportage von Rita Ulrich-Knobel mit dem Titel »Nix Deutsch – eine Schule kämpft für die Integration« ausstrahlte, die die Schulsituation von Migranten kritisch unter die Lupe nahm und zugleich eine ungeschminkte Beschreibung der Entfremdung türkischer Muslime von der deutschen Gesellschaft gab, empörten sich die Vertreter der Bürgervereine über den schlechten Eindruck, den der Film von ihrem Stadtteil vermittelte. »Zwanzig Experten des Lebens auf der Veddel« – »Elternvertreter, Lehrerinnen, Schülerinnen sowie Mitarbeiter der Stadtteilbüros und Sozialeinrichtungen« – kritisierten die »apokalyptische Perspektive der Filmemacherin«, klagten über Missverständnisse und über den »skandalisierenden Duktus« der Reportage und waren sich einig, »dass der Film die Gräben zwischen den Bewohnern der Veddel vertieft«.

Ich habe dort seit 1997 immer wieder mit türkischen Jugendlichen gesprochen, am Unterricht in der Gesamtschule Wilhelmsburg teilgenommen und das Leben in diesem Stadtteil beobachtet. Hier hat sich eine Gesellschaft herausgebildet, die in weiten Teilen längst von Lebensmustern bestimmt wird, die nur wenig mit einer aufgeklärten Zivilgesellschaft gemein haben. Meine Gespräche mit drei türkischen Jungen aus diesem Stadtteil veranschaulichen das, mit denen ich über Erziehung, Zukunftspläne und Weltsicht gesprochen habe.

Die »Kumpels«

Kenan ist siebzehn Jahre alt und in Wilhelmsburg geboren. Er geht in die neunte Klasse einer Gesamtschule. Seine beiden älteren Brüder wurden mit Frauen verheiratet, die die Eltern als Importbräute aus der Türkei geholt haben. Als Kenan eingeschult wurde, konnte er kein Deutsch. Noch heute, so sagt er, bereite ihm das Lesen und Schreiben Schwierigkeiten. Trotzdem gehe er gern zur Schule, denn dort treffe er seine »Kumpels«, mit denen er in den Pausen und nach der Schule herumhänge – »perfekt« sei das. Vermutlich werde er den Hauptschulabschluss nicht schaffen, dann würde es wohl auch nichts mit einer Lehre, aber sein Cousin habe einen Baubetrieb, dort könne er helfen.

Sein »Kumpel« Faruk aus der achten Klasse ist ebenfalls siebzehn. Deutsch spricht er nur in der Schule, mit Kenan einen deutsch-türkischen Mischmasch, zu Hause wird Türkisch gesprochen. Faruk traut sich zu, den Hauptschulabschluss zu schaffen, und möchte danach auf die Handelsschule gehen.

Senol ist sechzehn und will unbedingt »den Real machen«, den Realschulabschluss, damit er eine Lehre als Hotelfachmann aufnehmen kann. Auch er konnte, als er eingeschult wurde, kaum Deutsch. Zu Hause und mit seinen Freunden spricht er überwiegend Türkisch. An der Schule sei ihm am wichtigsten, dass er dort mit seinen »Kumpels Spaß hat«.

Die Schule scheint für diese Jungen nur eine Nebenrolle zu spielen, ihre Eltern sehen das nicht anders, erfahre ich später. Der Sohn soll zur Schule gehen, damit er nicht »nur« auf der Straße ist. Viele muslimische Eltern fürchten den »schlechten Einfluss«, unter den ihr Sohn auf der Straße geraten könnte, aber da er zu Hause keinen Platz hat und sich ohnehin niemand für seine Schulprobleme interessiert, ist er nach Schulschluss gleich wieder draußen. Faruk erzählt, dass er nach der Schule zu Hause seine Tasche ablege und danach im Haus der Jugend mit seinen Kumpels Billard und Tischtennis spiele oder Filme anschaue. »Mit der Familie mache ich gar nichts«, erzählt er. Dienstags und donnerstags sei Fußball dran. »Wir wollten mal eine Reise machen, aber die Sozialarbeiter haben von unserem Geld lieber eine große Leinwand gekauft. Das fand ich schlimm.« Eine Reise mit seinen Eltern zu unternehmen liegt für Faruk außerhalb seiner Vorstellungswelt.

Kenan geht nach der Schule auch in das Haus der Jugend, da lernt er Kickboxen und macht Fitnesstraining. An den Wochenenden ist er mit seinen Freunden in der Disko. Sie seien bekannt als »harte Jungs«, das sei ein Vorteil, vor allem wenn es eine Schlägerei gebe. Wenn ein Deutscher höre, dass er es mit Türken zu tun habe, gehe er schon gleich auf Abstand. Wenn Faruk gemeinsam mit den Kumpels aus Wilhelmsburg über die Reeperbahn ziehe, dann hätten alle Respekt vor ihnen.

Mit vier, fünf und neun Jahren wurden Kenan, Faruk und Senol in die Koranschule geschickt. »Wir holen die Kinder von der Straße«, sagt mir ein Vorbeter in der Moschee in Wilhelmsburg, »sonst würden sie kriminell werden.« Dort wird ihnen beigebracht, wie man betet und den Koran liest. »Der Hodscha war sehr streng«, erzählt Kenan, »wenn man nicht aufmerksam zuhörte, gab es Ohrfeigen.« Nachmittags auch noch Arabisch zu sprechen, als er noch gar nicht richtig Deutsch konnte, das habe ihn überfordert, gesteht er ein: »Ich habe nichts begriffen.«

Faruk war in den Sommerferien für sechs Wochen in der Zentrumsmoschee am Hamburger Hauptbahnhof in einem Internat untergebracht, wo die Schüler täglich beteten und den Koran lasen. Von morgens um acht bis nachmittags um siebzehn Uhr wurden sie unterrichtet, zwischendurch spielten sie Fußball. Die Eltern der drei Jungen sind religiös, alle waren bereits in Mekka zur Hadsch. Senol meint, in der Koranschule habe er gelernt, wie ein richtiger Muslim leben müsse, das wisse er nun. Und irgendwann würde er »damit«, mit der Befolgung der religiösen Pflichten, auch anfangen, allerdings, fügt er nach einigem Zögern hinzu, weil seine Eltern das wollten. Auch Faruk betet derzeit nicht, aber er habe gelernt, dass er niemals vergessen dürfe, dass er ein Muslim sei. Alle drei halten die religiösen Regeln nicht ein. Sie seien *delikanli*, hätten verrücktes Blut, sprich: Sie seien in der Pubertät. Er wisse schon, sagt Faruk, dass das Sünde sei, aber erst müsse er sich austoben, das würden auch die Eltern akzeptieren. Denn wenn er heirate, meint er, sei ohnehin Schluss damit, dann wolle er wie ein echter Muslim leben. Das bestätigt auch Kenan, spätestens wenn er verheiratet sei, wolle er »damit« beginnen. Als ich Faruk frage, wann er denn heiraten möchte, sagt er: »Ich möchte nicht so schnell heiraten, vielleicht in einem Jahr, wenn die Richtige kommt.« Dann ist er achtzehn Jahre alt.

Welche religiösen Regeln ihnen denn wichtig seien, möchte ich wissen. Dass man als Jungfrau in die Ehe gehe, meint Kenan, auch die Männer müssten das eigentlich tun, aber daran würde sich hier niemand halten. Daran sei Deutschland schuld, denn hier seien die Menschen so verdorben. Für Senol ist es wichtig, dass eine Frau ein Kopftuch trägt, aber viele würden das nicht freiwillig machen. Es komme nicht aus ihrem Herzen, das habe er beobachtet. Besonders wenn die Väter schon in Mekka waren, müssten die Töchter Kopftücher tragen, sonst sei der Vater ja kein Hadschi. Auch die Ehre müsse ein Mädchen rein halten, das heißt, es dürfe keinen Kontakt zu Männern haben. Eigentlich müssten sich auch die Jungen daran halten. Gott würde alles sehen und jene bestrafen, die sich nicht an Allahs Gebote hielten. Hier und erst recht im Jenseits. Er habe Angst vor Gott, wenn er zum Beispiel allein auf der Straße sei und ein Geräusch höre, dann denke er, das sei bestimmt der Teufel. Um dem vorzubeugen, müsse man alles so machen, wie es von Gott befohlen sei. Aber keiner der Jungen würde das wirklich einhalten, sie seien ja immer unterwegs.

Lebensziel Familienvater

Wie sie sich ihr weiteres Leben vorstellen und was sie nach dem Schulabschluss vorhaben, frage ich. Kenan sagt: »Irgendwann möchte ich heiraten, aber nicht sofort, so in zwei, drei Jahren. Ich möchte eine normale Familie haben, eine schöne Frau, zwei bis drei Kinder.« In der Ehe würde er auch mal seiner Frau helfen, aber nur wenn es notwendig sei, denn eigentlich sei die Hausarbeit ihre Aufgabe. Sie solle auch nicht mehr arbeiten gehen, wenn Kinder kämen, er würde das Geld verdienen. Seine Braut müsse ein ehrbares Mädchen sein, müsse die Kinder gut versorgen, dürfe nicht fremdgehen. Wenn doch, dann wäre es »aus«. Er könne sich auch vorstellen, eine Deutsche zu heiraten, die würde er dann zur Muslima machen.

Für Faruk steht fest: »Ich möchte auf jeden Fall eine Gläubige heiraten. Sie muss Kopftuch tragen, und sie darf nicht rauchen. Ich möchte auch, dass sie bei den Kindern bleibt und nicht arbeitet.« Auf meinen Einwand, es sei doch nicht sicher, dass er eine Lehrstelle oder eine Arbeit bekomme, wie er da schon an Heirat denken könne, sagt er: »Ich möchte für eine Familie sorgen. Ich werde schon arbeiten. Wenn das nicht klappt, macht das nichts. Mein Bruder oder meine Geschwister sorgen schon für mich.«

Für eine Familiengründung und die Versorgung seiner Familie fühlt Faruk sich selbst nicht verantwortlich, dafür sei seine Familie als Ganzes zuständig. Als ich die Jugendlichen nach ihren Zukunftsplänen frage, kommt die Sprache auf das, was die Familie mit ihnen vorhat. Kaum jemand spricht davon zu reisen, sich die Welt anzusehen oder unbedingt einen bestimmten Beruf erlernen zu wollen. Aber sie sprechen »selbstverständlich« davon zu heiraten, sie wüssten zwar nicht, wen, aber dass sie heiraten würden, und zwar möglichst bald, steht für diese türkischen Wilhelmsburger Jungen außer Frage.

Ob er denn seine Kinder so erziehen würde, wie seine Eltern ihn erzogen haben, frage ich Kenan. Er meint, dass er sie nicht so schlagen würde wie sein Vater ihn selbst. Das würde alles nur noch schlimmer machen. Seine Kinder müssten ihn respektieren, das sei schon sehr wichtig. Und seine Söhne sollten lernen, »dass sie Muslime sind«.

Faruk meint: »Mein Vater behandelt uns eigentlich sehr gut, aber wir hören nicht auf ihn. Wenn ich tun würde, was er sagt, dann würde ich auch den Hauptschulabschluss schaffen. Er mahnt immer: Lernt, lernt, lernt. Aber ich hänge immer auf der Straße. Allerdings sagt mein Vater auch nie: Bleib hier. Ich würde mit meinem Sohn sprechen, ich würde ihn fragen, was er so macht, wohin er geht. Aber mein Vater ist trotzdem mein Ideal.«

Die Verlierer

Hinter den Fassaden der nach außen starken Typen – die wie Kenan breitbeinig und betont lässig, in Bomberjacke mit Goldkettchen um den Hals den »Coolen« geben, oder wie der smarte Faruk, der um seine schönen Augen weiß, oder wie Senol, der unsicher ist, ob er mir, der fremden Frau, etwas über seinen Glauben erzählen darf – stecken Jungen, die sich an das Wenige klammern, das ihnen von ihren Eltern vorgelebt wird. Keiner dieser Jungen, obwohl alle drei in Deutschland geboren wurden, ist im Kopf wirklich in der Moderne angekommen, niemand glaubt an ein Leben außerhalb von Wilhelmsburg; selbst ihre Insel verlassen sie nur in der Gruppe. Sie waren im Urlaub im anatolischen Dorf ihrer Eltern, keiner von ihnen hat je Paris oder den Strand von Cuxhaven gesehen. Sie benutzen Handys, als seien sie damit auf die Welt gekommen, bewegen sich eckig wie die Helden ihrer Computerspiele, gucken sich aus Actionfilmen Gesten und Sprüche ab und reden abgehackt in unvollständigen Sätzen, als würde ein Störsender ihre Sprache dekonstruieren.

Diese Jungen haben ihre Lebenskarriere bereits mit einem Fehlstart begonnen. Ihre Eltern konnten oder wollten ihnen kein Deutsch beibringen, weil sie es entweder selbst nicht beherrschten oder es nicht für nötig hielten, dass ihre Söhne die Sprache des Landes beherrschen, in dem sie leben. Sie haben sie auch nicht in den Kindergarten geschickt, wo sie Deutsch gelernt hätten, sondern in die Koranschule. Mehr als den verbalen Appell des Vaters, lernt, lernt, lernt, haben sie nicht für die Bildungskarriere ihrer Söhne getan. Ein Lehrer aus der Türkei, der an der Gesamtschule Wilhelmsburg Türkischunterricht gibt, beklagt die »Bildungsferne« der Eltern, ihre Orientierung auf ihre religiösen Wurzeln, auf ihre nationale Identität als Türken.

Dieses Desinteresse vieler türkischer Migranteneltern an den Zukunftschancen ihrer Kinder zeigt sich früh. Schulärzte stellen oft fest, dass türkische Kinder die notwendigen Impfungen nicht erhalten haben, an denen deutsche Kinder nahezu ausnahmslos teilnehmen. Kinderärzte beobachten an ihren kleinen türkischen Patienten allzu oft motorische Störungen, Seh- oder Hörschwächen oder gar Behinderungen, die hätten verhindert werden können, wenn ihre Eltern die kostenlosen Untersuchungen bis zum zehnten Lebensjahr des Kindes hätten durchführen lassen. Würden Eltern diese Chance nutzen, könnten oft frühzeitig Probleme erkannt werden, die die geistige und körperliche Entwicklung eines Kindes hemmen und seine Befähigung beeinträchtigen, sich mit allen ihm zur Verfügung stehenden Möglichkeiten die Welt zu erobern und zu erarbeiten. Hier ist eine der Ursachen für den mangelnden Schulerfolg vieler Migrantenkinder auszumachen. Der allerdings, so haben meine Untersuchungen gezeigt, kümmert ihre traditionell orientierten Eltern in der Regel wenig. In ihrer abgeschlossenen Welt, in der es auf Gehorsam, auf Dienen und auf Nachahmung ankommt, sind Neugier, Eigenständigkeit, »Welteroberung«, Bildung keine Werte, sondern Gefährdungen ihrer alten Traditionen. »Bildungsferne« scheint mir dafür ein beschönigender und verharmlosender Ausdruck zu sein.

Die drei Jungen von der Veddel und aus Wilhelmsburg werden nach der Schule kaum einen Ausbildungsplatz bekommen, wenn sie überhaupt einen Abschluss erhalten. Sie haben sich in den zehn Jahren auf der Straße einen Umgangston und ein Verhalten zugelegt, das einen normalen Umgang mit ihnen äußerst erschwert. Die kleinen von der Mutter gehätschelten Prinzen haben keine »Zukunftskompetenz«. Noch bevor sie richtig erwachsen sind, haben sie sich freiwillig in ihr perspektivloses Schicksal ergeben und werten dieses auch noch völlig verquer um: »Wer in dieser Welt schlecht lebt, lebt auf der anderen Seite richtig perfekt«, hat Faruk auf der Koranschule gelernt. »Wer hier gut lebt, mit Drogen und so, der wird gestraft werden.«

Diese türkischen und muslimischen Jungen können einem leidtun, denn alle Statistiken und Untersuchungen zeigen, dass sie die »Ungebildeten« von morgen sind, denen es an den wichtigsten Voraussetzungen fehlt, sich im Beruf wie im Leben dieser Gesellschaft zu behaupten. Sie fühlen sich diskriminiert, diskriminieren andere und grenzen sich selbst aus. Sie wissen nicht, wie die deutsche Gesellschaft funktioniert, weil sie und ihre Eltern sich nie dafür interessiert haben. Sie sind die Verlierer. Wenn sie Glück haben, kümmern sich deutsche Sozialarbeiter oder ehrenamtliche Fußballtrainer um sie, damit sie ihren Frust abarbeiten können und ein wenig Selbstachtung behalten.

Wilhelmsburg und die Veddel waren einmal der Ausgangspunkt für den Start in die »neue Welt«. Die Menschen, die sich damals auf den Weg gemacht haben, riskierten Leib und Leben, um in die Freiheit zu kommen. Heute ist es ein Ort, an dem die Freiheit, die diese Gesellschaft zu bieten hat, verraten und verspielt wird. Last Exit Veddel.

Leben ohne Liebe

»Eure Frauen sind euch ein Saatfeld. Geht zu eurem Saatfeld, wo immer ihr wollt«, steht im Koran, Sure 2, Vers 223. Die erlaubte Sexualität ist im Islam der Institution Ehe vorbehalten und hat wenig mit Erotik, aber viel mit männlicher Triebabfuhr und Gewalt zu tun. Die schwülstigen Geschichten über die Erotik des Orients waren immer die Phantasien der Europäer. Das dunkle Kapitel der Frauenverachtung und -misshandlung ist in der türkisch-muslimischen Gesellschaft ein absolutes Tabu. Und wieder wird auch hier viel von den Vätern und ihren Regeln die Rede sein, wenn wir von den Söhnen berichten.

Als Aslan in der Hochzeitsnacht ins Schlafzimmer kam, wollte er alles machen wie im Bordell. Dort war er ein viel gesehener Gast, und die Huren nannten ihn den »Löwen«. Er hatte alles probiert und nie versagt. Er zog sich aus und legte sich ins Bett. Auch seine Frau entkleidete sich und legte sich neben ihn. Sie hatten nichts gegessen, obwohl es üblich war, dass man am Abend vor der Hochzeitsnacht Fleisch und Süßspeisen isst. Aber an dem Tag war es sehr heiß und Aslan sehr aufgeregt. Er bekam keinen Bissen hinunter.

Dann versuchte er, mit seiner Frau zu schlafen. Aber nichts regte sich bei ihm. Vier, fünf Stunden lang versuchte er es – ohne Erfolg. Er bekam Bauchschmerzen und hatte ständig das blutige Laken vor Augen, das er am Morgen abzugeben hatte. Er dachte daran, was sein Vater sagen würde, wenn er den

Beweis seiner Männlichkeit und ihrer Jungfräulichkeit nicht erbrachte. Er würde ihm vorwerfen: »Ich habe mein Ansehen verloren, ich habe mein Gesicht verloren.« Sein Vater würde ihn einen Versager schimpfen. Aslan stiegen die Tränen in die Augen, er bekam kaum Luft, er fürchtete zu ersticken. Und als er den Schrecken im Gesicht seiner Frau sah, rannte er aus dem Raum. Vor der Tür traf er seinen Cousin und bat ihn, das Fenster zu öffnen.

»Was ist los, Aslan?«, fragte der ihn.

»Was soll ich machen? Es klappt einfach nicht.«

Der Cousin schlug die Hände über dem Kopf zusammen und rief: »So eine Schande, jetzt auch noch das.«

Aslan schloss sich auf der Toilette ein und begann zu weinen. Er hatte Angst, dass seine Frau ihn so sehen und einen Schwächling nennen könnte. Die Bemerkung des Cousins hatte ihn tief getroffen. Als er ins Schlafzimmer zurückkam, lag seine Frau steif wie ein Brett im Bett, sah ihn mit kalten Augen an und fragte mit kalter Stimme: »Und wie lange sollen wir jetzt noch warten?« Ihre Worte trafen ihn wie ein Messer. Draußen warteten die Verwandten auf das Laken, und Aslan wusste, es musste etwas geschehen. Er ging hinaus, um mit seiner Tante zu sprechen, denn zu ihr hatte er Vertrauen. Er nahm sie beiseite und sagte: »Ich kann das Laken heute nicht abgeben. Es geht nicht, was soll ich tun?«

Die Tante zischte: »Lass mich mal ran.« Ohne Vorwarnung trat sie ins Zimmer, ging auf die Braut zu, drückte ihr die Beine auseinander und entjungferte sie mit ihrem Mittelfinger. Die Braut schrie. Die Tante riss das blutige Laken vom Bett und ging damit hinaus, um es der Familie zu zeigen.

Nun hatten sie ihr Laken, und Aslans Frau lag mit angezogenen Beinen zusammengekauert im Bett und wimmerte vor sich hin. Auch in den nächsten Tagen rührte sich bei ihm nichts, seine Frau lag stumm da, sah ihn mit kaltem Blick an und wartete ab.

Auch als sie sich nach einigen Wochen auf den Weg nach Deutschland machten, schwiegen sie miteinander. Zwei Jahre sollte dieser Zustand anhalten. Aslan bekam Depressionen, er konnte nicht mehr arbeiten und flüchtete in immer neue Krankheiten. Er wanderte von einem Arzt zum anderen, aber über das eigentliche Problem konnte er mit niemandem sprechen, auch mit seiner Frau nicht. Aber er sei ihr bis heute dankbar, sagte er später, dass sie zu niemandem über sein Problem sprach und er so sein Gesicht wahren konnte. Nur dass sie keine Kinder bekamen, darüber gab es Gerede, und das nutzte auch seine Frau, um ihn ständig unter Druck zu setzen. Er hörte, dass auch sein Vater über ihn redete: »Das ist doch für unsere Familie unüblich, was ist denn da los?«

Aslan bekam Verstopfungen, es bestand Verdacht auf ein Magengeschwür, er bekam Migräne usw. Als er dann endlich bei einer Paartherapie über seine Ehe sprach, konnte er nur Hass und Enttäuschung über seine Frau vorbringen. Sie sei an allem schuld, sagte er, er schimpfte und benutzte die schlimmsten Ausdrücke für sie – dass er sie hasste, dass sie ohnehin nicht sein Typ sei, schon als Kind habe er befürchtet, sie heiraten zu müssen, und dann seien seine Ängste Wirklichkeit geworden. Sie habe einen dicken Po, kleine Brüste, weiße Haut und sei kalt wie ein Eisschrank. Und über sich sagte er, dass er eine zu große Nase habe, die er bald operieren lassen wolle. Er finde sich hässlich und unattraktiv. Vielleicht wäre das Leben einfacher, wenn er ein gut aussehender Mann wäre. Seine Frau dagegen erzählte, sie sei froh, die Hochzeitsnacht überlebt zu haben. Jetzt aber wolle sie nur noch weg aus Deutschland, aus diesem Open-Air-Gefängnis, bevor sie verschimmele und sterben müsse. Sie wolle so schnell wie möglich die Scheidung, doch ihr Mann setze mit allen Mitteln auf die Geburt eines Kindes, erst dann sei er gerettet. So begab sie sich auf die Suche nach einer Frauenärztin, die bei ihr nichts feststellen konnte und ihr riet, zu einem Sexualtherapeuten zu gehen.

Halis Cicek erzählt mir diese Geschichte. Er ist einer der wenigen türkischstämmigen Psychologen in Deutschland. Er hat eine eigene Praxis in Berlin-Kreuzberg und bietet Verhaltens- und Sexualtherapie an. »Meine Patienten sind in der Mehrheit Frauen, ein Drittel sind Männer. Die Frauen kommen vorwiegend wegen Depressionen, Migräne, Dauerschmerzen, Ängsten und weil sie keine Lust auf ihre Männer haben. Sie leiden unter dem Druck, mit ihren Männern schlafen zu müssen. Ich versuche dann, auch mit den Männern darüber zu sprechen«, sagt er. »Wenn Männer in die Praxis kommen, haben sie oft Potenzprobleme. Sie suchen den Fehler bei der Frau – wenn sie nicht so eiskalt wäre, könnte ich ja.«

»Die eigentlichen Gründe aber liegen darin«, sagt Cicek, »dass über ihre Köpfe hinweg bestimmt wird. Sie werden in eine Rolle gezwängt, in eine Situation gebracht, in der sie die Frau vergewaltigen müssen, um ihre Pflicht als Ehemann zu erfüllen. Sie haben es nicht gelernt, und es wird ihnen keine Zeit gegeben, zärtlich miteinander umzugehen. Bei meinen Patienten ist es oft nicht Liebe, die sie zur Hochzeit zusammenführt, sondern die Familien der Brautleute haben beschlossen, dass diese beiden Personen zusammenkommen sollen. Da es nicht ihre persönliche Entscheidung ist, wird der Akt eben verrichtet. Geschlechtsverkehr ist ›Pflicht‹.«

Halis Cicek kann viele solcher Geschichten aus seiner über fünfzehnjährigen Praxis als Sexualtherapeut erzählen, einige sind in einem türkischen Verlag unter dem Titel »Resmen irza gecme« (Die traditionelle Vergewaltigung) erschienen. In diesen Geschichten wiederholt sich immer wieder das Drama des

Scheiterns zweier Menschen – an den verordneten Ehen, an dem Herrschaftsanspruch der Männer und an der Fremdheit der Geschlechter. Aslan und seiner Frau konnte der Therapeut helfen. Er hat mit dem Paar eine Paartherapie durchgeführt. Inzwischen haben sie Zwillinge bekommen.

»Schlagt die Widerspenstigen!«

2005 hat der türkischstämmige Erziehungswissenschaftler Ahmet Toprak eine qualitative Studie über türkische Männer, Zwangsheirat, häusliche Gewalt und über die Doppelmoral der Ehre unter dem Titel »Das schwache Geschlecht – die türkischen Männer« veröffentlicht. Darin gibt er die Antworten von acht Männern unterschiedlichen Alters und sozialer Stellung auf seine Fragen nach ihrem Verhältnis zur Gewalt und zur Sexualität wieder. Sie sind beklemmend: Alle befragten Männer halten es für legitim, ihre Frau zu schlagen, wenn sie sexuell nicht das tut, was von ihr verlangt wird. Die Gewaltanwendung wird oft begleitet von sexueller Erniedrigung und Beschimpfungen. Viele Männer haben ihre prägenden sexuellen Erfahrungen im Bordell gemacht. Beleidigungen wie »Hure«, »Schlampe« sind an der Tagesordnung. Immer geht es um die Befriedigung des Mannes. Er muss Gelegenheit haben, »seinen Saft loszuwerden«. Sexuelle Verweigerung steht den Frauen grundsätzlich nicht zu. Was, so sagt einer der Ehemänner, solle er denn sonst mit seiner Frau machen, wenn nicht Sex?

Woher nehmen die Männer das Recht der Herrschaft über die Frauen? Welche Tradition unterstützt und legitimiert dieses Verhältnis? Um einer Antwort näherzukommen, muss man weit in die Geschichte zurückgehen. Während man im Koran und in frühen islamischen Erzählungen immer wieder davon lesen kann, dass die Frauen Inbegriff des Stolzes, der Schönheit und der Sinnesfreuden sind, wurden sie schon zu Mohammeds Zeit zugleich für Sittenlosigkeit und Korruption verantwortlich gemacht. Mohammed beendete die Zeit der vorislamischen *Dschahiliya*, die Zeiten der Unruhe, indem er eine Reihe von Regelungen zur Stellung der Frau, der Polygamie, des Erbrechts als Offenbarung verkündete. Er verdammte die Göttinnen der hellenistisch beeinflussten Araber, wie zum Beispiel Allat, ein arabisches Pendant zur griechischen Göttin Athene, oder Al-Ozza, die der Venus ähnelte, und Manat, die der babylonischen Göttin des Schicksals glich. Mohammed ließ ihre Tempel schleifen, ihre Symbole zerstören und ihre Wächterinnen ermorden. Der Sieg über die Göttinnen war auch der Sieg des Mannes über die Frau.

Mohammed traute den Frauen nicht. Und er traute dem Mann nicht zu, seine Triebe zu beherrschen. Er trennte die Gesellschaft in die Herrscher und die hinter dem Vorhang und setzte das Patriarchat durch. Für ihn gab es keine Vernunft und keine Selbstkontrolle, sondern nur Triebe, die im Zaum zu halten oder zu befriedigen waren – für die Männer.

In einer seiner letzten Stunden soll der Prophet gesagt haben: »Was die Frauen betrifft, sie sind Gefangene in eurer Hand, (…) die ihr durch Gottesvertrag empfangen habt, deren Schoß euch durch Gottes Wort verstattet ist.« Und im Koran steht, wenn sich eine Frau weigert, ihren »Pflichten« nachzukommen, hat der Ehemann das Recht, diesen Widerstand zu brechen. Sure 4, Vers 34, lautet: »Diejenigen aber, deren Widerspenstigkeit ihr fürchtet, ermahnt sie, meidet sie im Ehebett und schlagt sie!«

Nach Mohammeds Tod machten sich seine Nachfolger und besonders die islamischen Rechtsgelehrten Al-Ghazali und Al-Bukhari daran, diese vorgegebenen Lehren, ganz besonders aber die Unterwerfung der Frau, weiter auszubauen und zu verfestigen. Die sexuellen Freuden seien zwar als Vorgeschmack auf die Paradieswonnen »von Bedeutung, als sie das Verlangen nach dem dauerhaften Genuss derselben im Paradies wecken und so einen Ansporn für den Dienst Gottes bilden«; aber um vor allem den Mann vor der Gefahr der *zina* – des Ehebruchs und der Unzucht – zu schützen, müsse die Ehefrau ihm jederzeit sexuell zur Verfügung stehen. Tue sie das nicht, so »werden die Engel sie bis zum Morgengrauen verfluchen« (Al-Bukhari). Laut Al-Ghazali soll der Prophet einer jungen Frau versichert haben, wenn der Mann seine Frau »begehrt, darf sie sich ihm nicht versagen, auch wenn sie auf dem Rücken eines Kamels säße«.

Gleichzeitig wird der Geschlechtsakt unter frommen Muslimen und in der islamischen Lehre als unrein angesehen; der Gläubige soll deshalb während des Koitus ein Gebet sprechen und sich danach einer Waschung unterziehen. Ein solches Gebet kann lauten: »Mein Gott, wende von mir den Teufel ab und wende den Teufel ab von dem, was er uns beschert.« Der Prophet selbst soll zum Höhepunkt immer laut »Alluhu akbar«, Gott ist groß, gerufen haben und die Frau aufgefordert haben: »Sei ganz still.« Für die Hochzeitsnacht empfehlen die Rechtsgelehrten das Gebet »O Gott, ich bitte dich um das Gute in ihr und um ihre guten Neigungen, die du erschaffen, und ich nehme Zuflucht zu dir vor dem Bösen in ihr und vor den bösen Neigungen, die du erschaffen hast«. Der Geschlechtsakt, der »als unrein gilt«, so die Islamgelehrte und Soziologin Fatima Mernissi weiter, »wird von Riten und Beschwörungen begleitet, die eine gefühlsmäßige Distanz schaffen und die geschlechtliche Befriedigung auf seine elementarsten Funktionen reduzieren: Orgasmus und Fortpflanzung. Die Botschaft des Islam, so schön sie auch sein mag, geht davon aus, dass die Menschheit nur aus Männern besteht. Die Frauen stehen außerhalb der Menschheit und sind sogar eine Bedrohung für sie.« Die sexuelle Revolution ist wie die geistige Aufklärung an der islamischen Welt und ihren Menschen vorbeigegangen.

Die Macht der Väter

Von der Sehnsucht nach Liebe ist sehr viel in den Texten der türkischen Volksmusik zu hören. Sie sind immer tieftraurig und rühren zu Tränen: »O Falke, sie haben sie mir genommen / Nun ist sie die Braut eines anderen / O Falke, nimm mich mit fort, ich kann es nicht ertragen.« Die Wirklichkeit sieht anders aus. Der Vater herrscht in der Familie wie ein Despot auch über die Gefühle seiner Söhne. Er baut sich einen Familienstaat auf, in dem die Söhne seine Ordnungsmacht darstellen. An dieser Aufgabe müssen sie scheitern.

Die Identifikation mit einem, der mir Gewalt antut, ist aus der Forschung zum Verhältnis zwischen Folterer und Gefoltertem bekannt. Der Folterer fühlt sich zu seinem Tun berechtigt, oft sieht er sich auf einer »Mission« zur Verteidigung religiöser Werte. Er herrscht über Körper und Seele seines Opfers. Die traumatische Erfahrung der Ohnmacht, des Ausgeliefertseins veranlasst das Opfer nicht etwa, wie man erwarten könnte, den Täter zu hassen, sondern sich mit ihm zu identifizieren, wenn möglich Nähe herzustellen, ihm zu vertrauen, ja, ihn zu lieben. Überlebt das Opfer die Folter und wird es aus seinem gequälten Zustand erlöst, empfindet es oft jahrelang Scham, Schande, Schmach, Schuld.

Ein junger türkischer Mann erzählte mir seine Geschichte im Gefängnis. Er war zu fünf Jahren Haft verurteilt worden, weil er durch die geschlossene Zimmertür auf seinen Vater und seine Stiefmutter geschossen hatte. Als Fünfzehnjähriger war er von den Eltern aus der Türkei geholt worden, um für sie zu arbeiten. Er musste jahrelang im Männercafé der Familie helfen und dort auch schlafen, wie ein Gefangener, ohne Lohn und Anerkennung. Als der Vater sich dann auch noch der Bitte um Unterstützung für den in der Türkei zurückgelassenen kleinen Bruder verweigerte und seinen Sohn schon für das bloße Ansinnen schlug, rastete der Sohn aus und schoss mit der Pistole des Vaters auf die Zimmertür, hinter der die Eltern standen. Die Eltern überlebten schwer verletzt. Während des Prozesses hat er geschwiegen, weder seinem Anwalt noch sonst jemandem von seinem Leidensweg erzählt. Niemand sollte die Geschichte seiner Schmach erfahren. Er schämte sich trotz der Demütigungen durch seine Eltern noch Jahre später dafür, gegen seinen Vater und damit – so empfand er es – gegen Allah die Hand erhoben zu haben. Er hätte sicher mildernde Umstände bekommen, die aber wollte er nicht. Solange ihm nicht verziehen worden sei, sagte er, müsse er in Schuld leben. Er verdunkelte die Fenster seiner Zelle, weil er meinte, dass ihm das Licht der Sonne nicht zustehe. Als er mir seine Geschichte erzählte, saß ihm die Angst im Nacken, ich könnte sie jemandem erzählen, der seinen Vater zur Rechenschaft ziehen würde. Nichts fürchtete er mehr, als dem Vater Schwierigkeiten zu bereiten. Der Vater hingegen hatte nach der Tat beschlossen, seinen Sohn fortan nicht mehr zu kennen. Er sagte jedem, der ihn fragte: »Der ist tot.«

Angst und Gewalt

Keiner der männlichen muslimischen Gesprächspartner – gleich welchen Alters, welcher Herkunft, gleich ob hier oder in der Türkei geboren, ob im Gefängnis oder in der Schule – ist auf die Idee gekommen, dem Vater wegen seiner Schläge und Gewalt Vorwürfe zu machen. Ihre Lebensgeschichten erzählen von Vätern, die ihre Söhne zur Strafe verstümmelt oder Nacht für Nacht bewaffnet in die Berge geschickt haben, die ihre Söhne gefesselt, misshandelt, gequält und gedemütigt haben – und doch stellt keiner die Autorität und die Berechtigung des Vaters zu einem solchen Verhalten infrage. Alle »respektieren« seine Macht bis zur Selbstzerstörung. Der Vater, so scheint es, hat einen gottähnlichen Status, und die Angst, vor ihm zu versagen, ist groß.

Keiner dieser Söhne hat sich im Laufe seines Lebens von der übermächtigen Furcht vor dem Vater lösen können. Das »europäische Modell« der Persönlichkeitsentwicklung, das die Abnabelung des Jugendlichen von den Eltern zur Voraussetzung hat, um eine eigene Identität zu entwickeln, gibt es in dieser muslimischen Kultur nicht. Kinder werden zur Nachahmung, nicht zu Selbständigkeit erzogen – die Tochter soll lernen, was die Mutter tut und wie sie ist, der Sohn vom Vater. Statt sich eine »eigene« Geschichte zu erarbeiten, imitieren die Söhne den Vater, sie borgen sich dessen Macht oder was sie dafür halten. Sie lernen Macht nicht als geistige oder argumentative Überlegenheit oder als Schutz und Geborgenheit kennen, sondern als dumpfe Gewalt. Die Weisheit »Der Klügere gibt nach« halten sie für einen Scherz und für eine typisch deutsche Schwäche. Schläge sind Macht, eine Pistole, ein Messer ist Macht. »Respekt« ist die Angst der anderen, »Schande« ist die eigene Schwäche, wenn man dem anderen nicht die Stirn bieten kann. Sie werden geschlagen, dafür dürfen sie schlagen – wenn auch nicht den Vater.

Diese Männlichkeitsrolle führt nicht nur zu dem oft beobachtbaren grotesken Verhalten muslimischer Jungen, die nur noch als ihre eigene Karikatur daherkommen oder sich zusammentun, um gemeinsam in ihrem Viertel oder in der Disko Schrecken zu verbreiten. In vielen Fällen führt sie ins Gefängnis. Türkisch-muslimische Jugendliche sind dreimal so häufig straffällig wie ihre deutschen Altersgenossen – und sagen mir selbst im Gefängnis noch: »Mein Vater kann stolz auf mich sein.«

Vaters Staat

Die Gründung einer Familie ist für einen Mann unerlässlich, um von der Gemeinschaft anerkannt zu werden, die Familie ist die Machtbasis des türkisch-muslimischen Mannes. Kinder stehen ihm gegenüber in einer Daseinsschuld. Ihm, dem Vater, verdanken sie ihr Leben, ihm haben sie zu gehorchen, ihn haben sie später zu versorgen.

In ihrer Familiendiktatur sind die Väter die unumschränkten Herrscher. Sie fühlen sich in der Regel nicht im Unrecht, weil niemand berechtigt ist, ihnen zu widersprechen. Als Muslim ist der Vater niemandem für sein Verhalten verantwortlich, weder seiner Frau noch seinen Kindern noch den ungläubigen Deutschen – nur Allah am Jüngsten Tag. Und so wie Allahs Wort Gesetz ist, so ist auch sein Wort Gesetz. Niemand in der türkisch-muslimischen Gemeinde würde ihm Vorhaltungen machen, wenn er hart zu Frau und Kindern ist. Denn er holt seine Legitimation direkt von Gott, und damit ist er unantastbar.

Idealtypisch baut der Vater mithilfe seiner Familie seinen Staat, seinen Clan auf. Sein »Volk« sind seine Söhne, seine Frau und Töchter, und wenn er der Abi seiner Brüder ist, gehören auch sie mit ihren Familien und ihren Kindern dazu. Er bestimmt, wer was zu tun hat, wer wen heiratet, er vertritt die Familie gegenüber der Gemeinde, der Öffentlichkeit. *Im* Haus herrscht seine Frau oder Mutter, aber *über* das Haus hat er die Macht. Und die verteidigt er mithilfe seiner Söhne.

Seine Söhne sind seine Ordnungsmacht, seine Armee. Passiert etwas, könnte er ihnen Vorwürfe machen: »Habe ich euch so erzogen, dass ihr versagt und nicht auf eure Schwester aufpasst?« Wenn er sie entsprechend auf ihre Rolle vorbereitet hat, kann er die Aufsicht seinen Söhnen überlassen und sich ins Männercafé oder in die Moschee zurückziehen. Die Söhne werden im absoluten Glauben an ihren Herrn, ihren Vater erzogen und werden tun, was »man tut« – auch weil sie wissen, dass sie eines Tages selbst die Macht übernehmen.

Gegenüber den Frauen dürfen sie alles; wenn sie es für gerechtfertigt halten, können sie ihre Schwestern auch schlagen und müssen sich vor niemandem, außer vor ihren Vätern, dafür rechtfertigen. Und so kann es auch passieren, dass ein junger Mann mit einer Waffe losgeht und seiner Schwester in den Kopf schießt, wenn er glaubt, dem Gesetz des Vaters folgen zu müssen. Er empfindet nicht wirklich etwas für seine Schwester. Der neunzehnjährige Bruder, der seine Schwester Hatun Sürücü erschossen hat, sagte, dass er in der Nacht nach der Tat endlich gut geschlafen habe – er hatte seine Pflicht erfüllt.

Auf die Ehe, die einzig legitime Verbindung zwischen Mann und Frau, werden weder der junge Mann noch seine zukünftige Frau vorbereitet. So heiraten die Männer meist viel zu jung, und zwar eine Frau, die sie nicht kennen. Sie leben weiter bei der Mutter oder in ihrer Nähe und sehen ihre Ehefrau als Sexualobjekt, das sie nötigenfalls mit Gewalt benutzen dürfen. Sie rechtfertigen das mit ihren Traditionen und ihrem Glauben, der sie die eigene Frau für ihren Besitz halten lässt. Nach einem Männlichkeitsideal erzogen, das von ihnen nach innen Gehorsam und Unterwerfung verlangt und nach außen Männlichkeit mit Stärke oder gar mit Gewalt gleichsetzt, meinen sie, der Frau von Natur aus überlegen zu sein. Der Koran, die islamische Sunna und das Vorbild des Vaters und der Männer der Familie, das alles hält vielfältige »Beweise« und Rechtfertigungen für die Minderwertigkeit der Frau bereit.

Getrennte Leben

Muslimische Jungen wachsen in weiten Bereichen des Alltags getrennt von ihren Schwestern auf. Im Haus, wo die Frauen und Mädchen sind, gibt es für die Jungen oft keinen Platz. Sie schlafen auf dem Sofa im Wohnzimmer, auf dem Flur, zu zweit oder zu dritt in einem Zimmer, in dem außer für Bett und Schrank kein Platz ist, schon gar nicht, um Schularbeiten zu machen oder zu spielen. Wenn der Junge eine Schwester oder eine Schwägerin hat, kann er keine Freunde mit nach Hause bringen, denn diese würden mit den weiblichen Hausbewohnern in Kontakt kommen, und das ist nicht vorgesehen. Die Jungen sind zu Hause, um zu essen und zu schlafen – ein eigenes Reich, in dem man die Tür zumachen kann, kennen sie in der Regel nicht. Später, wenn sie älter, wenn sie Ehemänner und Väter sind, ergeht es ihnen nicht anders. Die meisten türkischen Männer verbringen ihre Freizeit am liebsten unter ihresgleichen im Teehaus, im Kulturverein, im Wettbüro oder in der Moschee.

Früh aus dem Haus auf die Straße verbannt und von den Frauen getrennt, wissen die jungen Muslime nicht, was und wie Frauen fühlen, und sie lernen, dass es einen Mann auch nicht kümmern muss. Der Junge bekommt von klein auf mit, wie wenig Frauen bei den Männern zählen und dass er seinen eigenen Willen, seinen eigenen Kopf, gegen sie durchsetzen kann und darf – notfalls mit Gewalt. Er schaut sich vom

Vater ab, wie der die Mutter und die Geschwister behandelt, und wird versuchen, ihn nachzuahmen. Er merkt bald, dass man die Schwester bestraft, wenn sie Aufträge nicht erledigt oder die Hausarbeit vernachlässigt. Brüder und Schwestern können in solchen »muslimischen Verhältnissen« keine wirklich engen Bindungen zueinander entwickeln, denn sie erleben nicht viel miteinander. Die Söhne werden von den Müttern gepampert und verwöhnt und von den Schwestern bedient, mit ihnen spielen, träumen, weinen, lachen – das tut keiner. Das müssen die Jungen mit sich selbst, vielleicht noch mit ihren »Kumpels«, abmachen.

Die »Kumpels« sind die wichtigste Bezugsgruppe. Mit ihnen kann man Stärke zeigen, Respekt von den ungläubigen Deutschen einfordern und die Demütigungen des Unterworfenseins verdrängen. Aber die »Kumpels« sind selbst »verlorene Söhne«, sie können nicht die Fürsorge und Liebe der Eltern ersetzen, die ein Kind braucht. Die Mutter und die Schwestern sind als Gesprächs- oder Gefühlspartner unerreichbar, der Vater wird meist nur als strafende Instanz oder Herrscher über die Familie erlebt – als Partner seines Sohnes, der dessen Sorgen und Nöte teilt, ihn beschützt oder einfach für ihn da ist, fällt er aus.

In einer Welt ohne Erklärungen

Muslimische Jungen wachsen ohne Liebe auf. In ihrer Sozialisation geht es in erster Linie darum, dieses Leben zu bestehen, Gott zu gehorchen und dafür zu sorgen, dass ihnen gehorcht wird. Es ist eine Welt von Schwarz und Weiß, von Entweder-Oder, von oben und unten. In ihr können keine Gefühle ausgebildet werden, die der Einzelne braucht, um zu lernen und die soziale Kompetenz auszubilden, die es ihm erst ermöglicht, in einer vielschichtigen, differenzierten Wirklichkeit bestehen zu können. Die Fürsorge, Nähe und Zuwendung der Eltern, die uns durch den sozialen Kosmos lotsen, die Sicherheit, die sie uns als ein Ort der Zuflucht bieten, wenn es im Leben über Stock und Stein geht, macht es uns erst möglich, uns in der Welt zurechtzufinden und sie uns anzueignen. In den »philosophischen Jahren«, wenn Kinder staunen, fragen, zweifeln, entdecken sie, dass zu jedem Warum (mehr als) ein Darum gehört, zu jedem Weshalb (mehr als) ein Deshalb, zu jedem Wozu (mehr als) ein Dazu – und so lernen sie, die Welt in all ihrer Vielschichtigkeit und damit sich selbst zu entdecken. Wenn Kinder anfangen, die abgründigen Sinnfragen zu stellen, bilden sich die ersten Konturen eines Selbstbewusstseins aus, entsteht ein Ich.

Muslimischen Jungen muss die Welt fremd bleiben, weil niemand sie ihnen erklärt. Fragen sind in dieser Welt von Gehorsam und Unterwerfung nicht zugelassen. Ihre Regeln, ihre Gesetze sind *fraglos* gegeben. Sie müssen nicht erklärt, sondern nur befolgt werden. Erklärungen sind aber der erste notwendige Schritt, um Verantwortung für das eigene Tun und damit Selbständigkeit entwickeln zu können. Die meisten türkischen Eltern halten »Selbständigkeit« für ein überhaupt nicht erstrebenswertes, sondern für ein »deutsches« Erziehungsziel – nur 17 Prozent der türkischen Migrantenväter und 19 Prozent der Mütter halten das für wichtig, hat die türkische Sozialwissenschaftlerin Cigdem Kagitcibasi ermittelt. Jungen haben zu gehorchen und zu machen, was die älteren Brüder, Väter, Onkel sagen. Tun sie es nicht, drohen ihnen Schläge, weil sie keinen »Respekt« haben. Und Respekt und Gehorsam sind nach derselben Untersuchung in der Türkei für 61 Prozent der Väter das wichtigste Erziehungsziel, und sie werden mit Gewalt durchgesetzt, so Ahmet Toprak in seinem Buch »Das schwache Geschlecht – die türkischen Männer«.

Mit der Pubertät sind die Jungen vollends sich selbst überlassen. Mit der Pubertät beginnt die Phase des *delikanli*, die Zeit des »verrückten Blutes«, wie man auf Türkisch sagt. Die Jungen sind unbeherrscht und unkontrollierbar, aber bei diesen Verrücktheiten, bei Schlägereien, Raufereien, Anbrüllen und sexistischen Beleidigungen, die in diesem Alter vorkommen, muss man eben ein Auge zudrücken, meinen die meisten Erwachsenen. Dieses Prinzip der Nichterziehung zieht sich durch alle Lebensphasen der muslimischen Jungen. Niemand setzt sich mit ihnen auseinander, sondern die Zeit des Delikanli wird wie ein Regenguss oder ein Fieber ertragen und ihr Ende abgewartet. Um ein ganzer Mann zu werden, um später über die eigene Sippe herrschen zu können, muss der Junge »da durch«. Man lässt ihn gewähren, solange der Vater durch die Taten des Sohnes nicht an »Ansehen« verliert. Erst wenn Beschwerden von Lehrern, von Nachbarn oder von der Polizei kommen, muss der Sohn mit Bestrafung rechnen, denn er hat das »Ansehen« der Familie beschädigt – nicht durch die Tat, sondern weil er dabei erwischt wurde.

Der Ring des Schweigens

Obwohl die Väter streng darauf achten, dass über ihre Familie nichts Nachteiliges gesprochen wird, so gilt doch gleichzeitig, dass es die Gemeinde nichts angeht, was in ihren Familien passiert. Zum Machterhalt gehört das große Schweigen: So wie die muslimische Gemeinde die Einmischung Außenstehender nicht akzeptiert und einen Ring des Schweigens um die Umma zieht, so verhüllt auch die Familie die Geschehnisse im eigenen Haus mit dem Mantel des Schweigens, und so versucht jedes Familienmitglied möglichst sein eigenes Geheimnis zu wahren.

Der Vertreter eines Berliner Moscheevereins erzählte mir von dem vergeblichen Versuch, eine Beratung durch türkische Sozialarbeiter in der Moschee zu organisieren. Nur wenige hätten das Angebot angenommen, weil sie einem Türken gegenüber nicht zugeben wollten, Probleme zu haben, auch aus Furcht, ihr Problem könnte womöglich in der ganzen Gemeinde bekannt werden. Verfehlungen bringen Schande und Gesichtsverlust mit sich, Fehler werden bestraft oder mit Ausgrenzung geahndet – da wird keiner ein anderes als ein beschönigendes Bild von sich zulassen. Probleme werden daher oft unter den Teppich gekehrt, denn Ehrverlust bedeutet Machtverlust.

Die Verlierer bleiben unter sich

Es ist ein düsteres Bild, das ich von dieser Art der türkisch-muslimischen Erziehung zeichnen muss. Es ist eine schwarze Pädagogik, nach der muslimische Jungen erzogen werden, eine Pädagogik, die die Väter schon von ihren Vätern erfahren haben und die sie an ihre Söhne weiterreichen. Nach einer Untersuchung des Kriminologischen Instituts Niedersachsen aus dem Jahr 2000 werden 34,6 Prozent der türkischen Kinder in Deutschland zu Hause misshandelt, 10,5 Prozent sogar schwer gezüchtigt. Die Lebensgeschichten, die ich im Gefängnis gehört habe, erzählen von Vätern, die ihre Söhne mit dem Stock oder mit einem Kabelende schlagen, sie mit Draht an den Tisch fesseln oder ihnen heißes Öl über die Hand gießen – alles Vergeltungsmaßnahmen für verweigerten Gehorsam oder nicht gezollten Respekt. Und Gewalt erzeugt Gewalt: Eine 2003 vom Innenministerium veröffentlichte Studie von Katrin Brettfeld und Peter Wetzels über »Junge Muslime in Deutschland« kommt zu der Feststellung, »dass es einen deutlichen Zusammenhang zwischen islamischer Orientierung und Gewalt befürwortenden Einstellungen unter den Jugendlichen gibt und dass islamische Jugendliche eine deutlich höhere Gewaltdelinquenz aufweisen«.

Dies ist ein Bericht über die verlorenen Söhne der türkisch-muslimischen Gesellschaft, wie ich sie angetroffen habe. Es ist mir bewusst, dass ich verallgemeinere, dass dieses archetypische Muster männlicher Sozialisation längst nicht auf alle Muslime zutrifft. Wer ein Problem so zu erklären versucht, dass seine grundlegenden Ursachen sichtbar werden, setzt sich immer dieser Gefahr aus. Ein Bericht über Obdachlosigkeit beschreibt die Lage derjenigen ohne Dach über dem Kopf; niemand würde erwarten, darin von denjenigen zu lesen, die ein Dach über dem Kopf haben.

Die türkische Mittelschicht ist dabei, aus den Stadtteilen mit zu hohem Migrantenanteil zu flüchten, weil sie ihren Kindern bessere Bildungschancen geben und sich selbst der Kontrolle der strenggläubigen türkisch-muslimischen Community entziehen will. Die Verlierer dieser Entwicklung bleiben unter sich, und kaum jemand wagt, über sie zu berichten. Die modernen Türken nicht, weil sie befürchten, es könnte ein schlechtes Licht auf sie selbst werfen. Sie reagieren geradezu aufgeschreckt auf gesellschaftliche Missstände, so als wären sie persönlich gemeint. Ein Reflex des alten Denkens, wonach der Mensch kein Individuum, sondern ein Sozialwesen ist, und wonach grundsätzlich die Devise gilt: »Das geht mich nichts an.«

Deutsche kritisieren die Zustände nur selten, weil nur wenige überhaupt Zugang finden und viele zudem fürchten, sich dem Verdacht auszusetzen, Vorurteile schüren zu wollen. Lehrer, die versuchen, Gleichberechtigung und soziale Verantwortung durchzusetzen, werden zu oft im täglichen Kleinkrieg der Kulturen zerrieben, weil ihnen meist die Mittel und die gesellschaftliche Unterstützung fehlen.

Die muslimischen Söhne können den Spagat zwischen den traditionellen Regeln des archaisch-religiösen Patriarchats, das von ihnen Unterwerfung und Gehorsam verlangt, und den Anforderungen einer modernen Gesellschaft, die von ihnen Selbständigkeit, Sozialkompetenz und Eigenverantwortlichkeit erwartet, nicht bewältigen. Alle Anstrengungen zur Integration müssen daran zwangsläufig scheitern.

Es gibt eine große Zahl von Türken und Muslimen, die ihre Kinder anders erziehen, die ihren Kindern die Liebe, Fürsorge und Nähe angedeihen lassen, die den von mir beschriebenen Männern fehlen. Sie sollen aufstehen und sagen, wie sie es machen – je mehr es sind, desto besser.

Glaube, Liebe, Hoffnung

Abrahams Söhne

Jedes Jahr schächten Muslime in aller Welt Millionen Tiere und begehen so das Opferfest. Einmal im Jahr werden Männer, die sonst Schneider oder Schlosser, Buchhalter oder Verkäufer sind, zu Herren über Leben und Tod. Das Opferfest markiert einen grundsätzlichen theologischen Dissens zwischen Christentum und Islam. Während der Gott der Christen Jesus, seinen einzigen Sohn, geopfert und die Menschen damit erlöst hat, hält der Koran an der Pflicht fest, Allah ein Opfer darzubringen.

Alle drei monotheistischen Weltreligionen, das Judentum, der Islam und das Christentum, berufen sich auf Abraham. Der »Vater vieler Völker« ist nach den Texten der hebräischen Bibel der Urvater des Volkes Israel, nach dem Neuen Testament der geistige Stammvater der Christen, im Koran der leibliche Stammvater und der exemplarische und erste Muslim schlechthin. »Ich will dich zu einem Vorbild der Menschen machen«, sagt Allah laut 2. Sure, Vers 124, im Koran.

Eine der großen Legenden, die den gemeinsamen Ursprung von Muslimen, Juden und Christen und gleichzeitig ihren Unterschied deutlich machen, ist die Geschichte von Abrahams Versuchung. Gott verlangt im Ersten Buch Mose von Abraham, seinen Sohn zu opfern: »Nimm Isaak, deinen einzigen Sohn, den du lieb hast, und geh hin in das Land Morija und opfere ihn dort zum Brandopfer auf einem Berge, den ich dir sagen werde.«

Isaak und Ismael

In der Bibel sind es Abraham und sein aus der Ehe mit Sara hervorgegangener Sohn Isaak, die sich gemeinsam aufmachen, Gott ein Opfer darzubringen. Isaak weiß nicht, dass er es ist, der geopfert werden soll, und fragt den Vater in aller Unschuld: »Mein Vater! (…) Siehe, hier ist Feuer und Holz; wo ist aber das Schaf zum Brandopfer? Abraham antwortete: Mein Sohn, Gott wird sich ersehen ein Schaf zum Brandopfer. (…) Und als sie an die Stätte kamen, die ihm Gott gesagt hatte, baute Abraham dort einen Altar und legte das Holz darauf und band seinen Sohn Isaak, legte ihn auf den Altar oben auf das Holz und reckte seine Hand aus und fasste das Messer, dass er seinen Sohn schlachtete. Da rief ihn der Engel des Herrn vom Himmel und sprach: Abraham! Abraham! Er antwortete: Hier bin ich. Er sprach: Lege deine Hand nicht an den Knaben und tu ihm nichts; denn nun weiß ich, dass du Gott fürchtest und hast deines einzigen Sohnes nicht verschont um meinetwillen. Da hob Abraham seine Augen auf und sah einen Widder hinter sich in der Hecke mit seinen Hörnern hängen und ging hin und nahm den Widder und opferte ihn zum Brandopfer an seines Sohnes statt.«

Die Muslime sehen in dem Sohn, der im Koran – anders als in der Bibel – nicht namentlich genannt wird, Abrahams erstgeborenen Sohn *Ismael*. Denn Abraham hatte zwei Söhne, Isaak und Ismael, das Kind seiner Konkubine Hagar, die von ihm, zusammen mit ihrem Sohn, verstoßen worden war; »aber Gott«, schreibt die britische Religionswissenschaftlerin Karen Armstrong in ihrem Buch »Kleine Geschichte des Islam«, »rettete sie und versprach, dass auch Ismael der Stammvater einer großen Nation, der Araber, werden würde«.

Und so erzählt der Koran die Geschichte des Opfers auch anders (Sure 37, Vers 100–107) und räumt dem Sohn eine entscheidende Rolle ein: »Herr! Schenk mir einen von den Rechtschaffenen als Leibeserben. Und wir verkündeten ihm einen braven Jungen. Als er nun so weit herangewachsen war, dass er mit ihm [d. h. seinem Vater Abraham] den Lauf machen konnte, sagte Abraham: Mein Sohn! Ich sah im Traum, dass ich dich schlachten werde. Überleg jetzt und sag, was du meinst! Er sagte: Vater! Tu, was dir befohlen wird! Du wirst, so Gott will, finden, dass ich einer von denen bin, die viel aushalten können. Als nun die beiden sich in Gottes Willen ergeben hatten und Abraham seinen Sohn auf die Stirn niedergeworfen hatte, riefen wir ihn an: Abraham! Du hast durch die Bereitschaft zur Schlachtung deines Sohnes den Traum wahr gemacht. Damit soll es sein Bewenden haben. So vergelten wir denen, die fromm sind. Das ist die offensichtliche Prüfung, die wir Abraham auferlegt haben. Und wir lösten ihn mit einem gewaltigen Schlachtopfer aus.«

Während Isaak in der Bibel seine Rolle als Opfer unwissend annimmt, dem Vater vertraut, sich klaglos auf den Altar legt und Abraham damit die Last der Entscheidung zufällt, ist Ismael noch vor seinem Vater bereit, sich dem Tod hinzugeben: »Vater! Tu, was dir befohlen wird.« Während Abraham zweifelt, ob er seinem Traum (!) folgen soll, ist der Sohn zu allem bereit: »Du wirst, so Gott will, finden, dass ich einer von denen bin, die viel aushalten können.« Er kennt Gottes Wort und besteht – auch um den Preis des eigenen Lebens – darauf, Gott zu gehorchen. Die Frage »Warum?« scheint ihm nicht einmal im Angesicht des eigenen Todes denkbar. Seine bedingungslose Bereitschaft zur Unterwerfung nimmt dem anfänglich zögernden Vater die Entscheidung aus der Hand. Der Sohn restituiert das Gesetz, das durch die Zweifel des Vaters

– wenn auch nur für einen Moment – infrage gestellt zu werden drohte.

Es ist eine vielschichtige Botschaft, die damit vermittelt wird. Erstens: Beide, Vater und Sohn, kennen Gottes Wille, denn Gottes Wort ist allgegenwärtig, und Gottes Wort ist Gesetz. Zweitens: Von beiden, vom Vater wie vom Sohn, wird rückhaltlose Unterwerfung erwartet. Zögert der eine, tritt der andere hinzu, um Gottes Willen zu vollstrecken, denn es ist niemandes individuelle Entscheidung, sich Gottes Wort zu fügen oder zu widersetzen. Drittens: Allah befreit nur den Vater, den Älteren, von seiner Pflicht, die Hingabe des Sohnes wird als selbstverständlich vorausgesetzt. Die Unterwerfung unter das Gesetz wird mit dem alljährlichen Opferfest immer wieder aufs Neue bestätigt.

Das Blutopfer

Im Christentum hat Jesus, »Gottes Lamm, welches der Welt Sünde trägt« (Johannes 1, 29), unser aller Sünden auf sich genommen; Gott selbst hat seinen einzigen Sohn geopfert, auch ein Tieropfer war fortan nicht mehr nötig. Der Koran hingegen stellt Jesu Kreuzigung infrage und bleibt der archaischen Tradition des Opfers verhaftet: »Und wir lösten ihn mit einem gewaltigen Schlachtopfer aus«, so endet die Geschichte von Abrahams Versuchung im Koran. Für den Islam ist das Blutopfer notwendig geblieben, das immer, so der französische Religionsphilosoph René Girard, »auf Gewalt und gewalttätigem Handeln« beruhe. »Der entscheidende Unterschied ist, dass der biblische Text die Unschuld des Opfers erkennt. In den archaischen Religionen ist das Opfer immer schuldig. Nach Christus können die Menschen unschuldige Opfer nicht mehr töten wie zu Zeiten der archaischen Religion (...). Ich würde sogar sagen: Der gesamte Geist unserer religiösen [christlichen] Kultur opponiert gegen das gewaltsame Opfer und eine vermeintlich heilige Gewalt. Wir suchen uns zwar immer noch Sündenböcke, aber wir missbilligen diese Praxis zutiefst. Dagegen beruhen archaische Religionen fundamental auf dem System des Sündenbocks – der Opferung Unschuldiger.«

Mit der Berufung auf Abraham als den Stammvater der Muslime wollte Mohammed Juden und Christen mit ihrem eigenen Propheten schlagen. In den zwei Jahren seines Aufenthalts in Medina war ihm klar geworden, dass er niemals, wie ursprünglich gewollt, die Anerkennung der Juden erlangen würde. Sie verspotteten ihn, sie verweigerten ihm die Gefolgschaft, und drei jüdische Stämme stellten sich auch militärisch auf die Seite seiner Gegner. Er antwortete auf diese Demütigung mit aller Härte. Er ließ die siebenhundert Männer vom Stamme der Quraiza massakrieren, ihre Frauen und Kinder wurden als Sklaven verkauft, berichtet Karen Armstrong in ihrem Buch »Kleine Geschichte des Islam«.

Im ideologischen Kampf um die Mekkaner bediente sich Mohammed einer lokalen Legende, mit der er die Geschichte von Abrahams Versuchung in seinem Sinne fortschrieb. Danach hatten sich Hagar und Ismael nach ihrer Vertreibung in Mekka niedergelassen, wo Abraham sie besuchte und gemeinsam mit seinem Sohn Ismael die ursprünglich von Adam errichtete, inzwischen aber verfallene Ka'aba neu erbaute. Die Ka'aba war von alters her ein Heiligtum der Mekkaner um einen schwarzen Stein, »offenbar ein Meteor«, schreibt der Religionsgelehrte Ibn Warraq in seinem Buch »Warum ich kein Muslim bin«, »der seinen Ruf der Tatsache verdankt, dass er vom ›Himmel‹ fiel«.

Mohammed verstand es, mit diesem religiösen Heiligtum

Politik zu machen. Er wies die Gläubigen an, sich während des Gebets nach Mekka und nicht mehr, wie die Juden, nach Jerusalem zu wenden. Der Wechsel der *qibla*, der Gebetsrichtung, war mehr als eine rituelle Veränderung – er war eine demonstrative Unabhängigkeitserklärung. »Indem sich Mohammed von Jerusalem ab und der Ka'aba zuwandte, die weder mit dem Judentum noch mit dem Christentum in Verbindung stand, machte er deutlich, dass die Muslime zum ursprünglichen reinen Monotheismus Abrahams zurückkehrten, der noch vor der Offenbarung der Thora oder des Neuen Testaments gelebt hatte, und damit bevor sich die Religion des einen Gottes in zerstrittene Sekten aufgespalten hatte. Muslime würden sich an Gott allein wenden: Sich vor einem menschlichen System oder einer bestehenden Religion statt vor Gott selbst zu beugen galt als götzendienerisch«, schreibt Karen Armstrong. Für Mohammed waren Religion und Politik eins und die Unterwerfung unter Gott stets nicht nur Bekenntnis, sondern zugleich auch Machtdemonstration sowohl gegenüber den jüdischen und christlichen Konkurrenten wie auch gegenüber der eigenen Gefolgschaft der Gläubigen.

Kurban Bayrami

Die Versuchung Abrahams ist der religiöse Ursprung des Opferfestes, türkisch *kurban bayrami*, das die Muslime jeweils zwei Mondphasen nach Abschluss des Ramadan, der Fastenzeit, feiern. Die Opferung gehört zu den Ritualen auf der Pilgerfahrt nach Mekka, der Hadsch. Im Tal von Mina werfen die Gläubigen am zehnten Tag der großen Pilgerfahrt jeweils sieben Steine nach den drei Säulen von Mina, die den Teufel symbolisieren, und rufen dabei: »Im Namen Gottes, des Allmächtigen, dies tue ich in Verwerfung des Teufels und seiner Schande.« Für die Muslime ist dieses Ritual die symbolische Absage Abrahams an den Teufel, der ihn von seiner göttlichen Pflicht abhalten wollte.

Gar nicht symbolisch, sondern sehr konkret werden überall in der Welt anschließend Millionen Tiere – Schafe, Ziegen, Rinder und Kamele – in Schlachthäusern und auf Straßen, in Badezimmern und auf Balkonen nach muslimischem Ritus geschlachtet. Juden und Muslime bevorzugen das Schächten, das Töten des unbetäubten Tieres mit einem einzigen Messerschnitt quer über die Halsunterseite. Das erfordert nicht nur ein scharfes Messer, sondern auch Erfahrung. Der Schlachter spricht dabei die Formel »Im Namen Gottes. Gott ist groß. Herr Gott, in deinem Namen durch dich und für dich. Nimm es von mir an, wie du es von deinem Freund Abraham angenommen hast«. Das Tier muss anschließend völlig ausbluten, damit es *helal*, sauber, ist.

Im Jahre 2005 wurde das Opferfest mit einer Live-Übertragung aus dem königlichen Palast in Rabat eröffnet. Vor laufender Kamera schnitt der marokkanische König Mohammed VI. einem Schaf die Kehle durch, während fünf in weiße Gewänder gehüllte Männer das Tier festhielten. Das Bild erinnerte mich an die Beschneidung meiner Neffen – hier wie dort wird ein Blutopfer gebracht, beides zu Allahs Lob.

Aber das Opferfest hat auch noch eine andere Bedeutung. Es gemahnt an die religiöse Pflicht, den Armen Almosen, *zakat*, zu geben. Ein Drittel des geschlachteten Tieres darf die Familie behalten, zwei Drittel werden an Bedürftige weitergegeben, so jedenfalls ist es Brauch. Von dieser Großzügigkeit, nicht vom Blut des Opfers, sind meine ersten Erinnerungen an das große Fest geprägt. Anfang der sechziger Jahre lebten wir auf der asiatischen Seite Istanbuls, in Kadiköy, in einem alten osmanischen Holzhaus. Tage vor Kurban Bayramı wurden Haus und Hof geputzt, die Festkleider gewaschen und gebügelt und wir alle frisch frisiert. Früh am Morgen des ersten Festtages ging mein Vater in die Moschee, wir Kinder und meine Mutter bereiteten inzwischen das Frühstück und stellten uns dann der Reihe nach auf, um Vaters Rückkehr zu erwarten. Als er in seinem feinen Anzug das Haus betrat, küssten wir ihm die Hände und wünschten *bayramınız mübarek olsun*, ein gesegnetes Fest. Uns Kindern drückte er dann ein paar Lira in die Hand, damit wir Karussell fahren oder Süßigkeiten kaufen konnten. Kurban Bayramı war kein Schlachtfest, sondern wurde ähnlich wie das »Zuckerfest« gefeiert, man besuchte sich gegenseitig, trank Tee und aß Baklava. Ein Tier zu schlachten wäre keiner der Familien, die bei uns im Viertel wohnten, in den Sinn gekommen. Das Schlachten war eine Sache der Dörfler in Anatolien, moderne Istanbuler gaben Geld für Armenspeisungen oder drückten an diesem Tag den Bettlern auf der Straße ein paar Münzen mehr in die ausgestreckte Hand.

Meine Mutter entdeckte an diesem Tag stets ihr Mitgefühl für die Straßenkinder. Wenn sie vom Einkaufen zurückkam, brachte sie oft einen Jungen mit, den sie an irgendeiner Straßenecke aufgelesen hatte, und fütterte ihn anschließend mit allem durch, was unsere Küche hergab. Ihm wurden die dreckigen Sachen ausgezogen, er musste sich in der Badewanne schrubben lassen, um danach mit ausrangierten Hosen, Hemden und Schuhen meiner Brüder neu eingekleidet zu werden. Die alten Sachen schnürte meine Mutter zu einem Paket, und noch vor dem Abendbrot wurden die Jungen von meinem Abi zurück zu der Ecke gebracht, wo meine Mutter sie aufgelesen hatte. Die Jungen ließen meist schweigend alles über sich ergehen, vermutlich wussten sie gar nicht, wie ihnen geschah.

Abends gingen wir ins Konzert nach Caddebostan. Wir saßen auf dem Rang oder dem Balkon, wo es Limonade und Knabberzeug für uns Kinder gab und für die Eltern ein Glas Tee oder Mokka. An uns vorbei eilten die Kellner mit lauter Köstlichkeiten, die den an festlich gedeckten Tischen sitzenden Zuhörern im Parkett zwischen den Musikstücken serviert wurden. Einmal dort unten im Parkett zu sitzen und *meze*, Vorspeisen, *köfte*, Lammkotelett, und *tatli,* Spritzgebäck, serviert zu bekommen war damals mein größter Wunsch, den ich mir irgendwann einmal in meinem Leben erfüllen wollte. Das Blutopfer gab es in einer solchen Gesellschaft nicht – und niemand rief danach.

Die Rückkehr zum Traditionalismus

Als ich dreißig Jahre später wieder zum Opferfest in Istanbul war, hatte sich das Bild völlig verändert. Die große grüne Stadt am Meer ist ein Moloch geworden, in dem es von Menschen nur so wimmelt. Das Häusermeer reicht bis zum Horizont, Glaspaläste ragen in den Himmel. Istanbul war eine pulsierende Stadt mit klaffenden Widersprüchen zwischen Arm und Reich, wunderschön und grausig zugleich – wie eine schwärende Wunde. Über sechzig Jahre lang war die Moderne der Leitstern, schien die Türkei auf dem Weg einer rasanten Modernisierung, deren Dynamik auch die Vertreter der europäischen Staaten betörte. Aber heute schlägt das Dorf zurück.

Atatürks Republik hat eine westlich orientierte bürgerliche Schicht und ein Industrieproletariat entstehen lassen – die verarmende Landbevölkerung hat sie nicht erreicht. Dort sind die alten Stammesbräuche Gesetz geblieben. Die Bauern haben ihre Sitten und Gebräuche vom Land mit in die Stadt gebracht, und seitdem wuchert der Traditionalismus wie Gras zwischen den Gehwegplatten. Viele Frauen tragen Kopftuch, in den Teestuben sitzen bärtige Männer, ein gehäkeltes Käppi auf dem Haupt, die Gebetskette in der Hand, und schauen den Frauen nach. In der Nähe der vielen wie Pilze aus dem Boden schießenden Moscheen sieht man junge Männer im *schalvar*, weiten Pluderhosen und langen Hemden, der traditionellen Kleidung aus den islamischen Koranschulen, die jeden Fremden mit misstrauischen Blicken beäugen, als hätten sie über die Ordnung der Welt zu wachen.

Ich war nach Istanbul gekommen, um mit meinen Verwandten, die vor einigen Jahren aus Zentralanatolien in die Stadt gezogen waren, das Opferfest zu feiern. Der älteste Sohn hatte eine Stelle als Näher in einer Textilfabrik bekommen, und die ganze Familie – Frau, Eltern und Geschwister – waren ihm gefolgt. Das Haus im Dorf und die letzte Ernte waren verkauft worden, um in einem »modernen« Apartmenthaus am Rande von Istanbul, in dem acht Parteien wohnten, eine Wohnung zu erstehen. Alle gehören zu jenen traditionell orientierten Binnenmigranten, die vor einigen Jahren erst nach Istanbul gekommen waren und ihre dörflichen Bräuche – auch das Opferfest – mit in die Metropole gebracht hatten.

Im Jahr vorher hatte jede Familie ein Schaf gekauft, diesmal hatten die Familien zusammengelegt, um sich gemeinsam ein Rind leisten zu können. Am Abend vor dem Fest zogen die Männer los, um das Tier vom Viehtransporter abzuholen. Es war ein großes braunes Rind mit riesigen Augen, das, von allen bestaunt, an einen Baum gebunden auf den Tod wartete. Überall im Viertel, in Gärten, Balkonen, auf Terrassen, blökten, muhten und meckerten Tiere. Als am nächsten Morgen der Muezzin von der nahen Moschee zum Gebet rief, waren bereits alle auf den Beinen, und nach dem Gebet trafen sich die

Männer, um vor dem Haus mit Schaufeln ein großes Loch auszuheben. Ihre erwartungsvolle Unruhe übertrug sich auf das Rind, das immer aufgeregter an seinem Strick zerrte, bis einer der Männer ihm die Hinterläufe so fest zusammenband, dass es sich nicht mehr rühren konnte.

Ein grausiges Spektakel

Ich stand am Fenster im ersten Stock und sah zu. Als die Grube fertig war, brachten die Männer das Tier zu Fall, einer von ihnen sprang hinzu und durchtrennte die Halsschlagader. Das Tier zappelte und zuckte, bis zwei Männer auf seinen Körper stiegen und so lange mit den Knien wippten, bis das Blut aus dem Rind in einem dicken Schwall in die ausgehobene Kuhle floss und einen roten See entstehen ließ. Nach einer Ewigkeit erst, so schien es mir, hörte der Körper zu zucken auf. Dann begannen die Männer, mit Messern und Beilen den riesigen Kopf vom Körper zu trennen, und legten das Haupt in den Rinnstein der Straße. Die Kinder hatten sich das Schauspiel nicht entgehen lassen, und niemand hatte sie gehindert, dem grausigen Spektakel zuzuschauen. Jetzt wurden die Jungen mutiger und wagten, sich dem Kopf zu nähern, umkreisten ihn und imitierten die aufgerissenen Augen des Tieres, um ihre Schwestern zu erschrecken.

Vor jedem der Häuser spielte sich die gleiche brutale Inszenierung ab, durch die Straßen strömte Blut, begleitet vom Geruch des Todes. Die Männer schlitzten die Tiere auf, bargen die Eingeweide, hackten die Beine ab und zogen den Kadavern die Felle ab. Wenn das Gröbste erledigt war, kamen die Frauen mit großen Tabletts, um die Fleischberge im Schmutz der Straße zu zerteilen und unter den beteiligten Familien aufzuteilen.

Dann wurde das Fleisch in Beutel gestopft und – bis auf den Festtagsbraten – in die Tiefkühltruhe gepackt.

Ich war schockiert von dem Anblick, nur mühsam gelang es mir, meine Fassungslosigkeit vor den Verwandten zu verbergen. »Wer soll denn das viele Fleisch nur essen?«, fragte ich. »Geht ihr jetzt in die Armenviertel und verteilt es?« Da lachten meine Gastgeber und sagten: »Wir leben doch selbst schon im Armenviertel. Nein, das Fleisch ist für uns!« – »Aber warum schlachtet ihr denn überhaupt?«, wollte ich wissen. »In jedem Supermarkt gibt es Fleisch zu kaufen, wozu das Ganze?« Meine Verwandten verstanden mich nicht. »Wir können es uns leisten, und es ist unsere Pflicht vor Gott«, sagten sie. Es ging gar nicht mehr um den spirituellen Geist des Festes, um das Teilen und das Almosen für Bedürftige, sondern es war eine Prestigeangelegenheit geworden, bei der anderen gezeigt werden sollte: Seht her, wir können es uns leisten, ein Rind zu schlachten – und nicht nur ein Lamm.

Die Bilder dieses Tages ließen mich lange nicht los. Vor allem beschäftigte mich die Frage, was dieses alljährliche Ritual für die Männer bedeuten mochte, die sonst Schneider oder Schlosser, Buchhalter oder Verkäufer sind – und einmal im Jahr Herren über Leben und Tod. Einmal im Jahr nehmen sie den Dolch in die Hand, um mitleidslos eine Kreatur zu töten – um Gott zu dienen, behaupten sie. Die türkische Regierung hat das eigenhändige Schlachten untersagt, ausgebildete Schlachter sollen auf extra eingerichteten kommunalen Schlachtplätzen den entscheidenden Schnitt ansetzen. Die Familien, bei denen ich zu Besuch war, wussten das, aber niemanden interessierte es, auch die Polizei nicht. Illegales Schlachten wird mit einer Strafe von bis zu 500 Euro sanktioniert. Aber niemand wird belangt. Die Vorschriften sind für die Europäer gemacht worden, damit man in Brüssel etwas vorweisen kann.

Was tatsächlich passiert, ist etwas anderes. Und so färbt sich der Bosporus Jahr für Jahr von neuem rot vom Blut Millionen getöteter Tiere.

Selbst die Zeitung *Hürriyet* stellte am 21. Januar 2005 resigniert fest, dass das diesjährige Opferfest wieder »zu einem blutigen Drama« geworden sei: »Es gab offizielle Schlachthäuser, aber für viele Bürger schien der Weg dahin offensichtlich zu weit, sie wollten es eigenhändig bei sich zu Hause, im Garten oder auf der Straße erledigen. Sie gingen in Parks, auf die Straße, auf den Balkon, sogar auf Kinderspielplätze. Sie banden die Tiere an Bäume und an Laternenpfähle, auf Spielplätzen an die Kinderschaukeln und an die Basketballkörbe und hinterließen überall blutige Spuren. Innereien, Pansen, abgeschlagene Köpfe ließ man zurück. Ganz Istanbul war ein Blutbad. Dieses Land will nach Europa, und allen soll gezeigt werden, dass wir dafür bereit sind. Aber dieser Tag war ein heftiger Rückschlag.«

Töten für Allah

Die Reislamisierung hat längst auch die Türken in Deutschland erfasst. Vor Jahren feierte man das Opferfest, indem man sich besuchte, den Verwandten in der Türkei eine Karte zum Festtag schrieb und ihnen in dem Monat einen etwas größeren Geldbetrag überwies. Inzwischen hat sich auch hier einiges geändert. Muslimvereine kämpfen dafür, dass das Schächten erlaubt wird, im Internet kann man einen »Antrag auf Ausnahmegenehmigung für die rituelle Schlachtung ohne Betäubung zum Opferfest der Muslime« samt Begründung herunterladen. Aber die Vorschriften, die auf deutschen Schlachthöfen gelten, sind vielen Muslimen zu kompliziert, die Gebühren zu hoch. In

Holland, in Belgien, in Frankreich und in einigen anderen europäischen Ländern ist alles einfacher, und so fahren viele mit einem Schaf im Kofferraum über die Grenze, denn die Einfuhr von geschächtetem Fleisch ist zulässig.

»Als ich kürzlich für vier Wochen in der Türkei war, habe ich beschlossen, Allah einen Widder zu opfern«, erzählte ein bekannter türkischstämmiger Schriftsteller am 30. September 2004 in der *Zeit*. Er glaubte, ein Tier schlachten zu müssen, um sich seiner selbst und seines Glaubens zu vergewissern oder, wie er sagt, »seinem Gott zu opfern«. Fasziniert den Geistesarbeiter die Bluttat? Was will er uns damit sagen – ich bin ein gläubiger Muslim? Oder: Seht her, ich bin ein echter Kerl? Oder: Ich töte für Allah?

Man könnte diesen Rückfall eines in der aufgeklärten europäischen Kultur aufgewachsenen Intellektuellen in eine barbarische Tradition für die spinnerte Marotte eines Einzelnen halten – wenn sein selbstbewusstes Bekenntnis zu dem Blutopfer nicht zugleich symptomatisch wäre. So wie Mohammed im Jahr 624 nach Christi Geburt nicht versucht hat, das Christentum weiterzuentwickeln, sondern sich auf Abraham berufen hat, um den Ursprung der eigenen Religion zeitlich vor den des Christentums zu verlegen, so agiert auch der Islam heute. Der Rückgriff auf archaische Traditionen ist die Rückkehr zur »wahren« Religion. Der Islam hat sich vor Hunderten von Jahren von jedweder Auseinandersetzung und damit von einer Weiterentwicklung seiner eigenen Grundlagen verabschiedet, und die Imame, Mullahs und Hodschas haben die Interpretationen festgelegt, die seitdem immer wiederholt werden.

Es sind die schlichten Bräuche, die symbolhafte Kleidung wie das Kopftuch, das bewusste Verheiraten der Söhne oder Töchter mit Partnern aus der »reinen« Heimat und die blutigen Traditionen wie Beschneidung und Opferfest, die zu

Demonstrationen der »kollektiven Selbstvergewisserung« geworden sind und eine Absage an die Ziele der aufgeklärten Gesellschaft signalisieren. Die schlichten Antworten, die sie auf die kompliziert gewordene Wirklichkeit zu geben scheinen, sind für viele von den Frösten der Moderne abgeschreckte Menschen attraktiv – eine Zukunftshilfe, eine Perspektive bieten sie nicht, und mit einer aufgeklärten demokratischen Gesellschaft sind sie nicht vereinbar. Sie machen keine Hoffnung, sondern wiederholen nur die Rituale von Gewalt und Opfer, Schmerz und Blut.

Diplomaten des Islam

Jahrzehntelang hat sich die deutsche Gesellschaft nicht darum gekümmert, was in den Moscheen und Gebetshäusern passiert. Bei »Tagen der offenen Tür« dürfen die Deutschen die Moscheen besichtigen, aber was dort gedacht oder gepredigt wird, wissen nur Eingeweihte. Die Hodschas sind Vorbeter und unterrichten muslimische Kinder in den Koranschulen. Es ist wenig bekannt darüber, welche Ausbildung diese Männer haben, welches Welt- und Menschenbild sie vermitteln und was sie den Kindern beibringen.

Die Moscheen der Muslime in Deutschland sind in tristen Hinterhöfen oder aufgelassenen Werkstätten zu finden, aber auch in bester Lage, wie beispielsweise die aufwändig mit arabischen Mosaiken ausgestattete schiitische Imam-Ali-Moschee an der Hamburger Alster. Es kommt ganz darauf an, wer das Gebetshaus finanziert – mit Kollekten, Vereinsbeiträgen der Gläubigen, Spenden von Geschäftsleuten. Auch staatliche Stiftungen aus Saudi-Arabien setzen gern den einen oder anderen Petrodollar für die Missionierung des Westens ein. Wer im Einzelnen für die Gebetshäuser und ihren Unterhalt in Deutschland aufkommt, wissen auch die hiesigen Behörden nicht – die Moscheevereine müssen ihre Finanzen nicht offenlegen.

Die Moschee, die ich besuche, liegt in einem Hinterhof, in einer Industriehalle mit gekalkten Betonwänden, Neonröhren und Werkstattfenstern. Zentrum ist ein großer leerer, mit einem Teppich ausgelegter Raum, dessen Muster nach Mekka ausgerichtet ist. Fünfzig bis sechzig Männer sitzen auf dem Teppich, als ich eintrete, und ziehen an ihrer Gebetskette oder unterhalten sich. Die Moschee ist traditionell den Männern vorbehalten, Frauen sollen dort eigentlich gar nicht auftauchen. Wenn sie, zum Beispiel zu den Koranrezitationen während des Ramadan, doch kommen, gibt es für sie eigene – von den Männern getrennte – Räume, in die auch die Gebete und Predigten über Lautsprecher übertragen werden. Der Vorsitzende des Moscheevereins hat mir die Teilnahme am Gebet gestattet.

In Deutschland gibt es heute etwa zwei- bis dreitausend muslimische Gebetshäuser und etwa 1.250 hauptamtliche und tausend ehrenamtliche Imame. Die allermeisten von ihnen kommen aus der Türkei. Wenn die Moschee von der DITIB – der Türkisch-Islamischen Union der Anstalt für Religion e.V., einem der türkischen Regierung unterstellten Verein – unterhalten wird, sind die Hodschas Angestellte der türkischen Religionsbehörde und stehen unter Aufsicht der Religionsattachés der türkischen Generalkonsulate. Etwa 400 ihrer fast 800 rechtlich als »Kulturvereine« firmierenden Moscheeorganisationen verfügen über einen von der türkischen Regierung bezahlten Hodscha.

Die Imame oder Hodschas sind die Vorbeter, die die Gläubigen bei den Gebeten anleiten. Nach islamischem Verständnis darf jeder, der den Koran auf Arabisch rezitieren kann, diese Rolle übernehmen und auch als Laie rituelle Handlungen durchführen. Hodschas haben großen Einfluss auf die Meinungsbildung der Gläubigen in den Moscheen und Moscheevereinen. Jungen und Männer kommen auch zu ihnen, um sich Rat in Lebensfragen zu holen.

»Allah beschütze den Muslim!«

Jeden Freitag hält der Hodscha vor dem Gebet eine Rede an die Gemeinde. Er spricht zu einem aktuellen Thema und zieht dazu einen Vers aus dem Koran oder den Hadithen heran, den Worten oder Taten des Propheten Mohammed. »Diese Welt ist der Acker, den ihr – so wie ihr ihn verlassen habt – im Jenseits wiederfinden werdet«, predigt der Hodscha am Tag meines Besuchs in der Moschee. »Wer Falsches sät, wird Falsches ernten, der Muslim muss jederzeit darauf vorbereitet sein, diese Welt zu verlassen ...« Nach der Rede kündigt er an, dass eine neue Moschee gebaut wird, und fordert die Gläubigen auf, dafür zu spenden. »Freut euch nicht, dass ihr eine Moschee habt, denkt daran, wie viele eurer Brüder keine haben. Helft, dass sich das ändert.«

Im hinteren Teil des Saals greift der Muezzin zum Mikrofon und rezitiert das Glaubensbekenntnis auf Arabisch. »Ich bezeuge, dass es keinen Gott gibt außer Gott, und ich bezeuge, dass Mohammed sein Prophet ist.« Der Hodscha geht zur *minbar*, der Kanzel, einem mit rohen Fichtenholzbrettern verkleideten Treppenaufgang, und hält seine offizielle Freitagspredigt auf Türkisch. »Verehrte Muslime, in dieser Gesellschaft scheint es Mode geworden zu sein, Tarotkarten zu legen und Geister zu beschwören, um sein Schicksal zu erfahren. Wer sich dieser Zauberei hingibt, begeht eine große Sünde. Nur Gott kennt unser Schicksal. Alles ist vorherbestimmt. Was wollt ihr also dabei erfahren? Wollt ihr euch in Gottes Handwerk mischen? Diese Mode ist schuld daran, dass einige nicht an Allah glauben. Menschen wagen, ihr eigenes Schicksal zu bestimmen. Sind sie Gott? Schaut euch keine Zauberer an, legt keine Karten und lest nicht im Kaffeesatz! Euer Kismet liegt in Gottes Hand. Alles andere wird euch vom Glauben abhalten!« Danach liest er auf Arabisch Suren aus dem Koran, segnet die Gemeinde und spricht auf Türkisch: »Allah, beschütze alle Muslime, sorge dafür, dass kein Muslim seine Eltern verrät, dass kein Muslim einen anderen Muslim betrügt, dass ein Muslim immer gut ist zu einem Muslim. Allah beschütze den Muslim!«

Als er von der Kanzel herabsteigt, zeigt die große Uhr 12:20. Der Hodscha stellt sich Richtung Mekka auf und fängt an, laut das Gebet zu sprechen. Die Gemeinde hat sich in Reih und Glied, Schulter an Schulter, aufgestellt. Die Reihen der Umma sind geschlossen. Alle folgen dem, was der Hodscha vormacht. Er richtet seine Hände nach oben, geht mit dem Daumen an die Ohrläppchen – der Muslim öffnet sich Gott – und spricht »*Allahu akbar*«. Dann schließt er seine Arme vor dem Körper – der Muslim schließt Gott in sein Herz –, geht in die Knie und unterwirft sich dem einen Gott. »*Subhanna rabbia-l-a'la*«, preise meinen Herrn, den Allerhöchsten. Danach richtet er sich wieder auf, um wieder auf die Knie zu fallen und sich zu ergeben. Dieser Vorgang wird fünfmal wiederholt und schließt mit dem Glaubensbekenntnis.

Ich sitze hinten an der Wand. Während des Gebets kann ich die Männer beobachten und einen vielleicht drei- oder vierjährigen Jungen. Das Kind hat Angst und klammert sich an den Vater, als der sich wie alle anderen niederwirft. Ich sehe über zweihundert sich rhythmisch auf und ab bewegende Rücken hinweg in die Augen eines kleinen Jungen, der furchtsam zu mir herüberschaut. Würde ich in ein paar Monaten wiederkommen, würde er vielleicht schon in die Koranschule gehen und freiwillig neben seinem Vater niederknien.

Hodscha ist kein Beruf, sondern eine Aufgabe. Der Vorbeter verrichtet mit der Gemeinde die Gebete, weil er weiß, wie die rituellen Handlungen zu vollziehen sind. Er ist kein Seelsorger, denn Seelsorge kennt der Islam nicht. Als es mir einmal gelungen war, einen Hodscha in eine Justizanstalt zu bringen, war er völlig irritiert, als er hörte, dass christliche Theologen für die Gefangenen da sind, auch für die muslimischen, wenn die das wollen. Der Hodscha hingegen lehnte es ab, mit den Gefangenen zu beten – am Ort der Strafe würde den Sündern kein Gebet zustehen.

Hodschas werden schlecht bezahlt und kommen deswegen überwiegend aus den ärmeren Bevölkerungsschichten. In der Türkei wird ein Hodscha wie ein Grundschullehrer oder ein Näher in einer Fabrik bezahlt, derzeit mit etwa 300 Euro im Monat. Sein Einkommen rangiert traditionell am unteren Ende der Besoldungsleiter, sein gesellschaftliches Ansehen außerhalb der Gemeinde ebenfalls. Viele Hodschas in kleineren Gemeinden üben diese Tätigkeit nebenberuflich aus und sind nur zum Freitagsgebet in der Moschee.

Nach türkischem Verständnis sind die Religionsbeamten, die die türkische Regierung über die DITIB zu uns schickt, gut ausgebildet und keine Hassprediger, sondern der säkulare Teil der Islamverkünder. Sie sind Vorbeter, die den Koran, die Hadithen und die religiösen Riten kennen müssen. An der Aufklärung, der Demokratie und der Zivilgesellschaft geschulte Theologen sind die meisten von ihnen nicht. Nur ein Bruchteil der nach Deutschland geschickten Hodschas bemüht sich bisher um Kenntnisse über die hiesige Gesellschaft – nach Auskunft des Goethe-Instituts in Ankara haben im Jahr 2005 sechsundvierzig Imame an Sprachkursen und Unterweisungen in Landeskunde teilgenommen. Sie sind in der Auslegung des Korans, geschult, sie unterweisen Kinder in der islamischen Lebensweise, aber über die Rechte und Pflichten der Bürger in diesem Land wissen sie in der Regel wenig. Die Gleichberechtigung von Männern und Frauen ist nicht ihre Sache, sondern die der fremden deutschen Gesellschaft. Einen Beitrag zur Integration können sie so gar nicht leisten, sie sind meist selbst in dieser Gesellschaft nie angekommen.

Hodschas sind keine Seelsorger, sondern eher von der Türkei bezahlte Diplomaten des Islam. Die türkische Regierung hat jüngst ihren Aufenthalt in Deutschland von fünf auf vier Jahre verkürzt. Zu viele ihrer Imame haben sich nach Ablauf ihrer Amtszeit in Deutschland – legal oder illegal – niedergelassen oder von konkurrierenden Islamverbänden abwerben lassen. Gute Deutschkenntnisse oder in die Gesellschaft integrierte Hodscha-Familien könnten diese ohnehin existierende Gefahr der »Fahnenflucht« nur noch verstärken.

Als es mir endlich gelingt, einen Hodscha zu überreden, mit mir über seine Aufgabe zu sprechen, beeile ich mich, ihn zu besuchen. Ich möchte vermeiden, dass er vielleicht bei dem Religionsattaché des Konsulats anruft und um Genehmigung für das Gespräch bittet. Denn die würde ihm sicher verweigert werden, der Attaché würde darauf bestehen, selbst mit mir zu sprechen. Kontakte zu Außenstehenden, zu Personen, die nicht zur Gemeinde gehören, werden häufig von dafür geschulten Vertretern wahrgenommen. Aber ich möchte kein vorgefertigtes politisches Statement, sondern etwas über das Leben eines der religiösen Männer erfahren, auf deren Wort die Gläubigen im Alltag hören.

Es dauert etwas, bis ich die Wohnung in einem Hinterhof nahe der Moschee finde. Dieser Teil der Stadt ist Sanierungsgebiet. Die Sanierung lässt aber schon Jahrzehnte auf sich warten, und so verströmen der kopfsteingepflasterte Hinterhof, die kleinen Fenster und schmalen Treppenhäuser bedrückende Nachkriegsatmosphäre, letztmalig aufgemischt von Punkparolen aus den Achtzigern und danach vergessen. Ich steige eine schmale, ausgetretene Holztreppe über kaputte Fahrräder und alte Öfen hinauf in den dritten Stock, vor der Wohnungstür ein Schrank ohne Türen, darin Schuhe und daneben auf Teppichresten die Hausschuhe der Familie.

Eine junge Frau in Jeans und T-Shirt öffnet mir die Tür, begrüßt mich herzlich und bittet mich herein. Der Wohnraum befindet sich gleich hinter der Wohnungstür, die alte Tapete ist teilweise abgerissen und einmal weiß überstrichen. An einem dicken Nagel hängt ein *masallah*, das symbolische Auge Fatimas, aus weiß-blauer Keramik an der Wand. Später erzählt mir die Frau, die Wohnung sei gerade mal fünfunddreißig Quadratmeter groß. Die drei Kinder würden im Wohnzimmer schlafen, dann hätten sie noch ein Schlafzimmer. In der kleinen Küche sehe ich ein Kinderbett stehen. Im Wohnraum befindet sich links ein Plastiktisch, auf dem ein Computer steht, daneben ein Bücherregal, in dem nur einige Koranausgaben liegen, ein Stuhl für den Computertisch, daneben eine mit großgeblümtem Stoff bezogene Siebziger-Jahre-Couch, gegenüber ebenso bezogene große Sessel. Auf einem Beistelltisch thront ein großer Fernseher, der während der ganzen Zeit meines Besuches läuft und einen Mann zeigt, der Koransuren vorliest. Zwischen den Sitzgelegenheiten steht ein Multifunktionstisch aus DDR-Zeiten, der auf Beistelltischhöhe heruntergekurbelt und zum Teetrinken gedeckt ist.

Der Hodscha kommt aus dem Nebenzimmer, sieht mich flüchtig an und gibt mir zögerlich die Hand, bevor er sich setzt. Er ist nervös, denn er hat lange gezögert, mit mir zu sprechen.

Er hat ein Päckchen Zigaretten in der Hand und raucht bei unserem Gespräch ununterbrochen, sodass der kleine Raum im Laufe der zwei Stunden, die wir miteinander reden, immer stickiger wird. Als ich ihm sage, dass ich mit ihm über seine Ausbildung zum Hodscha in der Türkei sprechen möchte, wird er ruhiger. Seine Frau schenkt uns Tee in kleinen Caj-Gläsern ein, und er erzählt, dass er aus einem armen Viertel in Bursa komme, wo die sechsköpfige Familie in einem Haus mit zwei Zimmern lebte. Sein Vater war ein einfacher Mann, der seinen Unterhalt als Portier einer Bank verdiente und es sich nicht leisten konnte, seine Söhne und seine Töchter auf die weiterführende Schule zu schicken; die Mädchen wurden deshalb, sobald es möglich war, verheiratet.

Der Hodscha war das drittjüngste Kind. Gleich als er laufen konnte, wurde er in die Moschee mitgenommen. Er sei jetzt zweiunddreißig Jahre alt, sagt er lächelnd, und »seit meinem dritten Lebensjahr bin ich ein Hodscha«. Ihm tat sich in der Moschee eine ganz neue Welt auf. Er liebte die großen, hohen Räume und war stolz, auf dem schönen Teppich neben seinem Vater zu sitzen, dem er eifrig alles nachmachte. Als Höhepunkt des Tages empfand er es, wenn der Imam aus dem Koran rezitierte. Sein Vater sagte damals zu seinen Freunden: »Mein Sohn wird mir die Tür zum Paradies öffnen, er wird eines Tages Hodscha sein und vor uns hier beten.«

Sein Vater betete viel, besonders nachdem er eine schwere Krankheit überstanden hatte – Gott hatte ihm das Leben zum zweiten Mal geschenkt. In der Wohnung gingen wir fast auf Zehenspitzen, erzählt er, um den Vater nicht im Gebet zu stören. Er habe als kleiner Junge dabei oft neben dem Vater gekniet und so getan, als würde er auch Suren aufsagen, obwohl er noch gar keine kannte. Erst als er im Alter von fünf Jahren zur Koranschule kam, lernte er den Koran nachzusprechen.

In dem Viertel, in dem er aufwuchs, gab es für Jungen wie ihn keine Möglichkeiten, etwas zu lernen. Mit sieben ging er in die Grundschule und nachmittags in die Koranschule. Er hatte zu dem Zeitpunkt bereits den ganzen Koran einmal auf Arabisch gelesen. Es war klar, dass er nach der sechsten Klasse zur *imam hatip*, einer vom Staat eingerichteten Religionsschule, gehen würde. In den ersten drei Jahren absolviert man dort eine Realschulbildung und liest gleichzeitig intensiv den Koran. Die Kinder lernen rezitieren und dürfen als *hafis* mitarbeiten, das heißt, in der Moschee vorbeten und jüngere Kinder in der Koranschule unterrichten.

Danach kam er auf das *imam hatip lise*, ein dreijähriges Gymnasium, wo auch Mathematik, Chemie und Physik unterrichtet und die arabische Grammatik des Korans studiert wurde. Vor allem aber lernt man hier, die einzelnen Verse des Korans zu deuten und zu verstehen. Zum Koranstudium kamen dann die Hadithe, die gemeinsam mit dem Koran die Sunna, die nachzuahmende Gewohnheit bilden. Sie in ihrem Sinn und Gehalt zu erkennen und einzuordnen war die Aufgabe dieser Zeit.

Danach hätte er bereits als Hodscha arbeiten können. Er ist dann aber auf die *ilahiyet fakultesi* gegangen, eine Art Priesterseminar, wo die Zöglinge – neben dem Unterricht in arabischer Grammatik, Koranauslegung, Pädagogik und Philosophie – lernen, welche religiösen Rituale des Gemeindelebens zu beachten sind und wie sie selbst eine Predigt vorbereiten können. Ich frage ihn, ob an dem Seminar denn auch geforscht wurde, ob sie sich selbständig bestimmte Themen und Fragestellungen erarbeitet haben. Er bejaht das mit Nachdruck – zu den

Hadithen gäbe es über fünfzig Bücher, man müsse lernen, die wichtigen von den unwichtigen unterscheiden zu können, und wissen, welche dieser Bücher in der Türkei gelten und welche nicht. Er habe während des Studiums 15.000 Hadithe gelesen und die verschiedenen Formen verglichen, denn viele Hadithe würden ein und dieselbe Begebenheit nur mit anderen Worten erzählen. Und aus alldem habe er gelernt, das islamische Recht abzuleiten und zu erkennen, welche Hadithe und welche Rechtsschulen zur Türkei passten und welche nicht.

Es sei die Aufgabe eines Hodscha, dass der Gläubige seine Religion als sein Glück, als seine Liebe erkennen kann. »Sie müssen jeden Muslim dazu bringen, dass er seine Religion gern lebt.« Alles, was man tue, müsse aus dem Herzen kommen. »Es gibt im Islam keinen Zwang.«

Gottes Worte

Wie er es sich dann erkläre, frage ich, dass in so vielen islamischen Ländern Folter und Unterdrückung herrsche. Die Könige dieser Regime, meint er, seien doch keine wahren Muslime, die wollten doch nur ihren Thron retten. Ihnen diene der Islam dazu, ihre Macht zu legitimieren. Es müsse Einigkeit im Volk sein, dass man gern seine Religion lebt, sagt er dann schon etwas ungeduldig. Als ich nachfrage, warum keine der anerkannten Rechtsschulen in Riad oder Kairo zum Beispiel das Unrecht im Iran kritisierte, lenkt er ein. Das habe sich so entwickelt, und obwohl man von einer Umma spreche, gebe es sie eigentlich nicht. Die Iraner würden niemals einen ägyptischen Rechtsgelehrten akzeptieren. Zwischen Schiiten und Sunniten würde Krieg ausbrechen. Und solche Zwistigkeiten würden sich wohl nicht ändern lassen. Jedes Land lebe die Religion nach eigenen Vorstellungen. Aber wieso der Koran dann beanspruchen könne, alle Gläubigen – gleich unter welchen Verhältnissen sie lebten – zu vereinigen? Hier fühlte er sich auf sicherem Boden – der Koran sei der gemeinsame Konsens, sagt er, jeder Muslim müsse an Allahs Worte glauben, diejenigen, die das nicht täten, würden die Folgen eines Tages schon zu spüren bekommen.

Ob er es in Ordnung finde, wenn im Iran und in Saudi-Arabien nach der Scharia gestraft werde, möchte ich wissen. Er meint, das seien doch Ausnahmen. Und jedes Land entscheide selbst darüber. Wenn jemand einmal etwas geklaut habe, werde ihm heute nicht mehr gleich die Hand abgehackt. Das sei nicht mehr so. Aber dann fügt er nach einer Pause hinzu: Nur wer professionell stehle, müsse damit rechnen.

Ob es denn auch gestattet sei, dass jeder selbst irgendwann entscheiden könne, ob er islamisch sein wolle oder nicht, möchte ich wissen. Nein, sagt er, das nicht. Aber man müsse den Islam den Menschen so nahebringen, dass sie ihn gern ausübten. In der Familie komme dem Vater diese Aufgabe zu, seine Kinder im Sinne des Islam zu erziehen. Bis der Sohn oder die Tochter etwa fünfzehn Jahre alt seien, trage er die Verantwortung für den Glauben seiner Kinder. Er müsse alle Möglichkeiten nutzen, seine Kinder islamisch zu erziehen. Er müsse das im Guten machen, dürfe sie nicht schlagen oder misshandeln. Wenn es ihm nicht gelinge, seine Kinder zu gläubigen Muslims zu erziehen, dann werde er, der Vater, aus der Hölle nicht herauskommen. Er werde die größte Strafe bekommen. Es sei wie eine Schuld, die er auf seinen Schultern trage. »Wenn der Sohn mit fünfzehn immer noch kein Muslim ist, trägt der Vater die Schuld.« Der Vater müsse dafür sorgen, dass seine Kinder in ordentlichen Verhältnissen leben. Dazu gehöre auch das Verheiratetsein. Wenn er das erledigt habe, könne er sagen, er habe seine Aufgaben erfüllt. Im Grunde habe ein Vater bis an sein Lebensende dafür zu sorgen, dass seine Kinder ordentlich bleiben.

Die Integration

Ich erzähle ihm, dass ich mich mit Fragen der Integration der Türken in Deutschland beschäftige, und meine, auch die Hodschas hätten dabei eine große Aufgabe. Er bestätigt das – er habe die Anweisung bekommen, alles für die Integration zu tun. Wir müssen die Moscheen öffnen, meint er, auch für Menschen aus anderen Religionen. Leider spreche er kein Deutsch, deshalb falle es ihm mit dem Dialog etwas schwer. Er habe zwar an einem Deutschkurs teilgenommen, aber das habe nicht gereicht. Drei Jahre sei er jetzt schon in Deutschland und könne immer noch nicht deutsch sprechen. Neben seiner Arbeit bleibe kaum Zeit, die Sprache zu lernen. Er lebe nur zwischen Moschee und Wohnung. Er habe sich seinerzeit um die Stelle in Deutschland in der Hoffnung beworben, dass es ihm und seiner Familie dadurch besser gehe. Aber Hodscha sei nun einmal ein schlecht bezahlter Job, von dem man nicht leben könne – etwa 450 Euro bekomme er im Monat von der Regierung, das sei mehr als in der Türkei, und seine Wohnung bezahle der Verein. Er sei abhängig von der Gemeinde, die ihn eingeladen habe, nur wenn die ihm dabei helfe, könne er etwas hinzuverdienen.

Wohl fühle er sich nicht in Deutschland. Es sei schwer, in der Gemeinde etwas zu verändern. Viele Gemeindemitglieder seien hart im Herzen, und für ihn gebe es hier keinen Platz. Er habe versucht, die Gemeinde zu öffnen, es sei ihm nicht gelungen, und so werde er zurückgehen. Gleichgesinnte und Bekannte, »Brüder im Islam«, habe er hier, anders als in der Türkei, leider nicht gefunden. Man hätte vielleicht von Anfang an für die Integration sein sollen, sinniert er, dann wären die Türken sicher ein Stück weitergekommen. So würden die Muslime in ihrer eigenen Welt leben und hätten mit den Deutschen nichts zu tun. Das sei sehr schade.

Die Integration, insistiere ich, scheitere nicht zuletzt daran, dass türkische Eltern ihre Kinder verheiraten, damit sie sie nicht an die deutsche Gesellschaft verlieren. In Deutschland gebe es Gleichberechtigung zwischen Mann und Frau, ein achtzehnjähriges Mädchen könne von zu Hause ausziehen und sagen, ich möchte alleine leben. Ob es nicht ein durchaus berechtigter Wunsch sei, über sein Leben selbst bestimmen zu können. Er lehnt sich zurück, zieht lange an seiner Zigarette und meint dann gepresst, dass jede Gesellschaft solche Fragen für sich selbst entscheiden müsse. Für Muslime sei es nicht denkbar, dass eine unverheiratete Tochter mit achtzehn das Elternhaus verlasse, das sei doch unmöglich. Das würde er auch nicht unter Integration verstehen. Wenn die Deutschen das für richtig hielten, dann sollten sie es zulassen, und die Türken müssten das respektieren.

Sein Handy klingelt. Er steht auf und verlässt den Raum. Seine Frau, die unserem Gespräch zugehört hat, erzählt, in der Türkei hätte sie wenigstens ihre Familie und Freundinnen, die sie besuchen könne. Mit den Frauen in der Moschee würde sie sich nicht verstehen. Sie würden hier ganz für sich leben, und sie zähle jeden Tag, den sie noch hier sein müssten. Der Hodscha kommt nicht zurück, und ohne mich von ihm verabschieden zu können, gehe ich.

Die islamischen Rechtsgelehrten

Eine Moschee ist kein Gotteshaus, sondern ein »Ort, an dem man sich niederwirft«. Fast neunhundert Stunden im Jahr befindet sich der Gläubige auf dem Teppich, beugt etwa zehntausendmal seinen Rücken vor Gott, im Leben vielleicht eine halbe Million Mal. Zu den religiösen Pflichten eines Muslims gehört es, fünfmal am Tag zu beten – was aber kaum jemand, der einem Beruf nachgeht, konsequent einhalten kann. Der strenggläubige Muslim fühlt sich allein durch die Vernachlässigung dieser Pflicht in der Schuld gegenüber seinem Gott.

Jeder Gläubige hat seine Pflichten direkt gegenüber Gott, ein Gelehrter islamischen Rechts kann ihm zwar sagen, ob sein Verhalten nach gängiger Rechtsauffassung erlaubt oder verboten ist, empfohlen oder missbilligt wird, letztlich aber entscheidet Allah, ob eine Tat strafwürdig oder gottgefällig ist. Gehorsam ist also die beste Form des Glaubens. Gott hat den Menschen Gesetze gegeben, an die sie sich zu halten haben – wer dagegen verstößt, wird im Jenseits dafür bestraft werden.

Ein eigener Wille, eine eigene Verantwortung stehen dem Gläubigen nicht zu: »Ihr Gläubigen! Fürchtet Gott und sagt, was recht ist, dann lässt er eure Werke gedeihen und vergibt euch eure Schuld! Wer Gott und seinem Gesandten gehorcht, dem ist [mit der Aussicht, ins Paradies zu kommen] großes Glück zuteilgeworden« (Sure 33, Vers 70 f.). Zur Eigenverantwortung würde auch der »Zweifel« gehören – für die Christen seit der Aufklärung unabdingbarer Bestandteil jeder Gewissensentscheidung. Nach islamischer Auffassung ist der Mensch von Gott nicht dazu erschaffen worden, dass er hinterfragen soll. Die Abwesenheit jeglichen Zweifels an Gottes Wort – so der Islamwissenschaftler und Schweizer Staatsbürger Tariq

Ramadan, der unter den Jugendlichen in den Pariser Vorstädten großen Einfluss besitzt – mache die eigentliche Überlegenheit des Islam gegenüber dem Christentum und der westlichen säkularisierten Gesellschaft aus, schreibt er in »Der Islam und der Westen«.

Da im Koran und in der Sunna nach Auffassung der Rechtgläubigen bereits alles gesagt ist, gibt es die Frage »Warum?« im Islam nicht. Aber nicht jede konkrete Lebenssituation konnte der Koran voraussehen und beschreiben, und so sind im Laufe der Zeit Gelehrten- und Rechtsschulen verschiedener Glaubensrichtungen entstanden, die auf Grundlage des Korans und der Hadithe die Sunna, die nachzuahmende Lebensweise, definieren. Weil es dazu immer wieder verschiedene Auffassungen gegeben hat, werden von *muftis*, islamischen Rechtsgelehrten, Gutachten zu strittigen Fragen erarbeitet, die von allgemeinem Interesse sind – so genannte *fatwas*. Ein Mufti kann von einem Gläubigen angerufen werden, eine ihn betreffende Frage zu klären, oder aber der Gelehrte nimmt aus eigenem Antrieb Stellung zu einem Problem. Da wird kein Lebensbereich ausgelassen, vom Schminken über das Fußballspielen zur Frage, ob der Hurrikan Katrina eine Gottesstrafe ist oder ob Verlobte sich E-Mails schreiben dürfen, bis hin zum Mordaufruf gegen vermeintliche Nestbeschmutzer, wie den Schriftsteller Salman Rushdie, oder die Verurteilung der Anschläge auf die Londoner U-Bahn.

Die Fatwa

Das Institut für Islamfragen unter der Leitung von Christine Schirrmacher sichtet regelmäßig die im muslimischen Raum ergangenen Fatwas und dokumentiert sie auf seiner Internetseite (www.islaminstitut.de). So fragt ein Muslim beispielsweise das Fatwa-Gremium, was er tun könne, um seine Schwester dazu zu bewegen, ihren Schleier zu tragen, er habe sie bereits mehrfach vergeblich zurechtgewiesen. Nun sehe er keinen anderen Ausweg, als sie zu töten, weil er befürchte, sonst von Allah am Tag des Gerichts in die Hölle geschickt zu werden. Das Gremium empfiehlt, er solle seine Schwester nicht töten, sondern mit seinem Vater über dieses Problem reden, denn dem müsse die Familie gehorchen. Der Vater müsse seine Ehefrau und Töchter zwingen, sich zu verschleiern. Das Gremium sagt: »Wir dürfen die gottlosen Gesellschaften [in denen Frauen unverschleiert sind] nicht nachahmen. Diese Gesellschaften sind mit Schmutz, Ehrlosigkeit und Frevel beladen. Sie sind sogar einigen Tieren unterlegen.«

Ein anderer Muslim beschwert sich bei Scheich Saleh Bin Fausan, sein Arbeitgeber habe von ihm verlangt, seinen Schnurrbart und seinen Bart abzunehmen, wenn er seinen Job behalten wolle. Wie er sich dazu verhalten solle? Die Antwort des Mufti: »Sie dürfen Ihren Schnurrbart rasieren. Ihren Bart dürfen sie nicht abrasieren, da dies von Allahs Propheten verboten wurde (…). Sie müssen diesen Verstoß gegen Allahs Religion an einflussreiche Männer weiterleiten, sodass diese Person gezüchtigt werden kann …« Und ein muslimischer Junge fragt das saudische Stammgremium für wissenschaftliche Forschung und Gutachten, ob er als Neunjähriger auch beten, fasten und andere geistliche Pflichten erfüllen müsse. Die Antwort der Glaubenshüter: »Ein Muslim und eine Muslima müssen die Pflichten des Islam verrichten, sobald sie geschlechtsreif sind.« Das Gremium zitiert dazu aber die berühmte Überlieferung Mohammeds: »Befehlt euren Kindern zu beten, wenn sie sieben Jahre alt werden. Schlagt sie, falls sie dies nicht tun, wenn sie zehn Jahre alt werden. Trennt die Geschlechter im Bett.«

Dies sind nur drei – keinesfalls außergewöhnliche – Beispiele für zahlreiche Fatwas, die im Jahr 2005 erlassen wurden.

Da es eine für alle verbindliche Deutungshoheit durch eine islamische Institution nicht gibt – mal ist es der Ayatollah aus dem Iran, mal ein Scheich aus Riad oder ein Rechtsgelehrter aus Kairo –, haben diese Angerufenen so viel Autorität, wie der einzelne Gläubige ihnen zumisst oder wie einflussreich der jeweilige Mufti in seiner Gesellschaft ist. Aber wer sich von dem Wettbewerb der Gelehrten mehr Vielfalt erhofft, irrt: Die Denkmuster sind immer gleich. Bildlich gesprochen hat Gott einen Zaun aus Gesetzen um seine Herde errichtet; Grenzwächter, Muftis oder Murabitun, wachen über die Gesetze und zeigen an, wann die Grenze übertreten wird. »Ehre«, »Anstand« und »Schande« markieren Erlaubtes und Verbotenes. Wachsam aber ist auch jeder einzelne Gläubige, denn jedes Individuum kann sich durch seine Taten und seine »Gottesfurcht« direkt um einen Platz im Paradies bewerben; zugleich ist jeder Gläubige berechtigt, den anderen im Zweifelsfalle vor der Gemeinschaft zur Rechenschaft zu ziehen. Der Muslim ist nicht nur gehalten, für sich selbst nach Gottes Gesetzen zu leben, er ist auch verpflichtet – wie der Koran in Sure 7, Vers 157, verkündet –, »zu gebieten, was recht ist« und zu »verbieten, was verwerflich ist«. Dieser Vers ist Grundlage für die soziale Kontrolle, der vor allem Frauen und Mädchen in der Öffentlichkeit unterliegen.

So glaubte der Arbeitskollege meines Onkels, er müsse handeln, nachdem er meine Cousine und mich in einer Diskothek gesehen hatte, und schwärzte uns beim Onkel an – mit der Folge, dass die »Ehre« meines Onkels in den Augen der muslimischen Gemeinschaft nun wirklich beschmutzt war und er seine Tochter schnurstracks durch ihre Verheiratung in der Türkei entsorgte. Diese »Wachsamkeit«, die an andere Denunziationen im Dienste der »Sache« aus der Geschichte erinnert, lässt muslimische Männer glauben, sie dürften Frauen, die sich nicht an die muslimischen Vorschriften halten, beschimpfen oder drangsalieren.

Der Streit um die Deutungsmacht islamischer Vorschriften ist so vielfältig wie die Orte ihrer Verkündung. Allerdings wird das Instrument der Fatwa immer zur Maßregelung benutzt, die heiligen Schriften selbst werden niemals infrage gestellt, sie sind »versiegelt«.

Glaube oder Vernunft

Im 8. Jahrhundert erlebte der Islam eine Phase der wirtschaftlichen und kulturellen Expansion. Unter dem fünften Abbassidenkalifen Harun al-Rashid (786–809), bekannt aus dem Märchen aus »Tausendundeine Nacht«, blühte der Islam auf und fand in den folgenden zwei Jahrhunderten seine verbindliche Form – das klassische Arabisch wurde die Sprache dieser Kultur, die vier bis heute bestehenden Rechtsschulen bildeten sich heraus und mit ihnen die Scharia und die islamische Theologie. Das Abbassidenreich wuchs, klopfte mit seinem Heer an die Tore von Byzanz, ließ Kirchen in Kleinasien niederreißen und zum Christentum übergelaufene Quarasiten hinrichten. Das Reich dehnte sich in alle Richtungen aus, Harun ließ Händler mit den Produkten seiner Textil-, Metall- und Papierindustrie nach Norden gen Russland und in den Osten bis ins chinesische Kanton reisen. Die Handelswege von Westen nach Osten führten über sein Reich. Karl dem Großen schickte er als Zeichen des guten Willens, von Herrscher zu Herrscher, einen weißen Elefanten nach Aachen.

Innerhalb des Reiches aber tobten Machtkämpfe. Auf der

einen Seite standen die in Privilegien schwimmenden Beamten, auf der anderen Seite die Religionsgelehrten, die die Lehre Mohammeds durchsetzen wollten und die Askese des Kriegslagers befürworteten. Einerseits lockte die persische Lebensart, eine hierarchisch geprägte Hochkultur, die die Künste und Wissenschaften beförderte, während die arabische Seite der egalitären Umma den Vorrang gab, in der nach dem Religionssoziologen Max Weber »der Krieger, nicht der Literat, das Ideal der Religiosität« darstellte.

Das Reich hatte vielfältige Beziehungen zur alten, hellenistisch geschulten Welt, und an Bagdads zahlreichen Akademien fanden die griechischen Philosophen immer mehr Gehör. In der Stadt gab es bald mehr als hundert Buchhandlungen, Aristoteles und Hippokrates wurden ins Arabische übersetzt, aber ihre Lehren basierten auf ganz anderen geistigen Grundlagen; sie erwiesen sich als gefährlich und führten dazu, dass die Glaubwürdigkeit der islamischen Offenbarungen immer häufiger infrage gestellt wurde. Die Gelehrten in Bagdad standen damit vor einem Dilemma, das der Religionswissenschaftler Hans Küng in seinem Buch »Der Islam« folgendermaßen beschreibt: »Entweder man glaubt an die Offenbarung, an den Koran und den Propheten und den Vorrang des Glaubens vor der Vernunft, um die religiöse Wahrheit zu finden: Dann bedarf es keiner philosophischen Rechtfertigung der Lehren des Korans; dann braucht man bestimmte entgegenstehende philosophische Lehren des Platon oder Aristoteles nicht ernst zu nehmen; dann hat die Vernunft nur die Funktion, nachträglich zur philosophischen Erklärung und Vertiefung der geoffenbarten Lehre beizutragen. Oder man akzeptiert den Vorrang der Vernunft und der philosophischen Reflexion: Dann denkt man von Gott, dem höchsten Sein, ebenso philosophisch-rational wie von der Welt und dem Menschen ...«

Da es trotz aller Kanonisierung der Offenbarungen immer wieder Streit um ihre Auslegung gab, begann man im frühen 8. Jahrhundert, die Hadithe, die Worte und Taten des Propheten, an den Rechtsschulen zu sammeln. Abertausende dieser Geschichten unterschiedlichen Inhalts kursierten, und so entstand eine Hadith-Wissenschaft, die echte von falschen, gute von schlechten Geschichten unterscheiden sollte. Der Rechtsgelehrte Al-Bukhari, gestorben 870, veröffentlichte 97 Bücher mit Hadithen, nach Themen geordnet. Die größte kanonische Sammlung ist die von Ahmad ibn Hanbal (780–855), die mehr als 80.000 Hadithe umfasst. Es entwickelten sich vier Prinzipien der Rechtswissenschaft, nach denen die heiligen Schriften beurteilt wurden: Was steht wörtlich im Koran, was ist aus der »Tradition des Propheten«, der Sunna, abzuleiten, welcher Analogieschluss ist möglich, und wie ist das in Übereinstimmung, zum Konsens zu bringen.

Das persische Reich wuchs, und die absolutistisch in Prunk schwelgende Herrschaft entfernte sich weiter vom Volk. Bald wurde das despotische und verschwendungssüchtige Kalifat von der Bevölkerung nicht mehr als moralische Autorität akzeptiert. Die Gläubigen wandten sich den arabisch-islamischen Rechtsgelehrten zu. Das Kalifat als »Nachfolger des Propheten« sah sich auf den Druck der Straße hin genötigt, mit diesen Rechtsgelehrten zusammenzuarbeiten und den Koran und die sich entwickelnde Sunna als verbindlich anzuerkennen. Die Kalifen nahmen die fromme Opposition in die Regierung auf und stellten damit jene »Ruhe und Ordnung« her, die bis heute anhält.

Die Zunft der Rechtsgelehrten legte künftig fest, wie das

göttliche »Recht« zu verstehen und zu interpretieren sei. Damit bildete sich unter den Abbassiden jenes umfassende Recht heraus, »das für traditionell denkende Muslime bis heute unverändert in Kraft ist: das heilige ›Gesetz‹, die Scharia, die Gesamtheit der kanonischen Gesetzesvorschriften, kultische und soziale Pflichten eingeschlossen«, schreibt Hans Küng in seinem Buch »Der Islam«. Die *ulema*, die Rechtsgelehrten und die Rechtsschulen, errangen die Deutungsmacht im Islam. Das war auch das Ende jeder philosophischen Diskussion.

War der Prophet für die alten Rechtsgelehrten als Koraninterpret nur einer unter Gleichen gewesen, dem durchaus widersprochen werden durfte, wurde mit der Sakralisierung, der Heiligsprechung der Überlieferungen, der Prophet zum Gesetzgeber schlechthin. Nicht nur der Koran als göttliche Offenbarung, sondern auch seine Taten, die Hadithe, wurden heilig. Das hatte zur Folge, dass die selbständige Rechtsfindung immer stärker eingeschränkt wurde und letztlich unterblieb. Das »Tor der selbständigen Rechtsfindung« wurde geschlossen, wie der Historiker Dan Diner in seiner Studie über die Krise in der islamischen Welt schreibt, »versiegelt«. Aus dem Recht auf Rechtsfindung wurde *taqlid*, die Pflicht zur Nachahmung, die seitdem alle Lebensbereiche des islamischen Lebens durchdringt – so wie die Älteren es machen: den Koran auswendig lernen, nicht fragen, sondern gehorchen und so tun, als seien alle Fragen beantwortet. Und die muslimische Welt weigert sich bis heute, diese Denkblockade zu durchbrechen.

Die Trennung von Religion und Staat, das Ende der Herrschaft »von Gottes Gnaden« im Westen war und ist ein Ergebnis der Aufklärung, ein Sieg der Vernunft, die im Islam vor mehr als tausend Jahren vor den Imamen kapitulieren musste.

Mein Weg zum Ich

Ein eigenes »Ich« zu entwickeln ist schwer, besonders wenn es in der Gesellschaft, aus der man kommt, nur ein »Wir« gibt. Zwei meiner geistigen Mentoren auf diesem Weg waren Max Weber und Jesus. Der eine lehrte mich zu erkennen, dass selbst Religion Mittel zum Zweck sein kann, der andere half mir, Zutrauen zu mir selbst zu fassen.

Mein Freund war Segler, und wenn ich mit ihm zusammen sein wollte, musste ich oft mit auf das Boot. Mir war auf dem Wasser immer schnell übel, wohl fühlte ich mich eigentlich nur im Hafen oder auf Reede, wenn das Wasser ruhig war, wenn ich Tee kochen, Kuchen essen oder mich sonnen konnte. Einmal segelten wir nachts nördlich von Skagen bei kräftigem Wind, und ich versuchte, unter Deck mein kleines Leben an der Tischkante festzuhalten. Irgendwann musste ich auf den »Topf«. Mein Freund sagte zu mir: »Schau immer nach vorn, dann passiert schon nichts, ich binde dich fest.« Ich saß also an Deck, auf einem Plastikeimer, während die Nussschale auf den Wellen tanzte. Ich weiß nicht, warum, aber ich sah mich um. Hinter mir türmte sich plötzlich eine haushohe schwarze Wand aus Wasser auf. Mir fuhr der Schreck in die Glieder – wie Lots Weib, das sich trotz Warnung nach den Trümmern von Sodom und Gomorrha umdrehte und dabei zur Salzsäule erstarrte, so dachte ich noch, bevor ich in Ohnmacht fiel. Als ich später in der Koje erwachte, erklärte mir mein Freund, dass überhaupt keine Gefahr bestanden habe und wir sicher »wie in Abrahams Schoß« seien. Ich wusste nicht, ob das nur eine Rationalisierung war oder ob er tatsächlich solches Gottvertrauen besaß. Naturgewalten waren in der Vorstellungswelt, aus der ich kam, ebenso mit Angst besetzt wie Gott selbst.

Der Gott der Muslime ist in erster Linie ein Gott, den man fürchten muss, dem man ausgeliefert ist, dem man zu dienen hat und der beim Jüngsten Gericht darüber richten wird, ob das, was man getan hat, die Hölle rechtfertigt oder aber für das Paradies reicht. *Allahtandami korkmadin* – hast du denn keine Angst vor Gott? Immer wenn ich etwas Unrechtes getan hatte, stellte meine Mutter mir diese Frage. Angst vor Strafe gehört zur muslimischen Erziehung. Wenn ich also etwas über diese »ungläubigen Europäer« erfahren wollte, die mein Vater so bewundert hatte und doch nicht verstehen konnte, dann musste ich mich mit ihrer Religion beschäftigen.

Der Islam – eine »Herrenreligion«

Bei dem Max-Weber-Spezialisten Dirk Käsler besuchte ich ein Seminar über eines der Hauptwerke des großen Soziologen: »Die protestantische Ethik und der ›Geist des Kapitalismus‹«. »Alles Handeln ist Mittel zum Zweck«, schrieb Weber, der die Wirtschaftsethik der großen Weltreligionen untersucht hatte und dabei auf den auffälligen wirtschaftlichen Erfolg protestantisch geprägter Regionen gestoßen war. Die »religiöse Lebensführung« der Protestanten, ihre Auffassung der Arbeit als Dienst am Reich Gottes und ein asketischer Konsumverzicht schufen den modernen Typ des Unternehmers, der sein erarbeitetes Kapital ständig zu mehren suchte, weil er wirtschaftlichen Erfolg als Zeichen der »Gnadengewissheit« wertete. So konnte die protestantische Religion zur Geburtshelferin der europäischen Geschichte werden. Irgendwann löste sich das »zweckrationale Handeln« von seinen religiösen Grundlagen und leitete eine umfassende »Entzauberung der Welt« ein, der auch die Religion zum Opfer fiel. In der »entzauberten« säkularisierten Welt gibt es keine überlegene Wahrheit mehr, nur noch den Zweifel, die Frage, die Suche.

Für mich war das etwas unerhört Neues, widersprach es doch allen Vorstellungen, die ich mir bisher über die Rolle der Religion gemacht hatte. Leider war Weber nicht mehr dazu gekommen, den Islam einer ebenso systematischen Untersuchung zu unterziehen wie die anderen Weltreligionen. Nur wenige Seiten sind in seinem Werk »Wirtschaft und Gesellschaft« der Frage nach der »Weltangepasstheit des Islam« gewidmet. Aber die haben es in sich.

Für Weber ist der Islam ein »Spätling des vorasiatischen Monotheismus« und wandelte sich schon unter Mohammed in eine »nationalarabische und dann vor allem: ständisch orientierte Kriegerreligion um«. Mohammed sei ein feudaler Herrscher gewesen, dem Luxus zugetan. Spöttisch schildert Weber den Propheten als einen älteren Herrn, der seinen Bart färbte, »um bei den Frauen Erfolg zu haben«. Nicht aus religiösen Gründen seien mächtige Familien zum Islam übergetreten, sondern um Beute zu machen. »Gerade die Frömmsten schon der ersten Generation waren die Reichsten oder richtiger: die durch Kriegsbeute am meisten Bereicherten von allen Genossen.« Raub, *ghazu*, war die Grundform der nomadischen Aneignung. Alles, was sich auf dem Rücken der Kamele davontragen ließ, wurde fortgeschafft. Die religiösen Pflichten seien »Maßregeln wesentlich politischen Charakters« gewesen – »Erlösung« im ethischen Sinne gebe es in dieser Religion nicht: »Individuelle Heilssuche und Mystik ist dem alten Islam fremd.« »Reichtum, Macht und Ehre sind die altislamistischen Verheißungen für das Diesseits: Soldatenverheißungen also, und ein Soldatenparadies im Jenseits.« Das Urteil des Soziologen fällt dann auch vernichtend aus – eine ständisch-feudale »Herrenreligion« nennt er den Islam: »Die Selbstverständlichkeit der Sklaverei und der Hörigkeit, die Polygamie und die Art der Frauenverachtung und -domestikation, der vorwiegend ritualistische Charakter der religiösen Pflichten, verbunden mit großer Einfachheit der hierhergehörigen Ansprüche und noch größerer Bescheidenheit in den ethischen Anforderungen sind ebenso viele Merkmale spezifisch ständischen feudalen Geistes.«

Webers unsentimentale Sezierung der Religionen warf für mich zunächst zwar mehr Fragen auf, als ich beantworten konnte. Aber ich hatte Witterung für mein Thema aufgenommen: der Islam und die Migranten, der Glaube und ich.

Die Botschaft der Hoffnung

Ich belegte ein weiteres religionssoziologisches Seminar, diesmal über die Lehre Jesu. Ich wollte wissen, wie weit der Rationalismus des christlichen Europa ging, ob sich dieses »Alles Handeln ist Mittel zum Zweck« überhaupt noch mit einer christlichen Botschaft vereinbaren ließ.

Ich wusste, wie Mohammed mit seiner Gemeinde sprach, dass er sich als Sprachrohr Gottes sah und auch die Regelung persönlichster Dinge der Gemeinde über Nacht als göttliche »Offenbarung« präsentierte. Ich wusste, wie jedwede Überlieferung heilig gesprochen worden und damit der Prophet zum »Gesetzgeber« geworden war; ich hatte gelernt, dass die Geschichten des Korans Gottes Wort sind, als Gesetz verstanden werden und die Schrift eine Anweisung ist: »Und wir haben die Schrift nur darum zu dir hinabgesandt, damit du ihnen klarmachst, worüber sie uneins waren, und als Rechtleitung und Barmherzigkeit für Leute, die glauben« (Koran, Sure 16, Vers 64).

Jesus hat keine Gesetze hinterlassen. Mit seinen Jüngern redet er anders als Mohammed mit seiner Gemeinde. Besonders im Evangelium des Matthäus spricht Jesus in Form von Gleichnissen zu den Menschen, sie sollen »mit dem Herzen verstehen« (Matthäus 13, 15), denn »mit sehenden Augen sehen sie nicht und mit hörenden Ohren hören sie nicht«. Es sind Gleichnisse, auf die der Empfänger sich einlassen muss, die interpretationsbedürftig sind und die eine Gewissensentscheidung des Einzelnen herausfordern.

Während der Islam eine autoritäre Religion ist, die immer noch von einer vor Jahrhunderten formulierten »überlegenen Wahrheit« ausgeht, die der Gläubige zu begreifen und der er sich zu unterwerfen hat, fordert Jesus die Menschen auf, »an sich zu glauben«, und ermutigt sie, keine Angst zu haben, »denn ich bin bei euch«. Während der Koran, wie in Sure 4, Vers 89, beschrieben, Ungläubige verfolgt – »Und wenn sie sich abwenden [und eurer Aufforderung zum Glauben kein Gehör schenken], dann greift sie und tötet sie, wo [immer] ihr sie findet, und nehmt niemand von ihnen zum Freund und Helfer« –, lehrt Jesus, nicht nur den Nächsten, sondern sogar den Feind zu lieben. Gottes Sohn ist keiner, den man fürchten muss. Er nimmt den Menschen die Angst, er stärkt ihr Selbstbewusstsein: »Ja, wenn der Herr dein Freund ist, dann bist du immer sicher. Dann brauchst du nie mehr Angst zu haben.« Glaubt an mich und an euch selbst, dann wird selbst das Unmögliche möglich. Wenn ich auf dem Wasser gehen kann, dann könnt ihr es auch. Meine Abneigung gegen kleine Boote, die auf den Wellen tanzen, nahm er mir damit nicht. Aber die Furcht vor dem Unbekannten.

Während das Alte Testament wie der Koran Geschichten von Blut und Gewalt erzählt, ist das Neue Testament eine Botschaft der Liebe und der Hoffnung. Schon die Geschichte von Christi Geburt war für mich anders und neu. Da kommen weise Männer, Könige und Gelehrte daher, um ein armes Kind anzubeten – ein Kind als König, als Hoffnung der Welt. Das ist anders als die muslimische Vorstellung von Kindern, die den Eltern gehören, von denen zum Beispiel beim Beschneidungsfest sogar ein körperliches Opfer verlangt wird. Jesus hatte sechshundert Jahre vor Mohammed den Menschen dieses Opfer abgenommen, niemand sollte für Gott mehr sterben müssen. Manchen Muslimen gilt er deshalb bis heute als ein schwacher Prophet – seine Kreuzigung, mit der er alle Sünden der Menschen auf sich genommen und ihnen das Opfer abgenommen hat, will der Koran nicht akzeptieren. Jesus ist im Koran »nur der Gesandte Gottes«, das Christentum eine »vorläufige Religion«. »Der Islam«, schreibt die Islamwissenschaftlerin Christine Schirrmacher, »begreift sich als Religion, die am Ende der Zeiten herrschen wird.«

Vom »Herdentier« in uns

Mir sagte Jesu Botschaft der Hoffnung in dieser Phase meines Lebens sehr viel. Ich hatte meine Familie verlassen. Ich führte ein für eine türkische Frau ungewöhnliches Leben – allein in der Fremde und unverheiratet. Ich war aus der türkisch-muslimischen Welt ausgebrochen, ihrer Kontrolle entflohen und hatte mich auf den Weg gemacht. Der innere Ablösungsprozess von dem »Wir« aber war schwerer. Musste ich früher gehorchen und konnte meinen eigenen Wünschen nur nachgehen, wenn ich Gott betrog oder vernachlässigte, so war ich es jetzt, die Entscheidungen traf. An die Stelle von Angst und Strafe, die durch die Eltern oder vor dem Jüngsten Gericht drohte, trat die eigene Verantwortung, trat mein Gewissen. Vor ihm musste ich verantworten können, was ich tat. Die »frohe Botschaft« des Christentums half mir, Zutrauen zu mir selbst zu fassen, Verantwortung für mich und andere zu übernehmen. Sie half mir, mich von dem »Wir« zu lösen und ein »Ich« zu werden.

Wie schwer die Befreiung von dem »Wir«, von den Geboten einer kollektivistischen Leitkultur fällt, spürte ich noch lange. Häufig machte sich das gerade in Kleinigkeiten bemerkbar. Bis heute ist es mir zum Beispiel unmöglich, in Gegenwart älterer türkischer Männer, wie meines Onkels Enischte, zu rauchen oder die Beine übereinanderzuschlagen. Es gehört sich einfach nicht, dass Jüngere in Gegenwart von Älteren rauchen oder Frauen in Gegenwart von Männern das Wort ergreifen und ihnen widersprechen. Kaum besucht man Eltern oder Verwandte, beginnt man, Kompromisse zu machen.

Aber ich las auch bei anderen, dass die tief verwurzelte kollektive Prägung selbst jene wieder einfangen kann, die glauben, sie längst überwunden zu haben. Der ungarische Schriftsteller Péter Nádas, der dem verordneten Sozialismus in seinem Land vor der »Wende« 1989 jahrzehntelang mit seinem Schreiben zu entkommen suchte, hat in einem Interview erzählt, wie dieser Fluchtversuch immer wieder im Kampf mit dem »Herdentier« in uns steht und daran zu scheitern droht: »Früher habe ich gehofft, dass die Liebe das Individuum in einer Diktatur retten kann, dass der Liebesroman wenigstens von der Bewahrung der Sehnsucht nach der Freiheit erzählen kann. Ich musste einsehen, dass das Individuum nicht gerettet werden kann, sondern jene Banalität eintritt, die wir aus dem wunderschönen Gedicht Gyula Illyes ›Ein Satz über die Tyrannei‹ kennen: ›Die Tyrannei stieg sogar ins Hochzeitsbett, infizierte sogar die Paarung.‹ Wenn die Tyrannei sogar in der Liebe, in den intimsten Situationen zu spüren ist, dann dringt die Gesellschaft sehr tief ins Individuum ein. Dann wirken kollektive Bewusstseinsinhalte nicht nur als kultureller Kitt, sondern auch als zerstörerische, vernichtende Kraft. Die Frage ist, ob es überhaupt ein Individuum gibt, wenn solche kollektiven Kräfte in einem einzigen Menschen toben. Wo ist die Person in mir, wenn das Herdentier in mir so stark ist?«

Die Geschichten in diesem Buch erzählen auch von einem solchen Kampf. Sie erzählen von der Macht des »Wir« und seiner Gebote über das Leben des Einzelnen und wie diese Gewalt bis an die Grenze der Selbstzerstörung führen kann. Es sind im wahren und im übertragenen Sinne des Wortes Gefängnis-Geschichten. Sie erzählen von dem Herdentier in uns und was dieses mit uns machen, in uns anrichten kann. Die Männer, mit denen ich gesprochen habe, haben getan, was man von ihnen verlangte oder erwartete. Wer sich von diesem »Wir« nicht löst, wird sich nie eine eigene Geschichte erarbeiten können.

Von Philosophen und Propheten

*Aphrodite, Athene, Demeter – meine griechischen Göttinnen
standen mir auf dem Weg in die Freiheit zur Seite. Sie verkörperten Schönheit, Intelligenz und Wachstum und vermittelten
mir ein anderes Frauenbild. Und sie öffneten mir das Tor zur
griechischen Philosophie: zu den Fragen nach dem Ob, Warum, Wozu, zum Für und Wider, zum Argument.*

Vor nicht langer Zeit schrieb mir ein junger türkischstämmiger
Mann, dass er aus der elterlichen Wohnung geflohen sei, weil
er es nicht mehr habe ertragen können, wie sein Vater über
ihn bestimmen wolle. Er freute sich über seine neu gewonnene
Freiheit, fürchtete sich aber gleichzeitig vor ihr. Wer eine Gemeinschaft verlässt, wer soziale Sicherheit aufgibt, sich von
überlieferten Gewohnheiten verabschiedet und versucht, ein
eigenständiges Ich zu werden, ist zunächst einsam. Und nichts
fürchten – nicht nur türkische – Menschen so sehr wie die Ein-
samkeit. Man ist in einer türkischen Familie nie allein; allein
sein gilt als schreckliches Schicksal.

Auch ich musste das Alleinsein erst lernen, musste mir selbst
genug sein können. Mir blieb gar nichts anderes übrig. Ich hatte meine Familie verlassen, war in eine fremde Stadt gezogen
– alles war neu, selbst ich war mir fremd. Ich musste das her-
metische System der auf sich selbst bezogenen türkisch-muslimischen Gemeinschaft, das »Wir«, verlassen, um das Denken zu lernen. Dieser Schritt in die Freiheit ist schwer, man ist
schutzlos, wenn man das Nest verlässt – wie ein kleiner Vo-

gel, der seine ersten Flugkünste unter den Augen der Katze erprobt. Denn Freiheit kann auch kalt und gefährlich sein. Ich wusste: Die Freiheit fällt niemandem in den Schoß, sie will erobert werden. Und dafür musste ich lernen, viel lernen.

Meine Göttinnen

Dabei kam mir mein Studium wieder zu Hilfe, genauer gesagt ein dreisemestriges Projekt über griechische Mythologie. Ich entdeckte die Göttinnen, meine Göttinnen. Unsere Professorin Wiltrud Schwärzel trug mir und meinen Kommilitoninnen auf, zu Beginn der Betrachtungen über die Liebesgöttin Aphrodite symbolische Gegenstände mitzubringen, die für uns mit unserem »Frausein« verbunden sind. Ich entschied mich nach einigem Überlegen für einen Spiegel und meine Perlenkette. Schönheit, Liebe, Sexualität werden im Islam als *fitna*, als Chaos verursachend und gefährlich angesehen. In den vorchristlichen Mythen entdeckte ich eine ganz andere, sinnliche Welt.

Schönheit, Anziehung und Verlockung gegenüber dem männlichen Geschlecht galten in der griechischen Mythologie als göttlich. Aphrodite, die Göttin der Schönheit, die erste aller Göttinnen des Olymp und älter als Zeus, wurde der Sage nach in einer Muschel aus Schaum geboren. Sie war mit Hephaeistos verheiratet und hatte viele Liebhaber. Als ihr Seitensprung mit Ares, dem Kriegsgott, von den anderen Göttern entdeckt wurde, spottete einer: »Die Frauen hassen den Krieg, aber lieben den Sieger.« Sie liebte Adonis, den Argonauten Butes, aber sie liebte auch Hermes und Poseidon und Anchises, mit dem sie Äneas zeugte. Eine Frau, die Ehebruch zum Vergnügen betrieb, wurde als Göttin verehrt und nicht gesteinigt? Diese Göttin gefiel mir.

Aber auch Athene, die Göttin der Weisheit, sagte mir zu. Eines Tages hatte der Göttervater Zeus starke Kopfschmerzen, und er bat seinen Sohn Hephaeistos, Gott der Handwerker und Ehemann von Aphrodite, um Hilfe. Der aber war kein Arzt, sondern Schmied, und so fiel ihm nichts Besseres ein, als seinem Vater mit einer Axt den Kopf zu spalten. Dem Spalt entsprang Athene, die Lanze in der Hand und den Helm auf dem Kopf. Sowohl den Griechen wie auch den Römern galt sie als Sinnbild der Intelligenz, verfügte sie doch über die nötige List, den gewalttätigen Ares zu besiegen. Athene, eine »Kopfgeburt«, setzte Intelligenz gegen Gewalt ein. Auch das gefiel mir.

Demeter, die Göttin von Wachstum und Fruchtbarkeit, war eine Tochter von Kronos und Rhea (die erste Generation der Gottheiten), Schwester, aber auch Geliebte von Zeus, mit dem sie die Tochter Persephone hatte, die von Hades geraubt und in die Unterwelt geschafft wurde. Aus Trauer darüber weigerte sich Demeter, das Getreide weiterwachsen zu lassen. Zeus musste eingreifen, und er entschied, dass Persephone drei Monate im Jahr bei Hades und neun Monate bei Demeter verbringen sollte. Fortan streikte Demeter, wenn das Mädchen bei Hades war, und so entstand der Winter.

Der Ursprung Europas

Schönheit und Selbstbewusstsein, Intelligenz und Wachstum – jede einzelne meiner Göttinnen trat so anders auf als eine traditionelle Muslima, sie ließen mich neugierig werden. Ich wollte mehr wissen über die Welt, aus der sie kamen. Sie öffneten mir das Tor zu einer ganz anderen geistigen Landschaft als die, die ich bisher kannte: zur griechischen Philosophie. Sie ließ mich verstehen, warum Europa in der griechischen Antike geboren wurde. Sie lieferte die geistige Erbmasse, von der das abendländische Denken bis heute zehrt. Begriffe wie Prinzip, Element, Materie, Geist, Seele, Denkschulen wie Idealismus, Realismus, Skeptizismus, Materialismus, all das ist damals entstanden. Auch die Wissenschaft ist eine »Erfindung« der Griechen. Es sei ihre Fähigkeit, jede einmal »gestellte Frage ins Prinzipielle zu wenden«, hat der deutsche Physiker Werner Heisenberg einst in einem Vortrag an den Griechen gerühmt.

Für die Griechen war es eine demokratische Tugend, im öffentlichen Diskurs über alle Dinge nachzudenken, nach dem Ob, dem Warum, dem Wozu zu fragen, mit Gründen und Gegengründen Stellung zu nehmen und so einen Überzeugungsprozess unter allen Betroffenen einzuleiten. Nur so – durch Prüfung, Erörterung, Beratung und Beurteilung von anstehenden Fragen im gemeinsamen Diskurs – glaubten die Griechen, das Bürgersein und das Handeln des Bürgers in der Polis im Sinne des Gemeinwohls sichern zu können. Wer sich mit ihrer Philosophie beschäftigt, lerne zu argumentieren und könne sich so, um noch einmal Werner Heisenberg zu zitieren, »immer wieder im Gebrauch des stärksten geistigen Werkzeugs üben, das abendländisches Denken hervorgebracht hat«.

Das Argument schließt den geistigen Respekt vor dem anderen, der anders denkt als ich, mit ein. Die Griechen waren immer offen für das Fremde. Sie waren Händler, sie konnten sich den vielen – orientalischen, ägyptischen, babylonischen und phrygischen – Einflüssen gar nicht entziehen. Auch ihr Götterhimmel war bevölkert von lauter Fremden, die aus allen Himmelsrichtungen dazustießen. Diese Fremden wurden aufgenommen, ihre intellektuelle Mitgift einverleibt und verarbeitet. Auch Europa, die unserem Kontinent den Namen gab, war eine von diesen Zugewanderten, eine phönizische Prinzessin aus dem Land des Purpurs, das dort lag, wo heute Syrien und der Libanon aneinanderstoßen.

Als das Weltreich zerfiel, als die Griechen ihre politische Vorrangstellung verloren, wurden sie zu einer anderen, einer geistigen Macht, die sich bis nach Persien und China erstreckte. Ihre Stützpunkte waren die Bibliotheken. Die griechische Bibliothek in Alexandria beherbergte allein schon 700.000 Schriftrollen. Die Bücher wurden die neuen »Eroberer«, die neue Macht, die schon die Islamgelehrten im Reich Harun al-Rashids verunsichert hatten. Von jedem Manuskript der Welt wollten Alexander der Große und seine Nachfolger sich eine Abschrift besorgen, von den »Klassikern« und den Ketzern. In ihrem Bildungsuniversum gab es Platz für alle Gedanken und Raum für Diskussion über das Für und Wider. Diese Offenheit gegenüber fremden Gedankenwelten machte die Bibliothek, dieses »Wunder an Welt«, in ihrem Universalismus zu einer wahren »Universität«, und das dreihundert Jahre vor Christus.

Die Griechen sahen sich immer auch als Verwalter, Bewahrer und Erben fremden Reichtums – und sie konnten dies, weil sie sich der eigenen kulturellen Maßstäbe bewusst waren. Wissenschaft und Erkenntnis, Philosophie und Denken, Kunst und Schönheit, unser Menschenbild und unsere Werte verdanken wir ihnen. Europa kommt aus Griechenland: Vernunft, das aus Zweifel, Fragen und Argumenten geborene Denken, und das zu gewissenhaftem, moralisch-sittlichem Handeln entscheidungsfähige Individuum waren und sind das antike Vermächtnis für das moderne Europa.

Es war eine so andere Welt, die sich mir damit eröffnete. Sie war frei von allen »Versiegelungen«, offen für Neues, sie lieferte mir das Rüstzeug, um von der Vormundschaft in die Freiheit zu gelangen.

Die neue Heimat

Die Geschichte der Menschheit ist immer auch eine Geschichte der Religionen gewesen. Angesichts ihrer eigenen Vergänglichkeit glauben viele Menschen, gar nicht anders zu können, als ihr Dasein in einen »höheren« Sinnzusammenhang einzubetten und sich selbst als Teil eines größeren Ganzen oder eines göttlichen Plans zu sehen. Die Sehnsucht nach Transzendenz bildet den Ursprung des Glaubens. Aber in der säkularisierten Welt ist der Glaube zum Geheimnis des Einzelnen geworden. An die Stelle von Gottes Gesetz ist die Verfassung getreten. Wer in der neuen Heimat ankommen will, wird Abschied nehmen müssen.

Die Religionen waren – zuweilen gewalttätige – Geburtshelferinnen Europas. Ihretwegen wurden Kriege geführt und Menschen umgebracht. Die »Entzauberung der Welt« hat eine umfassende Säkularisierung in Gang gesetzt und den Glauben schließlich zur »Privatsache« werden lassen. An seine Stelle ist die Vernunft, an die Stelle religiöser Gebote sind von Menschen gemachte Gesetze – die Verfassung – getreten. Die Vernunft aber kann nie absolut gesetzt werden, sie darf nicht an sich selbst »glauben«, sie liefert keine Gewissheiten. Im Gegenteil: Sie unterliegt zu allen Zeiten dem Zweifel, der Auseinandersetzung, dem Wandel.

Dem seit achthundert Jahren »versiegelten« Islam steht ein solcher Prozess der Selbstaufklärung noch bevor. Nicht Gott, sondern die Menschen machen die Gesetze, und diese Gesetze gelten für alle. Viele der traditionell gläubigen Muslime aber gehen davon aus, dass die im Koran niedergelegten Offenbarungen des Propheten Gottes Wort sind, Gesetzeskraft haben und gegenüber den von Menschen gemachten Gesetzen eine »überlegene Wahrheit« darstellen. Viele glauben, sie könnten auch in Europa nach dem Gesetz des Islam, nach der Scharia, leben. Die Scharia aber ist kein auf den Prinzipien der Aufklärung fußendes Recht. Sie kollidiert mit säkularen Rechtsnormen. Sie ist ein Vergeltungsrecht, das körperliche Schmerzen für ein Vergehen verlangt. Wer Ehebruch begeht, ein so genanntes *Hadd*-Vergehen, verletzt Gottes Recht. Mit den Schuldigen gibt es laut Sure 24, Vers 2, kein Mitleid, hundert Peitschenhiebe oder Steinigung als Vergeltung gibt der Koran vor. Die Tötung eines Menschen hingegen – auch der vorsätzliche Mord – gehört nicht zu den Kapitalverbrechen, sondern zu den *Qisas*-Vergehen, den Verbrechen mit der Möglichkeit der Wiedervergeltung. Und so reißt die Blutrache, wie in der Geschichte von Mehmet, bis heute ganze Familien in den Abgrund.

Ohne die Ächtung der Scharia und des Prinzips der Vergeltung sind alle Bemühungen um Integration der Muslime zum Scheitern verurteilt. Denn die Scharia widerstreitet rechtsstaatlichen Normen, besonders auch der Gleichberechtigung der Frauen. Sie teilt die Welt in die Gesellschaft der Männer und in die Gesellschaft der Frauen. Es kann aber nicht sein, dass die Männer in der Öffentlichkeit stehen und im Namen der Frauen Gesetze verabschieden. Die Frauen müssen beteiligt sein. Ohne die Ablehnung des islamischen Rechtssystems bleibt die Anerkennung der Menschenrechte ein Lippenbekenntnis. Die Gleichberechtigung von Mann und Frau auf allen gesellschaftlichen Ebenen wird der Lackmus-Test für die Muslime hier und in der Türkei sein. Sich dieser Erkenntnis zu stellen ist auch die Aufgabe der in Deutschland lebenden Muslime.

Ein Angebot

Die deutsche Gesellschaft hat mit dem Zuwanderungsgesetz – wenn auch spät – den Migranten ein Angebot zur Aufnahme in diese Gesellschaft gemacht. Jeder Einwanderer kann bei Erfüllung bestimmter Voraussetzungen deutscher Staatsbürger werden. Aber wer Bürger dieses Landes werden will, sollte Grundsätzliches über das Leben dieses Landes wissen, seine Regeln und Gesetze akzeptieren und sich zur Verfassung dieses Landes bekennen. Es gibt keinen Automatismus, Deutscher zu werden, das Angebot ist vielmehr an die Zustimmung zu der Grundordnung gebunden, die sich dieses Land selbst gegeben hat.

Man kann die Migranten in Orientierungskursen auf ihre Staatsbürgerschaft vorbereiten, man kann ihnen zeigen, über welche Einrichtungen und rechtsstaatlichen oder bildungspolitischen Institutionen dieses Land verfügt; aber die Bundesrepublik ist mehr als die Summe ihrer Gesetze, Verordnungen und Institutionen. Sie ist ein Stück von Europa und seiner Geschichte, ein Teil der »politischen Kultur des Westens«, wie es der Historiker Heinrich August Winkler formuliert. Und Europa ist eine durch die Erfahrungen von Kriegen und Krisen, von Aufklärung und Vernunft, von Freiheits- und Emanzipationskämpfen zusammengewachsene Gemeinschaft, die, so Bundestagspräsident Norbert Lammert, »eine bestimmte Sichtweise vom Wesen des Menschen, von Gesellschaft und Welt« teilt. Mit einem islamischen Welt- und Menschenbild, das, über Jahrhunderte hinweg »versiegelt«, von Generation zu Generation weitergereicht wird und sich gegen Wandel sträubt, hat diese nicht viel gemein – in den grundlegenden Prinzipien sind beide unvereinbar.

Durch jahrzehntelange falsche Integrationspolitik begünstigt, die ihre Herkunftsidentität stärkte, fühlen sich selbst türkische Migranten, die oft schon Jahrzehnte hier leben und einen deutschen Pass haben, immer noch als Türken. Sie gehören nirgendwo richtig dazu – für das Land, aus dem sie kommen, sind sie die »Deutschländer«, und zu dem Land, in dem sie leben, wollen sie nicht gehören. Diese ungeklärte Identität trägt zum Rückzug in die eigene Community, in die »Parallelgesellschaft« bei. Wer seinen Kindern nach dreißig Jahren Aufenthalt in Deutschland immer noch die Türkei als die wahre Heimat verkauft, wer ihnen die Maxime *en büyük türk*, der Türke ist der Größte, vorlebt, der diskreditiert seinen eigenen Lebensweg als Irrtum. Eine kollektivistische Identität wie »das Türkentum« oder die hegemoniale Idee des Islam kann und will »der Westen« nicht bieten. Die Identität dieses Landes ist die Freiheit, der Schutz des Einzelnen, die soziale Verantwortung und die Demokratie.

Wer als Migrant gekommen ist, muss Deutschland als seine »wahre Heimat« annehmen. Er muss aufhören, die Deutschen als Fremde zu sehen, deren Sitten und Gebräuche er verachtet; er muss lernen, sich mit diesem Land, seinen Menschen, seinen Werten und Traditionen auseinanderzusetzen, und er muss respektieren, dass auch ein Migrant vor Einmischungen in seine »Angelegenheiten«, vor Kritik nicht gefeit ist. »Es ist völlig in Ordnung, dass Muslime, dass alle Menschen in einer freien Gesellschaft Glaubensfreiheit genießen sollten«, schreibt der Muslim Salman Rushdie. »Es ist völlig in Ordnung, dass sie gegen Diskriminierung protestieren, wann und wo immer sie ihr ausgesetzt sind. Absolut nicht in Ordnung ist dagegen ihre

Forderung, ihr Glaubenssystem müsse vor Kritik, Respektlosigkeit, Spott und auch Verunglimpfung geschützt werden. Die Trennung zwischen dem Individuum und seiner Überzeugung gehört zu den Grundlagen der Demokratie, und eine Gemeinschaft, die sie zu verwässern sucht, tut sich damit keinen Gefallen.« Diesen selbstbewussten Umgang mit den Errungenschaften der Aufklärung wünschte ich den Muslimen, aber auch ihren selbst ernannten Verteidigern, die auf Kritik reagieren, als würde damit ein »Dschinn«, ein böser Geist, losgelassen. »Ein falsches Wort«, um noch einmal Rushdie zu zitieren, »und man wird von diesem oder jenem Kulturkommissar des Rassismus bezichtigt.«

Wir dürfen die Migranten, ihr Verhältnis zu ihren Söhnen und Töchtern, ihre Einstellung zu Glauben und Religion, zu Rechtsstaatlichkeit und Demokratie nicht länger unter Naturschutz stellen. Migranten sind nicht per se »Opfer«. Mit ihnen auf gleicher Augenhöhe zu verkehren heißt, sich überall dort einzumischen, wo sie den »Geist der Gesetze« dieser Republik verletzen, aber auch jede vormundschaftliche Politik aufzugeben, die sie zu Mündeln degradiert. Niemand kann ihnen die Verantwortung für ihr eigenes Leben abnehmen. Wir müssen alles tun, um sie vor der Willkür, besonders auch ihrer eigenen Väter, zu schützen, aber wir sollten aufhören, sie als Opfer, als Bedürftige zu sehen. Wir müssen sie anspornen und fördern, aber wir müssen auch etwas von ihnen fordern.

Fordern und Fördern

Ich möchte, dass die Integration gelingt, dass wir gemeinsam diese Gesellschaft gestalten. Viele Migranten, das ist mir bewusst, fühlen sich überfordert. Sie wollen von der Gesellschaft, von den Deutschen, von den Behörden in Ruhe gelassen werden, um ungestört nach ihren Traditionen und religiösen Vorstellungen leben zu können. Aber es sind gerade diese archaischen Traditionen, die einem freien Leben im Wege stehen. Kinder von Migranten sind Kinder dieser Gesellschaft, ihre Not und ihr Scheitern trifft uns alle. Den verlorenen Söhnen, von denen in diesem Buch die Rede ist, fehlt oft der Mut und auch die Perspektive, sich allein auf den Weg zu machen, sich aus den Verstrickungen der Familientradition zu lösen. Dabei müssen wir ihnen helfen. Und das fängt mit ganz einfachen Dingen an:

Jedes Kind muss vor Gewalt geschützt werden

Körperliche Züchtigung ist in Deutschland verboten und muss geahndet werden. Wer Kindesmisshandlung nicht anzeigt, macht sich unterlassener Hilfeleistung schuldig. Gewalt gegenüber Kindern und Frauen ist, so zeigen Untersuchungen, unter Migranten ein häufig auftretendes Problem. Kinderärzte, Kindergärten und Schulen müssen darüber gezielte Aufklärung – unter Eltern, unter Schülern, unter Lehrern – betreiben, und sie sollten jede Möglichkeit der Kontrolle zum Schutz der Kinder wahrnehmen.

Beschneidung ohne medizinische Indikation ist eine Körperverletzung und nicht zulässig. Der unversehrte Zustand von Jungen und Mädchen wird in den Gesundheitsheften (U 1– U 10) protokolliert und jährlich kontrolliert. Gesundheitsuntersuchungen für Kinder bis zum Alter von zehn Jahren sind obligatorisch, Versäumnisse werden sanktioniert, zum Beispiel durch Aussetzen des Kindergelds.

Gewalt, Rassismus, diskriminierendes Verhalten werden nicht geduldet – weder gegen Migranten noch von ihnen. Schulen sollten entsprechende Schulverfassungen formulieren, auf die sich alle Beteiligten verpflichten. Bei Zuwiderhandlungen müssen Lehrer, Sozialämter und Polizei gemeinsam vorgehen können.

Besonders Jugendliche sollten durch Kampagnen über ihre Rechte informiert werden. Es muss verhindert werden, dass sechzehnjährige Schülerinnen in den Sommerferien in der Türkei gegen ihren Willen verheiratet werden und aus Deutschland verschwinden.

Schutzeinrichtungen wie Kinder- und Frauenhäuser müssen gefördert werden, um Jugendlichen Schutz zu bieten, die vor Zwangsheirat und Gewalt Zuflucht suchen.

Schulen und Kindergärten sind deutscher Kultur- und Sprachraum

Die Schule ist generell als deutscher Sprach- und Kulturraum zu begreifen; es wird Wert darauf gelegt, dass während der Schulzeit, auch auf dem Schulgelände, Deutsch gesprochen wird. Die Migrantenkinder haben oft keinen anderen Ort als die Schule, um die deutsche Sprache zu sprechen und die deutsche Kultur kennen zu lernen. Ziel ist es, möglichst früh sprachliche Defizite abzubauen und Deutsch als Umgangssprache der Kinder zu etablieren. Gute Deutschkenntnisse sind Voraussetzung für einen Schul- und Integrationserfolg. In einer von Eltern, Schülern und Lehrern gemeinsam beschlossenen Hausordnung einer überwiegend von Migrantenkindern besuchten Schule im Berliner Stadtteil Wedding steht: »Die Schulsprache unserer Schule ist Deutsch, die Amtssprache der Bundesrepublik Deutschland. Jeder Schüler ist verpflichtet, sich im Geltungsbereich der Hausordnung nur in dieser Sprache zu verständigen.«

Kindergärten mit Sprachförderung, Vorschule und Sprachtests werden ab dem fünften Lebensjahr obligatorisch; Ganztagsschulen von der ersten bis zur zehnten Klasse bieten bessere Fördermöglichkeiten; Sexualkunde-, Schwimm- und Sportunterricht sind Regelunterricht. Eine Befreiung aus religiösen Gründen wird abgelehnt. Die Schule muss als »Integrationsagentur« verstanden werden, die die Kinder auf ein selbstbestimmtes Leben in dieser Gesellschaft vorbereiten soll.

Selbständigkeit fördern, Bevormundung verhindern

Jede Frau, jeder Mann muss das Recht haben, selbst zu entscheiden, ob sie/er heiraten will, wann und wen. Um Zwangsehen zumindest zu erschweren, wird eine Familienzusammenführung erst ab dem 21. Lebensjahr zugelassen.

Es wird verstärkt darüber aufgeklärt, welche Gesundheitsrisiken Ehen zwischen Cousin und Cousine für die Nachkommen haben.

Elternschulen unterrichten Väter und Mütter in der Kinderpflege und -erziehung. Schwangerschafts- und Babykurse sollen junge Migranten-Mütter und -Väter auf die Geburt vorbereiten.

Die Mehrehe wird geächtet. In den Sozialversicherungssystemen werden entsprechende Regelungen geschaffen, die eine Unterstützung der Polygamie verhindern. Polygamie ist ein Grund, die Aufenthaltsgenehmigung zu entziehen.

Der organisierte Islam hat eine besondere Verantwortung für die Integration

Auch an ihn sind Forderungen zu richten: Koranschulen müssen ihr Programm und ihr pädagogisches Konzept öffentlicher Kontrolle zugänglich machen; Unterricht und Predigten müssen in deutscher Sprache erfolgen; Männer und Frauen ist gleichberechtigter Zutritt zu allen Veranstaltungen zu gewähren; die Betreiber von Moscheen haben ihre Satzung und ihre Finanzen den Behörden offenzulegen; Moscheevereine verpflichten sich, ein Angebot für Sprachförderung anzubieten; Hodschas haben neben Sprachkenntnissen auch Kenntnisse in Landes- und Gesetzeskunde nachzuweisen.

Offenheit und Kritik

Ich plädiere für klare Regeln, die Integrationspolitik nicht mehr wie bisher dem Zufall zu überlassen, wohl wissend, dass die politischen Vertreter der Migrantenorganisationen und ihre Freunde diese Vorschläge mit Entrüstung zur Kenntnis nehmen werden und sich gegen jeden »Generalverdacht« und gegen jede »Gängelung« der Muslime und Migranten wehren werden. Aber ich bin davon überzeugt, dass uns gar nichts anderes übrig bleibt, wenn wir die Söhne und Töchter der Migranten nicht verlieren wollen. Wir brauchen ihre Talente und Tatkraft für unsere gemeinsame Zukunft – geben wir ihnen eine Chance, in der Moderne anzukommen.

Das verlangt allen etwas ab, vor allem den Verzicht auf reflexhafte Reaktionen: den muslimischen Vereinen den Verzicht auf den »Opfer«-Reflex, den »aufgeschlossenen politischen Kreisen« die Einsicht, dass Integration selbst in einer multi-kulturellen Gesellschaft kein Automatismus ist, und allen, die Deutschland am liebsten als migrantenfreie Zone sähen, die Anerkennung, dass aus den Gästen von gestern längst die Staatsbürger von heute geworden sind, die Anspruch auf Teilhabe und Mitgestaltung dieser Gesellschaft haben.

Sich an die Arbeit der Integration zu machen bedeutet nicht, seine Muttersprache zu vergessen, seine Identität zu verraten oder seinen Glauben aufzugeben. Bis heute berührt mich nichts so sehr wie meine *türk halkmüzigi*, türkische Volksmusik, ich esse immer noch nur zu gern meinen Döner und tanze leidenschaftlich gern tscherkessische Tänze – so wie ich Latte macchiato, Pasta, Grünkohl, Bach und Jazzrock schätzen gelernt habe. Kultur ist Bereicherung, ein ständiger Lernprozess, eine sinnliche Erfahrung, die anderes hören, anderes sehen, anderes schmecken, anderes fühlen lässt – eine Erweiterung für alle.

Es kann nicht darum gehen, Identitätspolitik zu betreiben, wie es die türkisch-muslimischen Vereine immer noch gern tun. Es kann nicht darum gehen, normativ für alle Türken und Muslime zu definieren, was es heißt, »türkisch« oder »muslimisch« zu sein, wie die Gesellschaft den Türken zu begegnen hat und was die Türken selbst zu tun und zu lassen zu haben. Verräterisch sind Formeln wie »wir Türken« oder »wir Muslime«, sie erheben immer noch das »Türkentum« und das »Muslim-Sein« zur kollektiven Identität. An dem »Sprachenstreit« auf deutschen Schulhöfen wird deutlich, dass die Auseinandersetzung um die Integration erst jetzt begonnen hat. Jeder in dieser Gesellschaft hat das Recht, Türke, Deutscher, Muslim, Christ oder etwas anderes zu sein. Als Individuum kann er frei wählen, seine Integration als Türke oder Türkin, als Muslim oder Muslima muss daran keineswegs scheitern – wohl aber, wenn er sich zurückzieht auf die kollektive Identität. Ein Einzelner kann integriert werden, ein Kollektiv nicht.

Integration bedeutet in erster Linie, aktiv an dieser Gesellschaft teilzunehmen, von ihr zu lernen und wo nötig, sie auch zu verändern. Dazu aber darf der Einzelne nicht als Repräsentant einer türkisch-muslimischen Wir-Gemeinschaft auftreten, sondern er muss diesen Weg als eigene Persönlichkeit gehen.

Die Heimkehr der verlorenen Söhne

Viele Migranten haben mit ihrem Koffer auch ihre Traditionen mit nach Deutschland gebracht und sind so geblieben, wie sie gekommen sind. Mit ihren Füßen sind sie hier, aber in ihrem Kopf und in ihrem Herzen haben sie ihr Dorf nie verlassen.

Von ihren in Deutschland geborenen Kindern verlangen sie, nach den archaischen Regeln ihres anatolischen Heimatdorfes zu leben. Sie haben sie damit einer fast tragisch zu nennenden Zerreißprobe ausgesetzt, aus der es keinen »richtigen« Ausweg gibt: Wer sich für die Familie entscheidet, entscheidet sich gegen das Land, in dem er lebt; wer sich für die neue Heimat entscheidet, »verrät« seine Familie.

Die Söhne, von denen ich in diesem Buch erzähle, haben sich, weil sie den Gesetzen der Väter folgen, verloren. Sie imitieren ein Ideal oder spielen eine Rolle, die sie im Leben scheitern lässt. Macht nichts, wird ihnen beigebracht, die Familie sorgt für dich, die Familie schützt dich, die Familie ist das, woher du kommst, was du bist, wohin du gehen wirst. Die Familie ist alles, was du hast. In Wahrheit ist die Familie ein Kontrollsystem, in dem das Wort der Väter Gesetz ist und die Söhne die Rolle der Wächter über Frauen und Kinder spielen. Sie sind Mitglied eines festgefügten Ensembles, das ein Stück mit festgelegten Rollen aufführt, auf einer Bühne, die sie nicht erbaut, in einer Rolle, die sie nicht gewählt haben, mit Texten, die ihnen vorgegeben werden. Ihre Zuschauer sind die Mitglieder der Umma, der Gemeinde. Sie achten darauf, dass keiner das Theater verlässt. Aber auf eine Teilhabe an der Welt außerhalb dieses Theaters sind die muslimischen Söhne ohnehin nicht vorbereitet. Dafür taugt das Repertoire nicht, das sie erlernen müssen. Macht nichts, wird ihnen beigebracht, denn:

»Alles ist vorherbestimmt«, so hat der Hodscha bei meinem Moscheebesuch gepredigt. »Nur Gott kennt unser Schicksal«, warnt der Vorbeter: »Wollt ihr euch in Gottes Handwerk mischen?«

Diese Vorstellung eines vorherbestimmten Schicksals hat die europäische Aufklärung gesprengt. »Worauf bereiten Sie diesen Jungen vor?«, wird der Hauslehrer des Titelhelden aus Jean Jacques Rousseaus Grundbuch der Pädagogik »Émile oder Die Grenzen der Erziehung« gefragt. »Leben ist das Handwerk, das ich ihn lehren möchte. Aus meinen Händen entlassen, wird er (…) weder ein hoher Beamter noch ein Soldat noch ein Priester, er wird in erster Linie Mensch sein, im Dienste der Dinge ebenso wie im Dienste anderer Menschen. Er wird auf seinem Platz stehen, und das Schicksal wird vergeblich versuchen, ihm einen anderen zuzuweisen.«

Dieses »Handwerk des Lebens« haben die »verlorenen Söhne« nicht erlernt. Niemand hat ihnen beigebracht, Fragen zu stellen, an Autoritäten zu zweifeln; niemand hat ihnen beigebracht, sich diese Welt zu erklären und sich darin behaupten zu können; niemand hat sie gelehrt, sich fremden Einflüssen zu öffnen, die Welt mit den Augen der anderen zu sehen. Sie bleiben Fremde in einem fremden Land, eingeschlossen in eine versiegelte Welt, in der es keine Liebe und keine Freiheit gibt. Liebe ist Vertrauen und Hingabe, auch Zweifel und Verlust. Liebe ist, wenn das »Wir« zulässt, dass ein »Ich« daraus hervorgeht, und Ich ein Anderer werden darf – die Liebe ist ein Kind der Freiheit. Die Freiheit wird uns nicht geschenkt, sie will erkämpft und erobert werden – durch uns selbst, nicht weil ein anderer es will. Mit ihr verbindet sich in der europäischen Geschichte seit der Antike die Hoffnung, unabhängig von Schicksal und Geburt, ein Mensch zu sein.

Liebe kann scheitern, und Freiheit kann vorübergehend einsam machen. Der türkisch-muslimische Mann wird, wenn er sich dem Leben, der Liebe und der Freiheit aussetzt, seinem eigenen Empfinden nach zunächst »verlieren«. Seine Frau wird ihm vielleicht nicht mehr die Pantoffeln hinterhertragen, seine Töchter werden nicht mehr schweigen, wenn sie ihm begegnen, und seine Söhne werden aufmucken gegen das väterliche Gesetz. Er wird die Welt künftig mit seiner Frau und seinen Kindern teilen müssen. Mit Widerspruch, Kritik und Einmischung wird er leben müssen, denn seine Auffassung wird nur noch eine Meinung unter mehreren Meinungen sein, kein Gesetz. Er wird sie begründen müssen und nicht mehr mit Gewalt durchsetzen können. Glauben werden ihm nur die, die keine Angst vor ihm haben, sondern ihm vertrauen. Geliebt wird er nur werden, wenn er selbst lieben kann. Und das heißt auch, die Söhne und Töchter loslassen zu können, sie in »die Fremde« ziehen zu lassen, zu respektieren, wenn sie sich von der Tradition und dem ehernen Gesetz der Väter lossagen. Sie dafür zu lieben, nicht zu strafen, dass sie andere werden als ihre Väter und Mütter gewesen sind. Sie bleiben die Kinder ihrer Mütter und Väter, was immer auch passiert, und eines Tages werden sie heimkehren, als Menschen mit einer eigenen Geschichte, *ihrer* Geschichte.

Ich hoffe, ihr Vater begrüßt sie mit einem großen Fest und feiert es, dass sie ihr Schicksal selbst in die Hand genommen und ihr Leben gestaltet haben. Es ist ein ganz anderes Leben, als der türkisch-muslimische Mann es kennt, vielleicht ist es nicht das Paradies, aber ein Leben, das auch ihn selbst reicher und freier machen wird.

Danksagung

Ich möchte Peter Mathews für die ständige Begleitung auf dieser Reise durch die muslimische Männerwelt danken, die nicht nur viele Fragen, sondern auch heftige Emotionen hervorgerufen hat; ohne ihn hätte das Buch nicht geschrieben werden können. Ingke Brodersen danke ich für das Lektorat. Die ständigen Auseinandersetzungen und Diskussionen mit beiden haben zu einer fruchtbaren deutsch-türkischen Symbiose geführt, die mich in meinem Lernprozess begleitet, ermutigt und gestärkt hat.

Ich danke der evangelischen Fachhochschule in Hamburg für die Möglichkeit einer zweijährigen Projektarbeit zum Thema »Parallelgesellschaften« und ganz besonders den Studentinnen und Studenten der Arbeitsgruppe »Muslimische Gefangene im deutschen Justizalltag« für die Mitarbeit an den Interviews und die Ausarbeitung und Transkription der Gespräche.

Mein Dank gilt auch den Gefängnisleitungen, die mir die Möglichkeit gaben, mit den Gefangenen zu sprechen, besonders auch den Gefängnispsychologinnen und den Abteilungsleitern.

Mein besonderer Dank gilt meinen muslimischen Gesprächspartnern für ihre Offenheit und ihre Bereitschaft, mir von ihrem Leben zu erzählen.

Der Hamburger Justizbehörde danke ich für die Zusammenarbeit in den vielen Jahren der Seminare zum Thema »Muslimische Gefangene«.

Mein Dank gilt auch dem Psychologen Halis Cicek in Berlin-Kreuzberg für seine Beratung und allen, die mich mit Rat und Unterstützung begleitet haben.

Literatur

AL-ISLAM Dürfen Muslime geschlachtete Tiere nach dem deutschen Gesetz, mittels Betäubung verzehren? http://www. ansary.de/Islam/Schlachtung.html

ARMSTRONG, KAREN Kleine Geschichte des Islam. Berlin 2001

BÖHMER, MARIA Bildung ist der Schlüssel. In: *Berliner Zeitung* vom 19.12.2005

BREUER, RITA Familienleben im Islam. Traditionen – Konflikte – Vorurteile. Freiburg i. B. 1998

CICEK, HALIS Resmen irza gecme (*Die traditionelle Vergewaltigung*). Belge Yayinevi. Istanbul 2002

CLIFFORD, GEERTZ Religiöse Entwicklungen im Islam. Frankfurt am Main 1991

DE CRESCENZO, LUCIANO Helena, Helena, amore mio. Mailand 1991

DERMENGHEM, EMILE Mohammed. Reinbek 1985

DINER, DAN Versiegelte Zeit. Über den Stillstand in der islamischen Welt. Berlin 2005

FLÖTTMANN, HOLGER BERTRAND Angst. Ursprung und Überwindung. Stuttgart 2000

FRÖHMCKE, VIGOR Muslime im Strafvollzug. Die Rechtstellung von Strafgefangenen muslimischer Religionszugehörigkeit in Deutschland. Berlin 2005

GIRARD, RENÉ Der Sündenbock. Düsseldorf 1988

GÖRTZ, MANFRED Schächten von Opfer- und Nutztieren nach islamischem Ritus zur Vorlage bei den zuständigen Bundes- und Länderministerien. Bergisch Gladbach 1989

HELLER, ERDMUTE/MOSHABI, HASSOUNA Hinter den Schleiern des Islam. Erotik und Sexualität in der arabischen Kultur. München 1994

HIRSCHBERGER, JOHANNES Geschichte der Philosophie. Band I. Frankfurt am Main 2000

HIRSI ALI, AYAAN Ich klage an. München 2005

INCI, Y. Erstickt an euren Lügen. Eine Türkin in Deutschland erzählt. München 2005

KANDEL, JOHANNES Organisierter Islam in Deutschland und gesellschaftliche Integration. Herausgegeben von der Friedrich-Ebert-Stiftung. Berlin 2004

KÄSLER, DIRK Einführung in das Studium Max Webers. München 1979

DERS. Klassiker der Soziologie. München 1999

KELEK, NECLA Die religiöse Fundierung der türkischen Frau. Hamburg 1990 (Diplom-Arbeit)

DIES. Islam im Alltag. Islamische Religiosität und ihre Bedeutung in der Lebenswelt von Schülerinnen und Schülern türkischer Herkunft. Münster 2002

DIES. Die fremde Braut. Ein Bericht aus dem Inneren des türkischen Lebens in Deutschland. Köln 2005

KREISE, KLAUS/NEUMANN, CHRISTOPH K. Kleine Geschichte der Türkei. Stuttgart 2003

HANS KÜNG Der Islam. München 2004

LAMNEK, SIEGFRIED Qualitative Sozialforschung. Band 2: Methoden und Technik. Weinheim 1993

LAU, JÖRG Dürfen Türken schwul sein? In: *Die Zeit* vom 12.01.2006

LEHMANN, HARTMUT Säkularisierung. Der europäische Sonderweg in Sachen Religion. Göttingen 2004

LEMMEN, THOMAS Islamische Organisationen in Deutschland. Herausgegeben von der Friedrich-Ebert-Stiftung. Bonn 2000

MARTIN, CHRISTOPH Die Odyssee, Homer. Frankfurt am Main 2003

MEDDEB, ABDELWAHAB Die Krankheit des Islam. Heidelberg 2002

MERINISSI, FATIMA Geschlecht, Ideologie, Islam. München 1987

DIES. Die vergessene Macht. Frauen im Wandel der islamischen Welt. Berlin 1993

DIES. Der Harem ist nicht die Welt. Elf Berichte aus dem Leben marokkanischer Frauen. Darmstadt 1998

DIES. Die Angst vor der Moderne. Frauen und Männer zwischen Islam und Demokratie. München 1996

DIES. Der politische Harem. Mohammed und die Frauen. Frankfurt am Main 1989

DIES. Harem. Westliche Phantasien – östliche Wirklichkeit. Freiburg i. B. 2000

PARET, RUDI Der Koran. Stuttgart 2004

PFEIFFER, CHRISTIAN U. A. Migration und Kriminalität. Ein Gutachten für den Zuwanderungsrat der Bundesregierung. Baden-Baden 2005

RADDATZ, HANS-PETER Von Gott zu Allah? Christentum und Islam in der liberalen Fortschrittsgesellschaft. München 2001

RIEMANN, FRITZ Grundformen der Angst. München 2003

RILL, BERND Kemal Atatürk. Mit Selbstzeugnissen und Bilddokumenten. Reinbek 2001

RUSHDIE, SALMAN Überschreiten Sie diese Grenze! Schriften 1992–2002. Reinbek 2002

DERS. Wir brauchen eine islamische Reformation. In: *Die Zeit* vom 18.08.2005

DERS. Es geht darum, den Islam zu verändern. In: *Die Welt* vom 19.11.2005

RUTHVEN, MALISE Der Islam. Eine kurze Einführung. Stuttgart 1997

SCHIFFAUER, WERNER Die Gewalt der Ehre. Frankfurt am Main 1983

DERS. Die Bauern von Subay. Das Leben in einem türkischen Dorf. Stuttgart 1987

DERS. Die Migranten aus Subay. Türken in Deutschland: eine Ethnographie. Stuttgart 1991

SCHWANITZ, WOLFGANG Europa wird am Ende des Jahrhunderts islamisch sein. In: *Die Welt* vom 28.07.2004

SCHWARZER, ALICE (Hrsg.) Die Gotteskrieger und die falsche Toleranz. Köln 2002

SPULER-STEGEMANN, URSULA Muslime in Deutschland. Informationen und Klärungen. Freiburg 2002

SPULER-STEGEMANN, URSULA/SCHIRRMACHER, C. Frauen und die Scharia. München 2004

STEINBACH, UDO Geschichte der Türkei. München 2001

TOPRAK, AHMET Jungen und Gewalt. Herbolzheim 2005

DERS. Das schwache Geschlecht – die türkischen Männer. Freiburg 2005

WARRAQ, IBN Warum ich kein Muslim bin. Berlin 2004

WEBER, MAX Weltangepasstheit des Islam. § 12. Die Kulturreligionen und die Welt: IV Religionssoziologie. Wirtschaft und Gesellschaft. Erster Teil. Stuttgart 1922

WINKLER, HEINRICH AUGUST EU – Türkei – Westen. Überdehntes Wir-Gefühl. In: *Die Welt* vom 28.12.2005

Necla Kelek. Himmelsreise. Mein Streit mit den Wächtern
des Islam. Gebunden

Necla Kelek wendet sich gegen die Verharmlosung des
Islam und weist nach, dass er – trotz regionaler Unterschiede
– immer Lebenskonzept, Ideologie und Politik zugleich ist. Ihr
Credo: Wir müssen den Glauben von seinem patriarchalischen
Missbrauch befreien und ihn spirituell rehabilitieren. Und
endlich die Probleme anpacken, die unübersehbar mit Musli-
men verknüpft sind – die verweigerte Gleichberechtigung der
Frauen und die mangelnde Bildung der Kinder.

Kiepenheuer
& Witsch

»EIN MITFÜHLENDES, MUTIGES, AUGEN ÖFFNENDES BUCH.«

Alice Schwarzer

15386

»Ein wichtiger Beitrag, die Integrationsdebatte noch intensiver zu führen als bisher.«
Otto Schily im SPIEGEL